Natur entdecken

9 R/M

Mittelschule Bayern
Natur und Technik

Erarbeitet von
Franz Kraft, Bad Tölz
Kathrin Schön, Lenting
Bernhard Schnupp, Berching
Dr. Eva Schropp, Kallmünz

Autorinnen und Autoren: Franz Kraft, Bernhard Schnupp, Kathrin Schön, Dr. Eva Schropp
Redaktion: Astrid Koch, Yvonne Schanzenbächer
redaktionelle Mitarbeit: Dr. Kerstin Amelunxen, Jan Bornebusch
Bildrecherche: Melanie Becker, Alexandra Germann
Illustration: Jörg Mair, Karin Mall, Tom Menzel, Christian Nusch, Detlef Seidensticker
Umschlaggestaltung: Corinna Babylon, Berlin
Layout: Studio SYBERG

www.cornelsen.de

Dieses Werk enthält Vorschläge und Anleitungen für Untersuchungen und Experimente. Vor jedem Experiment sind mögliche Gefahrenquellen zu besprechen. Beim Experimentieren sind die Richtlinien zur Sicherheit im Unterricht einzuhalten.

Soweit in diesem Lehrwerk Personen fotografisch abgebildet sind und ihnen von der Redaktion fiktive Namen, Berufe, Dialoge und Ähnliches zugeordnet oder diese Personen in bestimmte Kontexte gesetzt werden, dienen diese Zuordnungen und Darstellungen ausschließlich der Veranschaulichung und dem besseren Verständnis des Inhalts.

1. Auflage, 2. Druck 2025

Alle Drucke dieser Auflage sind inhaltlich unverändert und können im Unterricht nebeneinander verwendet werden.

Druck: Drukarnia Dimograf Sp. z o.o., Bielsko-Biała

ISBN 978-3-7627-0469-0 (Schülerbuch)
ISBN 978-3-7627-0628-1 (E-Book)

PEFC-zertifiziert
Dieses Produkt stammt aus nachhaltig bewirtschafteten Wäldern und kontrollierten Quellen
PEFC
PEFC/32-31-076   www.pefc.pl

Inhaltsverzeichnis

Lebensgrundlage Kohlenstoff

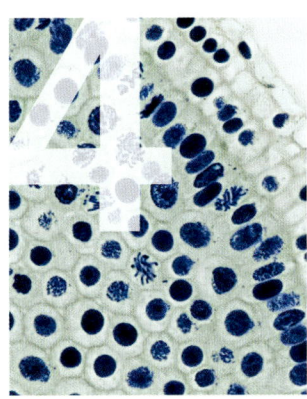

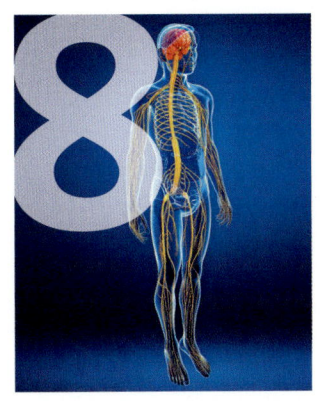

Informationsaufnahme und -verarbeitung beim Menschen

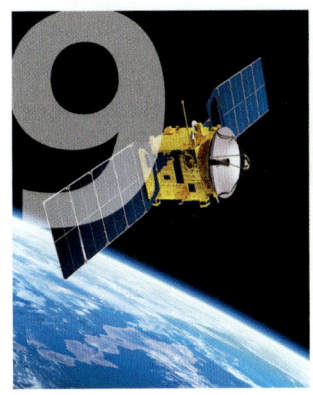

Kommunikations- und Informationstechnik

Liebe Schülerin, lieber Schüler,

willkommen in der 9. Klasse!
Damit du dich in deinem Buch gut zurechtfindest,
möchten wir es dir hier kurz vorstellen.

Wenn du Schülerin oder Schüler einer Mittleren-Reife-Klasse
bist, gibt es Textabschnitte und Seiten, die sich speziell an dich
wenden. Sie sind mit oranger Farbe gekennzeichnet.

Auftakt

Jedes Kapitel beginnt mit mehreren Bildern
und kurzen Texten. Die Fotos geben dir einen
ersten Eindruck, worum es geht. In den
Texten findest du interessante Zahlen oder
Rekorde zum Thema.

Vorwissen

Beim Betrachten der großen Zeichnung fallen
dir sicher viele Dinge ein, die du zum Thema
des Kapitels bereits weißt. Oder es ergeben
sich Fragen, die im Verlauf des Kapitels geklärt werden ...
Der kurze Text unten auf der Seite zeigt dir,
was genau dich im Kapitel erwartet.

Forschen

Mit den Forscher-Aufträgen startest du in die
neuen Themen. Hier darfst du Dinge selbst
ausprobieren und herausfinden.

Grundseiten

Auf diesen Seiten werden dir Zusammenhänge und Fachbegriffe eines Themas
erklärt. Merksätze am Seitenende fassen
das Allerwichtigste kurz zusammen.
Auf Abbildungen wird so verwiesen: ↗1

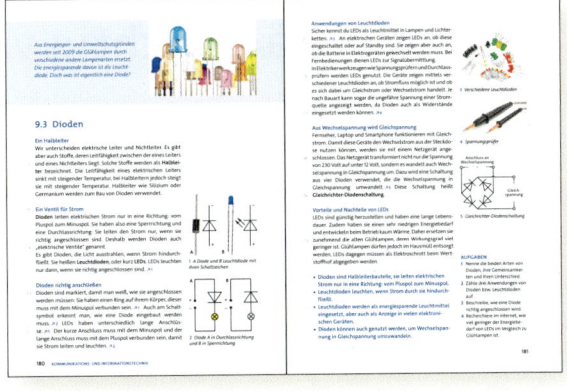

Praxis

Hier erhältst du Anleitungen für wichtige
Arbeitsweisen und Versuche.
Jeder Schritt wird genau erklärt.

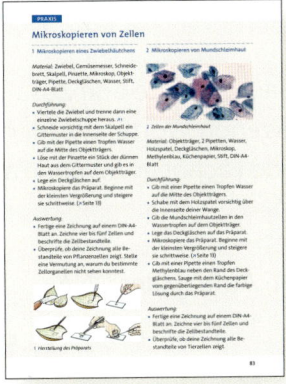

Zusammenfassung

Auf dieser Seite ist der Stoff des ganzen
Kapitels zusammengefasst. Die Seite ist
darum eine gute Lernhilfe.
*Texte in oranger Schrift sind Lernstoff für
Schülerinnen und Schüler von Mittlere-Reife-
Klassen.*

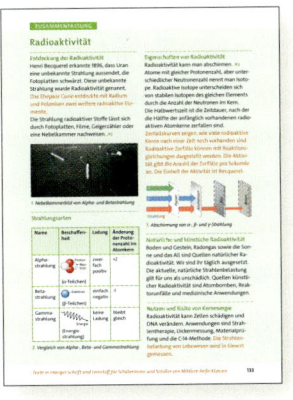

Aufgaben

Nun kannst du dein Wissen überprüfen und
anwenden. Wenn du die Aufgaben auf der
linken Seite lösen kannst, hast du das nötige
Grundwissen. Auf der rechten Seite findest
du kniffligere Aufgaben, bei denen du auch
weiterdenken musst.
Die Symbole zeigen dir, wie schwierig die
Aufgaben sind: □ einfach, ◪ mittel, ■ schwer.

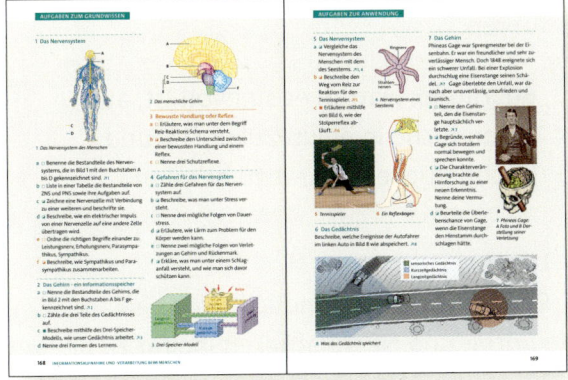

*Am Ende des Buchs findest du die Lösungen zu den Aufgaben-Seiten.
Außerdem gibt es ein Stichwortverzeichnis. Es hilft dir beim Nachschlagen.*

Arbeitsaufträge richtig verstehen

Im Unterricht oder in schriftlichen Prüfungen bearbeitest du immer wieder **Aufgaben**. Jede Aufgabe enthält ein Aufforderungsverb. Der Fachausdruck dafür ist **Operator**. Operatoren sind Signalwörter, die dir darüber Auskunft geben, was du bei der Aufgabe tun musst. Wenn du die Bedeutung eines Operators kennst, kannst du die Aufgabe leichter lösen.

Ordnen – zuordnen
Hier sollst du Begriffe in eine sinnvolle Reihenfolge bringen oder zueinander in Beziehung setzen.

> Ordne zu, woraus α-Strahlung, β-Strahlung und γ-Strahlung bestehen: Elektronen, Energie, Heliumkerne.

↗ S. 134/2b

Lösung:
α-Strahlung besteht aus Heliumkernen.
β-Strahlung besteht aus Elektronen.
γ-Strahlung ist reine Energie.

Beschreiben
Hier sollst du Sachverhalte und Zusammenhänge in eigenen Worten wiedergeben. Verwende Fachbegriffe und Fachsprache.

> Beschreibe den Aufbau der DNA.

↗ S. 98/2a

Lösung:
Die DNA besteht aus Desoxyribonukleinsäuren. Die DNA ist ein kettenförmiges Molekül aus zwei Strängen, die miteinander verbunden und schraubig umeinandergewunden sind.

Zeichnen
Hier sollst du eine anschauliche und genaue Zeichnung anfertigen.

> Zeichne eine Nervenzelle mit Verbindung zu einer weiteren und beschrifte sie.

↗ S. 168/1c

Lösung:

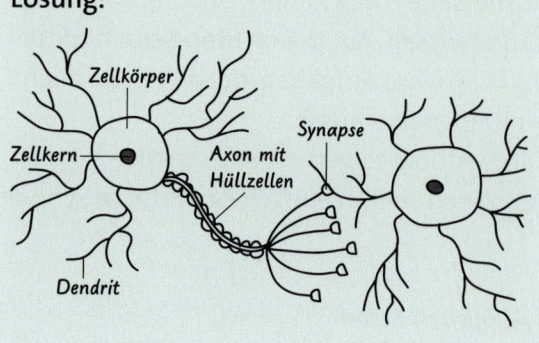

Begründen
Hier sollst du Sachverhalte auf Regeln, Gesetzmäßigkeiten oder Ursachen zurückführen.

> Begründe, warum es sinnvoll ist, auch Jugendliche in einen Zukunfts- und Nachhaltigkeitsbeirat zu berufen.

↗ S. 33/6b

Lösung:
Es ist sinnvoll, Jugendliche in einen Zukunfts- und Nachhaltigkeitsbeirat zu berufen, weil die Entscheidungen von heute die Zukunft der Jugendlichen beeinflussen.

Erläutern

Hier sollst du Sachverhalte durch zusätzliche Informationen veranschaulichen und verständlich machen.

> Erläutere die Rolle der Gentechnik in der Medizin an einem Beispiel.
>
> ↗ S. 114/3c

Lösung:
Bakterien und Pilze werden gentechnisch verändert, um Wirkstoffe zu produzieren. Beispiele sind die Produktion von Insulin oder die Herstellung von Impfstoffen.

Erklären

Hier sollst du Sachverhalte verständlich machen und dabei Regeln, Gesetzmäßigkeiten oder Ursachen verwenden.

> Erkläre das Blubbern der Gärflüssigkeit bei der alkoholischen Gärung durch Hefe.
>
> ↗ S. 74/1c

Lösung:
Bei der alkoholischen Gärung entsteht Kohlenstoffdioxid. Das ist ein Gas und steigt in der Gärflüssigkeit auf.

Nennen – angeben – aufzählen

Hier sollst du Sachverhalte oder Begriffe aufzählen.

> Nenne fünf Eigenschaften von Methan.
>
> ↗ S. 56/1b

Lösung:
Methan ist bei 20 °C gasförmig, farblos, geruchlos, brennbar und leichter als Luft.

Vergleichen

Hier sollst du Gemeinsamkeiten und Unterschiede ermitteln.

> Vergleiche Sinnesorgane und Nervensystem mit Sensoren und elektrischer Schaltung.
>
> ↗ S. 186/1c

Lösung:
Sinnesorgane nehmen Reize aus der Umwelt auf und wandeln sie in elektrische Impulse um. Nervenzellen leiten die Impulse an das Gehirn weiter. Dort werden Reaktionen geplant. Auch Sensoren können Reize aufnehmen und verarbeiten. Die Informationen von den Sensoren werden über einen Stromkreis zum Steuergerät geleitet, dort wird eine Reaktion ausgelöst.

Beurteilen – bewerten – Stellung nehmen

Hier sollst du zu einem Sachverhalt aufgrund von Fachwissen, aber auch persönlicher Einschätzung eine Aussage machen.

> Bewerte die Idee, das Endlager-Problem des Atommülls zu lösen, indem man ihn in die Sonne schießt.
>
> ↗ S. 151/5e

Lösung:
Für diese Idee spricht, dass der Atommüll dann für alle Zeiten von der Erde verschwunden wäre. Dagegen spricht allerdings, dass das radioaktive Material durch einen Unfall beim Raketenstart über die ganze Erde verteilt werden würde. Zudem wären sehr viele Raketen nötig, daher wäre der Transport sehr teuer.

Im Fachraum – Einrichtungen und Regeln

Sicherheitseinrichtungen, Symbole und Zeichen

Im Fachraum gibt es verschiedene Einrichtungen, die deiner Sicherheit dienen. Mit dem Not-Aus-Schalter kannst du blitzschnell im ganzen Fachraum Strom und Gas ausschalten. ↗1

Im Fachraum gibt es verschiedene Gruppen von Zeichen: blaue Gebotssymbole, grüne Rettungssymbole und gelbe Warnzeichen. ↗2

Löschdecken

Erste-Hilfe-Kasten

Not-Aus-Schalter

Augendusche

Feuerlöscher

Notruf-Telefon

Löschsand

1 *Sicherheitseinrichtungen*

Gebots-symbole	Rettungs-symbole	Warnzeichen
Schutzbrille	Fluchtweg	Spannung
Schutzhand-schuhe	Erste-Hilfe-Kasten	Strahlung

2 *Wichtige Symbole*

Verhaltensregeln im Fachraum

Für den Fachraum gelten besondere Regeln. Sie dienen dazu, die Zusammenarbeit zu erleichtern und dich vor Unfällen zu schützen. ↗3

Richtiges Verhalten im Fachraum

- Fachraum nur mit Lehrkraft betreten
- nicht herumlaufen oder rempeln
- nicht essen oder trinken
- Geräte, Schalter und Chemikalien erst nach Aufforderung deiner Lehrkraft berühren
- Versuchsplanung beachten
- Sicherheitsvorschriften beachten
- sorgfältig mit Materialien und Geräten umgehen
- Arbeitsplatz aufräumen

3 *Verhaltensregeln*

Regeln beim Experimentieren

Für das Durchführen von Versuchen gibt es einige grundlegende Regeln: ↗4

- immer eine Schutzbrille tragen
- lange Haare zurückbinden
- Glasöffnungen nie auf dich oder andere richten
- Chemikalien nie mit den Fingern anfassen
- Augen mit der Augendusche spülen, wenn versehentlich etwas hineingeraten ist
- leichte Verbrennungen der Haut unter fließendem Wasser kühlen, brennende Kleidung oder Gegenstände mit Wasser, Feuerlöscher oder Löschdecke löschen

4 *Wichtige Experimentierregeln*

Im Fachraum – Geräte und Chemikalien

Umgang mit dem Mikroskop

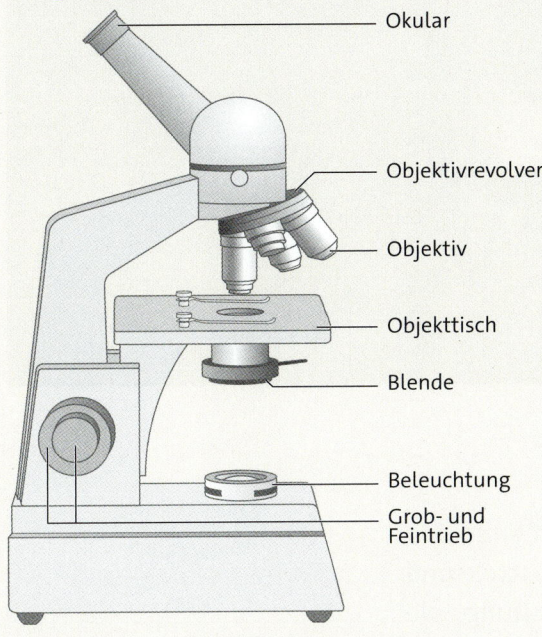

Okular

Objektivrevolver

Objektiv

Objekttisch

Blende

Beleuchtung

Grob- und Feintrieb

1 *Mikroskop*

So gehst du beim Mikroskopieren vor:
1. Lege das Präparat über das Loch auf den **Objekttisch** und schalte die Lampe ein.
2. Stelle am **Objektivrevolver** die kleinste Vergrößerung ein (kürzestes Objektiv).
3. Drehe unter seitlicher Beobachtung den Objekttisch mit dem **Grobtrieb** vorsichtig so weit wie möglich nach oben. Präparat und **Objektiv** dürfen sich nicht berühren!
4. Schau durch das **Okular** und stelle das Bild mit dem **Feintrieb** scharf.
5. Reguliere die Helligkeit mit der **Blende**.
6. Fahre für eine weitere Vergrößerung den Objekttisch mit dem Grobtrieb nach unten und stelle am Objektivrevolver die nächste Vergrößerung ein. Gehe dann wieder so vor, wie es unter 3. und 4. beschrieben ist.

Kennzeichnung von Chemikalien

Auf vielen Chemikalienbehältern findest du Symbole mit rotem Rand. Sie heißen **Gefahrenpiktogramme**. Sie warnen dich vor schädlichen oder gefährlichen Stoffen. ↗2 Da viele Chemikalien gesundheitsschädlich oder gar giftig sind, darfst du sie auf gar keinen Fall probieren oder tief einatmen.

Entsorgung von Chemikalien

Manche Chemikalien dürfen nicht in den Ausguss geschüttet werden. Sie gehören in spezielle Sammelbehälter. ↗3 Frage deine Lehrerin oder deinen Lehrer, wie du Reste entsorgen sollst. Auch zerbrochene Glasgeräte werden wegen der Verletzungsgefahr in einem Extrabehälter gesammelt.

giftig

Achtung!

umweltschädlich

entzündlich

ätzend

gesundheitsgefährdend

2 *Wichtige Gefahrenpiktogramme*

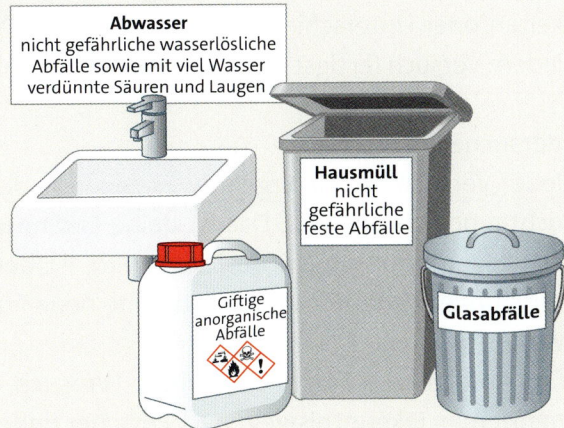

Abwasser
nicht gefährliche wasserlösliche Abfälle sowie mit viel Wasser verdünnte Säuren und Laugen

Hausmüll
nicht gefährliche feste Abfälle

Giftige anorganische Abfälle

Glasabfälle

3 *Entsorgung*

So arbeiten Forscher

1 *Beim Öffnen der Kühlschranktür geht das Licht an.*

Fragen stellen

Du beobachtest Phänomene und überlegst, warum sie so und nicht anders passieren. Du gehst vor wie ein Forscher und stellst dir eine **Frage**. Oft hast du schon eine **Vermutung**, wie
5 die Antwort lauten könnte. ↗1

Versuche durchführen

Du weißt nicht, ob deine Vermutung richtig oder falsch ist. Um sie zu überprüfen, musst du sie genauer **untersuchen**. Dazu brauchst du einen **Plan**. Was genau willst du untersuchen?
10 Wie gehst du bei deinem Versuch vor? Welche **Materialien** sind dazu nötig?
Während du den **Versuch** durchführst, musst du genau hinsehen. Alle Veränderungen, die du während des Versuchs wahrnehmen kannst, sind **Beobachtungen**. Wenn du nach Ähnlich-
15 keiten oder Unterschieden suchst, heißt das **Vergleichen**. Zu jedem Versuch fertigst du ein **Versuchsprotokoll** an (↗ Seite 15).

Versuche auswerten

Jeder Versuch hat ein **Ergebnis**. Es zeigt, ob deine Vermutung richtig oder falsch war. Das ist deine **Erkenntnis**. Auch wenn
20 deine Vermutung nicht bestätigt wird, ist der Versuch nicht misslungen. Du findest vielleicht eine neue Frage und kannst weiterforschen.
Die Abfolge von Frage, Vermutung, Versuch und Erkenntnis nennt man **Erkenntnisweg**. ↗2 Forscher finden Lösungen, in-
25 dem sie dem naturwissenschaftlichen Erkenntnisweg folgen.

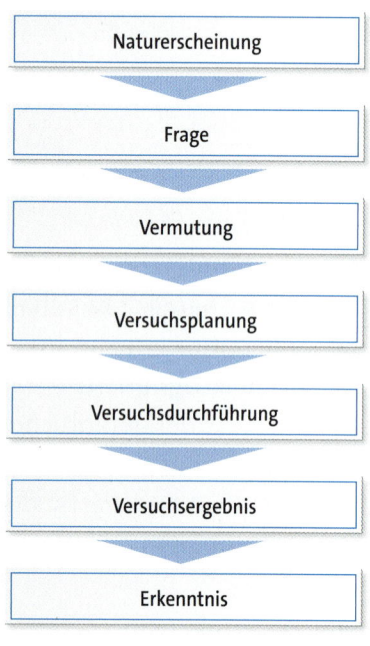

2 *Naturwissenschaftlicher Erkenntnisweg*

AUFGABEN

1 Du bemerkst, dass das Licht angeht, wenn du die Kühlschranktür öffnest. Notiere eine Frage zu dieser Beobachtung und stelle eine Vermutung dazu auf.

2 Plane einen Versuch, um deine Vermutung zu überprüfen.

Das Versuchsprotokoll

Viele Fragen wirst du im Natur-und-Technik-Unterricht selbst durch Versuche beantworten. Damit du die Versuche auch später noch verstehst, fertigst du zu jedem Versuch ein **Versuchsprotokoll** an. Versuchsprotokolle haben einen ganz bestimmten Aufbau. ↗1

Titel
Schreibe ganz oben deinen **Namen** und das **Datum** auf.
Darunter notierst du die **Frage** und deine **Vermutung**.

Material
Unter diesem Punkt zählst du die Geräte, Chemikalien und alle anderen benötigten Materialien auf.

Versuchsdurchführung
Falls nötig machst du eine **Zeichnung** vom Versuchsaufbau. Achte auf die richtige Anordnung.
Dann beschreibst du Schritt für Schritt, wie du den Versuch durchführst.
Zeichnung und **Beschreibung** müssen so genau sein, dass auch eine andere Person den Versuch nachmachen kann.

Beobachtung
Alles, was du bei einem Versuch hörst, riechst, siehst oder misst, schreibst du als **Beobachtung** auf. Messergebnisse notierst du am besten in einer **Tabelle**.

Auswertung
Beschreibe die Bedeutung deiner Beobachtungen und deiner Messergebnisse.
Schreibe die Antwort auf deine anfangs gestellte Frage auf. Sie ist die Schlussfolgerung oder **Erkenntnis** aus deinem Versuch.

Aaron Pfeifer, 9b   06.07.2021

Versuchsprotokoll

Frage: Welche Art von Sensor steuert das Licht im Kühlschrank?

Vermutung: Es ist ein Magnetsensor.

Material: Kühlschrank, Permanentmagnet

Versuchsdurchführung:
Ich fahre mit dem Permanentmagnet vorsichtig um den Rahmen des geöffneten Kühlschranks.

Beobachtung: Das Licht im Kühlschrank geht aus, wenn ich mit dem Magnet über eine bestimmte Stelle am Rahmen fahre.

Auswertung: Da das Licht im Kühlschrank ausgeht, wenn ich mit dem Magnet über eine bestimmte Stelle am Rahmen fahre, muss es sich um einen Magnetsensor handeln. Ihm gegenüber muss sich in der Tür des Kühlschranks ein Magnet befinden, der den Sensor auslöst, wenn man die Kühlschranktür schließt.

1 Beispiel für ein Versuchsprotokoll

Organische Rohstoffe

6 800 000 000

Sechs Milliarden achthundert Millionen
Kubikmeter Erdgas und 2,1 Millionen
Tonnen Erdöl wurden 2018 in Deutsch-
land produziert.

Allein in Deutschland betrug 2018 der Umsatz für
dekorative Kosmetik **eine Milliarde achthundert
Millionen** Euro. Nicht nur die Verpackungen werden
aus Erdöl hergestellt, sondern auch ein Großteil
der Inhaltsstoffe.

1 800 000 000

295

Zweihundertfünfundneunzig Gramm
Kohlenstoffdioxid weniger werden pro
Kilowattstunde freigesetzt, wenn man
statt mit Heizöl mit Pellets heizt.

In diesem Kapitel ...

- erfährst du, wie fossile Rohstoffe entstehen.
- lernst du, wie fossile und regenerative Rohstoffe verwendet werden.
- erfährst du, wie Erdöl destilliert wird und welche Produkte daraus gewonnen werden.
- beschreibst du den Kohlenstoffkreislauf.
- erfährst du mehr über den Treibhauseffekt.

Organische Rohstoffe

1 Fackel aus Walnüssen?

Du brauchst: Walnüsse, Nussknacker, Fondue-Spieße, Feuerzeug

- Knacke eine Nuss.
- Spieße einen Kern auf einen Fondue-spieß auf.
- Versuche den Kern anzu-zünden.
- Notiere deine Beobachtun-gen und ver-suche, sie zu erklären.

1 *Walnüsse enthalten Öl.*

2 Licht im Dunkeln?

2 *Teelichter bestehen meist aus Erdölprodukten.*

Du brauchst: Teelichthüllen, Dochte, Kerzenwachs, Butter, Paraffin, Speiseöl, Gasbrenner, Stativ, Feuerzeug

- Welche Stoffe eignen sich als Wachs-Ersatz? Plane einen Versuch und führe ihn durch.
- Erstelle ein Versuchsprotokoll.
- Stelle deine persönliche Hitliste auf.

3 Lebensdauer

3 *Tüten*

Du brauchst: Folien-Müllbeutel für die Bio-tonne, Plastik-Gemüsetüte, Papiertüte, wasserdichtes Gefäß, Erde

- Schneide aus den Tüten je ein Quadrat mit einer Kantenlänge von 10 cm heraus.
- Fülle das Gefäß mit Erde und vergrabe die Quadrate darin. Grabe sie nach drei Wochen wieder aus.
- Notiere deine Beobachtungen.
- Überlege, was du verändern könntest.

4 Holzvergaser

Du brauchst: Streichholz, Reagenzglas, Reagenzglashalter, Feuerzeug, Gasbrenner

- Brich den Kopf des Streichholzes ab und gib das Hölzchen in das Reagenzglas.
- Halte das Reagenzglas in den Gasbrenner.
- Kannst du am Ende des Reagenzglases eine Flamme erzeugen?

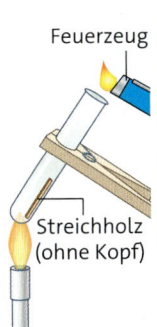

Feuerzeug

Streichholz (ohne Kopf)

Trinidad, eine Insel in der Karibik, hat eine Touristen-Attraktion: einen schwarzen See aus Asphalt.

1.1 Fossile Rohstoffe

Kohle, Erdgas und Erdöl – Schätze der Erde

Kohle, Erdgas und Erdöl findet man sowohl an der Erdoberfläche als auch tief im Boden. ↗1 Sie entstanden vor sehr langer
5 Zeit aus Lebewesen. Daher fasst man sie als **fossile Rohstoffe** zusammen. Kohle, Erdgas und Erdöl enthalten chemische Energie und sind deshalb wichtige **Energieträger**.

Die Entstehung von Kohle

Vor über 300 Millionen Jahren waren große Teile der Erde mit
10 Sumpfwäldern bedeckt. Wenn **abgestorbene Pflanzen** in einen Sumpf fielen, lagerten sie sich unter Luftabschluss als **Torf** ab. Die Torfschichten wurden von Sand und Ton überlagert. Auf diesem Boden wuchsen neue Wälder, starben ab und bildeten weitere Torfschichten. Auch darüber lagerte sich wie-
15 der Sand und Ton ab. ↗3 Durch Druck und Wärme wurde aus dem Torf zuerst **Braunkohle** und schließlich **Steinkohle**. ↗2,3

1 *Braunkohle wird im Tagebau abgebaut.*

2 *Steinkohle*

3 *Entstehung von Braunkohle und Steinkohle*

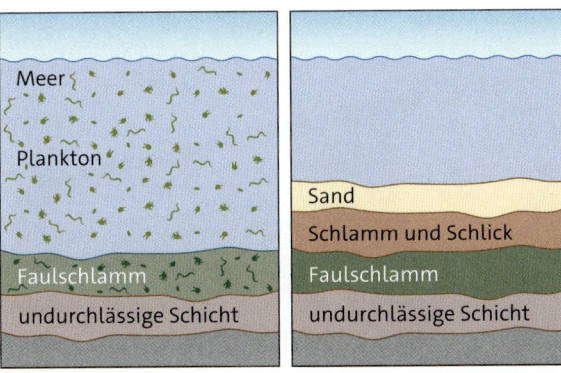
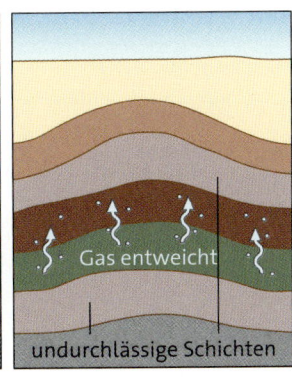
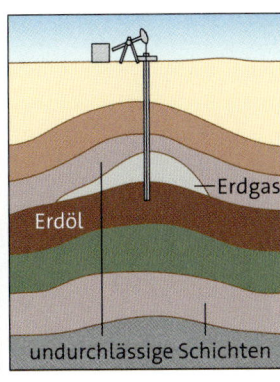

4 Plankton stirbt ab und bildet Faulschlamm. Durch Druck und Hitze entstehen Erdöl und Erdgas.

Entstehung von Erdöl und Erdgas

Zur Zeit der Dinosaurier bedeckten Meere weite Teile der Erde. Winzige Pflanzen und Tiere lebten im Wasser. Dieses **Plankton**
20 sank nach seinem Tod auf den Meeresgrund. Da dort wenig Sauerstoff vorhanden war, zersetzte sich das Plankton nicht, sondern verfaulte zu **Faulschlamm**. Dicke Schichten aus Schlamm bedeckten den Faulschlamm. Im Laufe von Millionen Jahren wandelte er sich unter großem Druck und großer
25 Hitze in **Erdöl** und **Erdgas** um. ↗4

Erdöl und Erdgas sind im Gestein eingeschlossen wie in den Poren eines Schwammes. Da undurchlässige Gesteinsschichten Erdgas und Erdöl überlagern, können diese nicht entweichen. Fehlt dieses Gestein, können Erdöl und Erdgas nach oben
30 gelangen und es entstehen Asphaltseen.

Verwendung von fossilen Rohstoffen

Erdöl, Erdgas und Kohle sind aus Lebewesen entstanden, daher zählen sie auch zu den **organischen Rohstoffen**. Aus Erdöl können viele
35 Produkte erzeugt werden: Kraftstoffe, Heizöl, Heizgas, Düngemittel, Pflanzenschutzmittel, Medikamente, Kosmetikartikel, Farben, Lösungsmittel, Kunstfasern und Waschmittel. ↗5

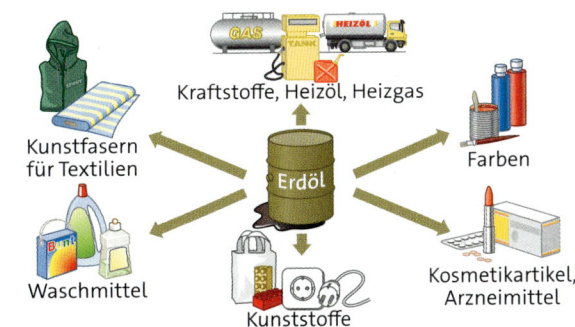

5 Aus Erdöl werden viele Produkte hergestellt.

- Kohle, Erdgas und Erdöl sind fossile organische Rohstoffe.
- Aus abgestorbenen Pflanzen entsteht zuerst Torf, unter Hitze und Druck bilden sich dann Braunkohle und Steinkohle.
- Erdöl und Erdgas entstehen aus abgestorbenem Plankton. Es wandelt sich durch Hitze und Druck in Abwesenheit von Sauerstoff in Erdöl und Erdgas um.
- Aus Erdöl und Erdgas werden viele Produkte hergestellt.

AUFGABEN

1 Beschreibe die Entstehung von Kohle.
2 Beschreibe die Entstehung von Erdöl.
3 Zähle fünf Produkte des täglichen Bedarfs auf, die aus Erdöl hergestellt werden.

Dieser Tanklastwagen ist mit Erdgas gefüllt. Er fährt auf einer geteerten Straße. Kannst du dir vorstellen, was Erdgas und Asphalt gemeinsam haben?

1.2 Destillation von Erdöl

Rohöl – ein Gemisch

Das aus der Erde geförderte Rohöl ist ein Gemisch von vielen organischen Stoffen. Diese Stoffe haben unterschiedliche Sie-
5 depunkte. Daher kann man sie durch Destillation voneinander trennen. Unter einer **Destillation** versteht man das Verdampfen und Wiederauffangen von Flüssigkeiten.

Destillation von Erdöl

In sogenannten **Raffinerien** wird das Rohölgemisch in meter-
10 hohen Türmen destilliert. ↗1 Zuerst wird das Rohöl in einem Röhrenofen erhitzt. Es bildet sich ein Gemisch von flüssigen und gasförmigen Bestandteilen. Die flüssigen Bestandteile werden abgelassen. Aus diesen Bestandteilen entstehen Schmieröl, schweres Heizöl oder Bitumen, aus dem Asphalt
15 hergestellt wird. Die Öldämpfe steigen im Turm auf und kühlen dabei ab. Sinkt die Temperatur unter den Siedepunkt, kondensieren die Dämpfe und werden wieder flüssig.
Der Turm ist in mehrere Stockwerke unterteilt. Diese Stockwerke heißen **Glockenböden**. Je höher die Temperatur ist, bei
20 der ein Stoff kondensiert, desto weiter steigen die Dämpfe im Turm auf. Da die Kondensationspunkte der Stoffe sehr nahe beieinander liegen, werden in den einzelnen Glockenböden mehrere Stoffe gleichzeitig aufgefangen. Diese Stoffgemische nennt man **Fraktionen**. Daher spricht man von der **fraktionier-**
25 **ten Destillation** von Erdöl. Diesel, Petroleum, Kerosin und die verschiedenen Gase werden entweder direkt verwendet oder sind die Ausgangsstoffe für viele unterschiedliche Produkte unseres Alltags.

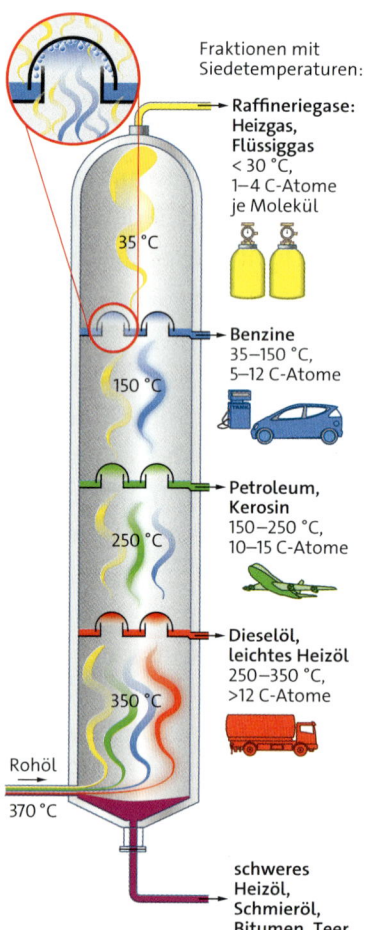

Fraktionen mit Siedetemperaturen:

35 °C

Raffineriegase: Heizgas, Flüssiggas < 30 °C, 1–4 C-Atome je Molekül

150 °C

Benzine 35–150 °C, 5–12 C-Atome

250 °C

Petroleum, Kerosin 150–250 °C, 10–15 C-Atome

350 °C

Dieselöl, leichtes Heizöl 250–350 °C, >12 C-Atome

Rohöl

370 °C

schweres Heizöl, Schmieröl, Bitumen, Teer

1 *Fraktionierte Destillation von Erdöl in der Raffinerie.*

Ökonomische und politische Aspekte

30 Nur 2,5 Prozent des deutschen Bedarfs an Erdöl wird in Deutschland gefördert. Der große
Rest muss von anderen Ländern gekauft und
importiert werden. Deutschland ist von den
Lieferländern abhängig. Unter Umständen
35 muss Deutschland den Lieferländern politi-
sche Zugeständnisse machen, damit der Öl-
hahn nicht zugedreht wird. Die Lieferländer
können zudem den Preis bestimmen. ↗2

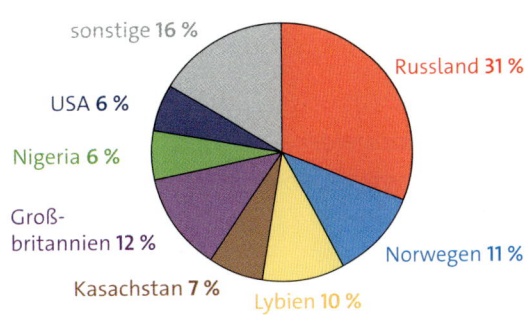

2 *Rohölimporte im Jahr 2019 (BAFA 2020)*

Ökologische Aspekte

40 Erdöl oder Erdölfraktionen gelangen entweder durch Pipelines oder mit großen Tankschiffen von den Förderländern zu
uns. ↗3 Dabei kann es zu Unfällen mit schweren Folgen kommen. Bei Tankerunglücken können Meer und Strände mit Öl
verseucht werden. ↗4 Dadurch sterben Tiere und Pflanzen.
45 Auch ohne Unfälle ist die Verwendung von Erdöl oder Erdölprodukten ökologisch bedenklich. Nutzt man Erdöl als Energieträger, gelangen große Mengen an Kohlenstoffdioxid in die
Luft. Kohlenstoffdioxid verstärkt den Treibhauseffekt und
trägt so zum Klimawandel bei. Produkte aus Erdöl sind oft
50 sehr langlebig. Das ist gut, solange die Produkte verwendet
werden. Wenn Produkte aus Erdöl nicht mehr benötigt werden, verrotten sie aber nicht oder sehr langsam und ver-
schmutzen die Umwelt, wenn sie nicht korrekt entsorgt oder
recycelt werden.

3 *Trans-Alaska-Pipeline*

4 *Umweltschäden durch aus-
gelaufenes Öl*

Nachhaltigkeit

55 Die Erdölvorkommen sind begrenzt. Wir verbrauchen das Erdöl sehr viel schneller, als neue Vorräte entstehen. Bei gleich-
bleibend hoher Förderung bleiben für die Generationen nach
uns nur wenige Reserven übrig. Daher ist die Förderung von
60 Erdöl und massenhafte Herstellung von Produkten aus Erdöl
nicht nachhaltig.

- **Erdöl ist ein Stoffgemisch. Die Stoffe unterscheiden sich
  in ihren Siedepunkten.**
- **Durch fraktionierte Destillation wird Erdöl in einzelne
  Fraktionen mit ähnlichen Siedepunkten aufgeteilt.**
- **Ökonomische und ökologische Aspekte sprechen gegen
  die leichtfertige und umweltschädliche Erdölförderung.**

AUFGABEN

1 Beschreibe, wie das Erdöl
durch fraktionierte Destillation getrennt wird.

2 Zähle auf, wozu die einzelnen
Fraktionen verwendet werden.

3 Bewerte die Förderung von
Erdöl unter ökologischen
Aspekten.

4 Diskutiert im Geschichte/Poli-
tik/Geographie-Unterricht
über das Thema Erdölförderung.

Wälder und Rapsfelder – nicht nur ein schöner Anblick, sondern wertvolles Wirtschaftsgut.

1.3 Regenerative Rohstoffe

Produkte aus der Land- und Forstwirtschaft

Raps und Holz wachsen immer wieder nach. Sie heißen daher nachwachsende oder **regenerative Rohstoffe**. Zu dieser Gruppe
5 gehören alle Pflanzenöle, Pflanzenfasern, Zucker und Stärke, aber auch Horn und Haut von Tieren. Sie dienen den Menschen als Energieträger und als Rohstoffe für die Fertigung vieler Produkte.

Energieträger

10 Die Erdöl- und Kohlereserven sind endlich, da wir sie schneller verbrauchen, als neue Vorräte entstehen können. Deshalb gewinnen regenerative Rohstoffe zunehmend an Bedeutung als Energielieferanten für die Wärme- oder Stromerzeugung. Pflanzen wandeln während der Fotosynthese die Strahlungs-
15 energie der Sonne in chemische Energie um. Alle regenerativen Rohstoffe enthalten daher chemische Energie.

1 *Mais für die Biogasproduktion*

Die Herstellung von **Biogas**, beispielsweise aus Mais, ist ganzjährig möglich. ↗1 Biogas wird direkt zur Wärmegewinnung oder für die Gewinnung von Strom in Wärmekraftwerken ein-
20 gesetzt. Rapspflanzen werden jährlich abgeerntet. Aus ihnen kann man Biodiesel herstellen.
Bis ein Baum „geerntet" werden kann, dauert es mehrere Jahre. Das Holz kann entweder direkt oder in Form von Pellets zur Wärmegewinnung oder zur Stromerzeugung eingesetzt wer-
25 den ↗2 Sogar Stroh kann zur Wärmegewinnung und Stromerzeugung verwendet werden. Aus Zuckerrüben, Kartoffeln, Mais und anderem Getreide wird **Bioalkohol** gewonnen. Mit Bioalkohol kann man Verbrennungsmotoren antreiben.

2 *Pappeln wachsen schnell. Aus ihnen macht man Pellets.*

Vom Feld in den Tank – pflanzliche Treibstoffe

30 Pflanzen enthalten Stärke und Zucker. Daraus kann man Alkohol herstellen. ↗3 Dazu werden die Pflanzen zunächst zerkleinert und dann mit Enzymen versetzt. Aus der Stärke entsteht Zucker. Nun gibt man Hefe hinzu, sie macht aus Zucker Alkohol. Ein bisschen ähnelt dieser Prozess der Herstellung

35 von Bier. Nun kommt aber ein weiterer Schritt: Die Flüssigkeit wird destilliert und der Alkohol wird so von den festen Bestandteilen (Schlempe) und dem Wasser getrennt. ↗3 Da dieser Alkohol aus pflanzlichen Rohstoffen hergestellt wird, nennt man ihn **Bioalkohol**. Er kann in Otto-Motoren als Treib-

40 stoff verwendet werden. In Deutschland wird Bioalkohol vor allem aus Weizen und Zuckerrüben hergestellt, in den USA verwendet man Mais und in Brasilien Zuckerrohr.
Meist mischt man Bioalkohol fossilen Kraftstoffen zu. Es gibt aber auch Autos, die mit reinem Bioalkohol fahren.

45 Auch für Dieselautos existieren pflanzliche Treibstoffe als Alternativen: Dafür werden pflanzliche Fette und Öle chemisch behandelt und als **Biodiesel** verkauft.

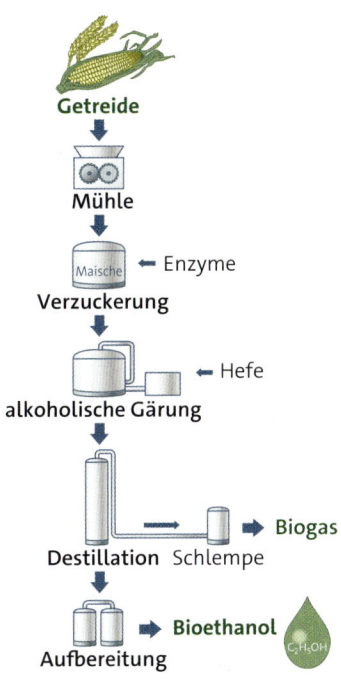

3 *Ablaufschema für die Gewinnung von Bioalkohol*

Rohstoffe für die Industrie

Um 1960 begann der Boom der **Kunststoffe** aus Erdöl. Diese

50 Kunststoffe konnte man mit den gewünschten Eigenschaften produzieren: leicht und bruchsicher, zugfest, reißfest, schnell trocknend und wenig knitternd. Man vergaß fast, dass **Naturstoffe** auch gute Eigenschaften haben. Nun denkt man um und kann Naturstoffe so weiterbehandeln, dass sie die ge-

55 wünschten Eigenschaften haben. Regenerative Rohstoffe sind heute wichtige Grundstoffe für die Produktion von Alltagsgegenständen. Viele Produkte, die aus Erdöl hergestellt werden, kann man aus nachwachsenden Rohstoffen erzeugen. ↗4

4 *Aus Leinen macht man Kleidung*

Rohstoffe für die Textilindustrie

60 Kleidung wurde jahrhundertelang nur aus **Naturstoffen** hergestellt. ↗5 Zu den **Naturfasern** zählen beispielsweise Baumwolle, Seide, Hanf, Bambus, Leinen und Wolle. Wird Holz entsprechend behandelt, kann man daraus ebenfalls Fasern für die Textilindustrie machen. Es gibt bereits Kleidung, die aus

65 dem Rohstoff Holz gemacht wird und trotzdem fließend weich ist. Anstelle von Kunstleder verwendet man seit Jahrtausenden gegerbte Tierhäute. Auch die Lederherstellung ist umweltbelastend, wenn die giftigen Gerbstoffe nicht fachgerecht eingesetzt und entsorgt werden.

5 *Knöpfe aus Horn an einer Tracht*

Rohstoffe für die Verpackungsindustrie

Früher packte man Lebensmittel in Zeitungspapier, Papiertüten oder füllte sie in Glasgefäße. Die Milch holte man in Milchkannen. Da Papier weniger reißfest als Kunststoff und auch nicht wasserabweisend ist, wurden in der Verpackungsindustrie zunehmend Kunststoffe verwendet. ↗6 Da Kunststoffe leichter und zugleich bruchfester sind, wurden Getränke und andere Flüssigkeiten in Kunststoffflaschen oder Verbundkartons gefüllt. Heute denkt man um und möchte die Ressource Erdöl und die Umwelt schonen.

Aus Pflanzenstärke kann man Folien herstellen, die nach einer chemischen Behandlung wasserabweisend sind. Statt Styroporchips schützen Flocken aus Mais oder Erdnüssen empfindliche Gegenstände beim Transport. Auch Glasflaschen oder wiederverwendbare Kunststoffflaschen werden vermehrt genutzt.

6 In Kunststoff und Papier verpackte Birnen

Medikamente, Werkstoffe, Farben und Böden

Die Menschen nutzten schon früh Pflanzen zur Herstellung von Medikamenten. Heute werden Heilpflanzen wieder häufiger als Alternative zu chemisch hergestellten Medikamenten verwendet. Bestimmte Pflanzenextrakte enthalten Wirkstoffe, die Beschwerden lindern, die Heilung unterstützen oder das Immunsystem stärken können. Auch als Duft- und Aromastoffe werden Pflanzenextrakte schon lange verwendet.

Menschen lieben bunte Kleidungsstücke. Früher färbten sie ihre Kleidungsstücke mit Färberpflanzen. ↗7 Sie konnten damit allerdings nicht so viele Farben erzeugen wie wir heute. Holz ist nicht nur ein Energieträger, sondern auch ein wichtiger Werk- und Dämmstoff für den Bau von Möbeln und Häusern. Aus Pflanzenölen werden Waschmittel und Schmierseifen hergestellt. Aus Leinöl macht man das strapazierfähige Linoleum. ↗8 Aus der Rinde der Korkeiche stellt man Korken für Flaschen, aber auch Bodenbeläge her. Kork hat wärme- und schalldämmende Eigenschaften.

7 Indigo – eine Färberpflanze

8 Linoleum wird aus Leinöl hergestellt.

- Holz, Biogas, Bioalkohol und Biodiesel sind regenerative Energieträger.
- Aus Stärke und Zucker wird mithilfe von Hefe Alkohol hergestellt. Er dient als flüssiger Brennstoff in Otto-Motoren.
- Aus regenerativen Rohstoffen stellt man unter anderem Textilfasern, Verpackungsmaterial, Waschmittel, Farben, Duft- und Aromastoffe sowie Arzneimittel her.

AUFGABEN

1 Erkläre, was man unter regenerativen Rohstoffen versteht.

2 Erkläre, wie regenerative Rohstoffe als Energieträger genutzt werden.

3 Nenne je zwei Vor- und Nachteile der beiden Verpackungen in Bild 6.

Regenerative Rohstoffe

1 Erdölprodukt oder Naturstoff?

1 *Transportschutz aus Stärke oder Styropor*

Material: verschiedene Verpackungschips, Uhrgläser oder Petrischalen, Iod-Kaliumiodid-Lösung (Lugolsche Lösung), Tropfpipette

Achtung: Setze die Schutzbrille auf!

Durchführung:
- Lege jeweils einen Verpackungschip in ein Uhrglas.
- Tropfe auf jeden Verpackungschip das Nachweisreagenz für Stärke (Lugolsche Lösung).

Auswertung:
- Notiere, welche Chips aus Stärke gemacht wurden. Hinweis: Lugolsche Lösung färbt Stärke blau bis schwarz.
- Fertige ein Versuchsprotokoll an.

2 Stärkefolie herstellen

2 *Mais enthält Stärke.*

Material: wasserunlösliche Maisstärke, wasserfreies Glycerin, Buchschutzfolie (nichtklebend), Gefäß für ein Wasserbad, Becherglas, Uhrglas, Glasstab, Waage, Messzylinder (10 ml), Dreifuß mit Drahtgitter, Gasbrenner, Topflappen, Backblech

Achtung: Setzt die Schutzbrillen auf!

Durchführung:
- Wiegt 40 g Maisstärke ab.
- Löst die Maisstärke im Becherglas in 50 ml Wasser.
- Gebt 4 ml Glycerin dazu.
- Deckt das Becherglas mit einem Uhrglas ab und stellt es in das Wasserbad.
- Kocht die Suspension 15 Minuten lang.
- Rührt ab und zu mit dem Glasstab um. Achtung, verbrüht euch nicht! (Topflappen)
- Bedeckt das Backblech mit der Buchschutzfolie.
- Gießt die Lösung auf die Buchschutzfolie.
- Lasst die Lösung trocknen und zieht die entstandene Stärkefolie vorsichtig ab.

Auswertung:
- Testet, ob eure Stärkefolie Wasser abhält.
- Testet, ob eure Stärkefolie sich so anfühlt wie Plastikfolie.

Mit einer weißen Porzellanschale kannst du nachweisen, ob ein Stoff Kohlenstoff enthält. Beim Verbrennen entsteht schwarzer Ruß, der sich auf der weißen Porzellanoberfläche niederschlägt.

1.4 Kohlenstoff in der Umwelt

Biomasse und Kohlenstoff

Pflanzen, Pilze, Tiere und Mikroorganismen sind Lebewesen. Sie werden auch als **Biomasse** bezeichnet.

5 Du kennst grüne Pflanzen bereits als **Erzeuger**. Sie wandeln die Strahlungsenergie der Sonne durch **Fotosynthese** in chemische Energie um. Dazu nehmen sie Kohlenstoffdioxid aus der Luft und Wasser aus dem Boden auf und wandeln die Stoffe in Traubenzucker und Sauerstoff um. ↗1

10 Traubenzucker enthält Kohlenstoffatome. Er ist eine **Kohlenstoffverbindung**. Aus Traubenzucker bauen Pflanzen andere Stoffe auf, die sie benötigen. Pflanzliche Stoffe sind also Kohlenstoffverbindungen. Tiere fressen entweder Pflanzen oder andere Tiere. Daher enthalten alle Lebewesen Kohlenstoffverbindungen.

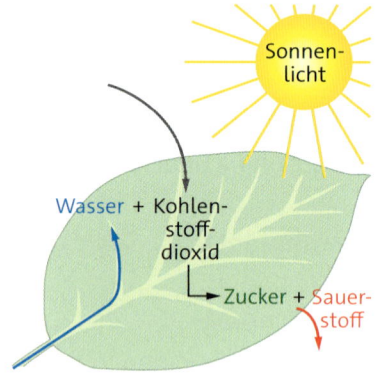

1 *Pflanzen nehmen Kohlenstoffdioxid aus der Luft auf.*

15

Der Kohlenstoffkreislauf in der Natur

Tiere gewinnen Energie, indem sie beim Stoffwechsel die Nährstoffe der Nahrung in ihre Bestandteile zerlegen. Dabei entsteht **Koh-**
20 **lenstoffdioxid**. Dieses wird ausgeatmet und gelangt in die Luft. Auch bei der Zersetzung toter Lebewesen wird Kohlenstoffdioxid frei. ↗2

Bei der Fotosynthese nehmen Pflanzen dieses
25 Kohlenstoffdioxid aus der Luft wieder auf und wandeln es in die für die Pflanzen notwendigen Kohlenstoffverbindungen um.

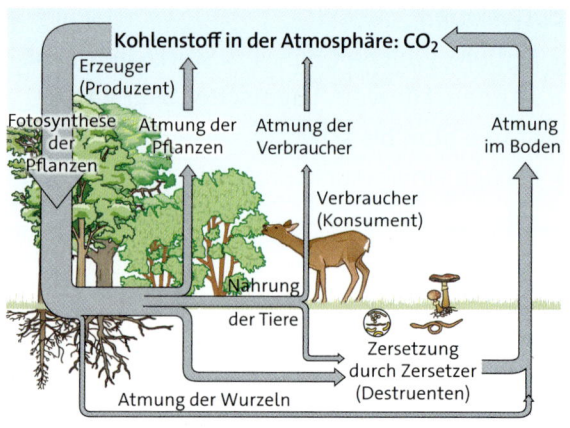

2 *Kohlenstoffkreislauf in der Natur*

Natürlicher Treibhauseffekt

Sonnenstrahlen erwärmen die Erdoberfläche. Ein Teil dieser Wärme wird von der Erde abgestrahlt. Die Gase der Luft reflektieren wiederum einen Teil dieser **Wärmestrahlung** in Richtung Erde. ↗3 Die Wärme wird so wie in einem **Treibhaus** eingefangen. Man spricht deshalb vom **Treibhauseffekt**. Ohne die Lufthülle der Erde gäbe es diesen Effekt nicht. Ein Leben auf der Erde wäre ohne diesen natürlichen Treibhauseffekt nicht möglich, denn die Temperaturen würden so extrem schwanken wie auf dem Mond: Nachts herrschen dort minus 160 Grad Celsius, tagsüber plus 130 Grad Celsius.

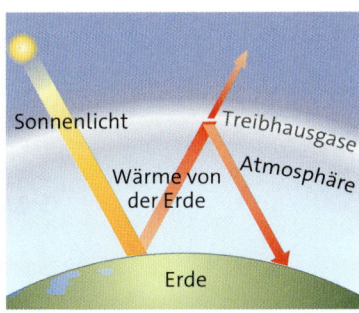

3 Treibhauseffekt

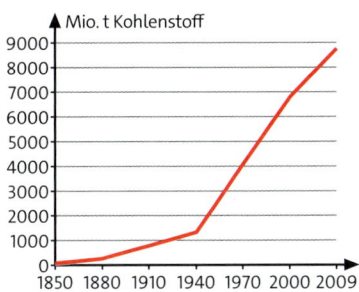

4 Menge freigesetzten Kohlenstoffs durch Verbrennung fossiler Rohstoffe (CDIAC 2017)

Verstärkung des Treibhauseffektes

Unsere Luft enthält Kohlenstoffdioxid. In Erdöl, Erdgas und Kohle wurde über Millionen von Jahren Kohlenstoff gespeichert. Beim Verbrennen fossiler Rohstoffe wird dieser Kohlenstoff nun in sehr kurzer Zeit als Kohlenstoffdioxid frei. ↗4 Dadurch steigt die Menge an Kohlenstoffdioxid in der Luft an. Der natürliche Treibhauseffekt wird so durch den Einfluss der Menschen verstärkt. Je stärker der Treibhauseffekt ist, desto wärmer wird es auf unserer Erde. Wissenschaftler und Wissenschaftlerinnen befürchten eine Klimakatastrophe, wenn der Ausstoß an Kohlenstoffdioxid nicht gesenkt wird. ↗5 Artensterben, Hungersnöte, Unwetterkatastrophen und ein Anstieg des Meeresspiegels können die Folgen sein.

Nachhaltige Nutzung von Rohstoffen

Verbrennt man Holz, gelangt Kohlenstoffdioxid in die Luft. Beim Wachsen nehmen jedoch andere Bäume wieder Kohlenstoffdioxid aus der Luft auf. Die Menge an Kohlenstoffdioxid bleibt aber nur dann gleich, wenn genauso viele Bäume nachwachsen wie verbrannt werden. Dann ist die Nutzung von Holz **nachhaltig**. Das gilt für alle organischen Rohstoffe.

5 Viele fordern die Senkung des Kohlenstoffdioxid-Ausstoßes.

- **Lebewesen und Rohstoffe enthalten Kohlenstoff.**
- **Pflanzen nehmen Kohlenstoffdioxid aus der Luft auf.**
- **Durch Atmung und Zersetzung gelangt Kohlenstoffdioxid in die Luft.**
- **Durch Verbrennung von fossilen Rohstoffen gelangt zusätzliches Kohlenstoffdioxid in die Luft und verstärkt den Treibhauseffekt. Es wird wärmer.**
- **Wenn genauso viele Rohstoffe nachwachsen wie verbrannt werden, ist deren Nutzung nachhaltig.**

AUFGABEN

1 Gib an, wie Kohlenstoffdioxid in die Luft gelangt.
2 Gib an, wie Kohlenstoffdioxid aus der Luft gelangt.
3 Erkläre, wann die Nutzung regenerativer Rohstoffe nachhaltig ist.

Erdöl: Ökologisch? Nachhaltig?

1 Eine Floßfahrt

1 *Weiter, immer weiter so?*

Aufgaben:
- Beschreibe die Karikatur. ↗1
- Auf dem Floß steht „Energievorrat". Gib an, welche Rohstoffe gemeint sein könnten.
- Ein Feuer auf dem Holzfloß? Was könnte der Zeichner oder die Zeichnerin damit ausdrücken wollen?
- Wofür stehen deiner Meinung nach Hackstock und Säge?
- Welche Aussage macht die Karikatur? Nimm Stellung zu dieser Aussage.

2 Das neue Schulhaus

In deiner Gemeinde soll ein neues Schulhaus gebaut werden. Bei einer Bürgerversammlung „Klimaschutz fängt bei uns an" wird über die Energieversorgung (z.B. Erdgas, Pellets, Fotovoltaik) und die Bauweise in Ziegel oder Holz diskutiert.

Aufgabe:
- Nimm zu den beiden Diskussionspunkten Stellung. Recherchiere im Internet, wenn du für deine Meinung noch weitere Argumente brauchst.

3 Wie komme ich von A nach B?

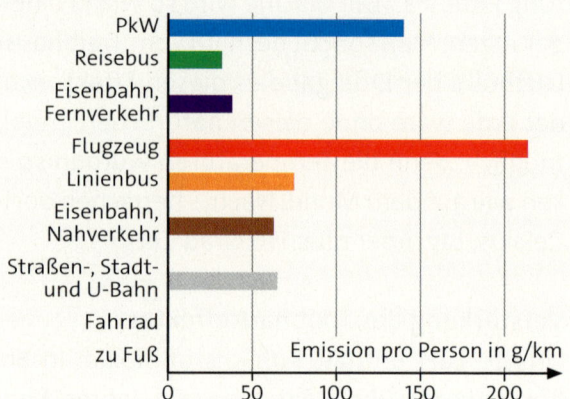

2 *Vergleich der Treibhausgas-Emissionen verschiedener Verkehrsmittel pro Person in g/km (nach: Umweltbundesamt 2018)*

Aufgaben:
- Notiert drei Kernaussagen zu dem Diagramm. ↗2
- Gebt an, welches Verkehrsmittel am wenigsten Treibhausgase pro Person ausstößt.
- Befragt eure Mitschüler und Mitschülerinnen, wie sie in die Schule kommen: Elterntaxi, zu Fuß, mit dem Bus, mit dem Fahrrad ... Welche Gründe werden für die Wahl des Verkehrsmittels genannt?
- Ihr wollt den Kohlenstoffdioxidausstoß senken. Wie könntet ihr andere in den sozialen Netzwerken überzeugen? Entwerft einen Beitrag mit Bild und kurzem Text unter den Hashtags #nachhaltigleben, #umweltschutzfängtbeidiran, #umdenken.
- Gebt an, welche Posts euch zum Überdenken des eigenen Verhaltens bringen würden. Was hat euch überzeugt? Was nicht? Gebt euch gegenseitig Anregungen, wie der Beitrag überzeugender werden kann.
- Recherchiert im Internet nach Meinungen anderer zum Thema und bewertet diese Aussagen ebenfalls.

Organische Rohstoffe

Fossile Rohstoffe

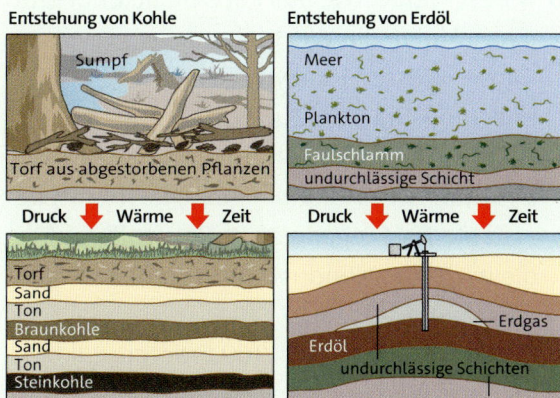

1 *Erdöl und Kohle*

Kohle, Erdgas und Erdöl sind fossile organische Rohstoffe. Aus abgestorbenen Bäumen entsteht im Laufe der Zeit zuerst Torf. Unter Hitze und Druck entsteht aus dem Torf zuerst Braunkohle und daraus Steinkohle. Erdöl und Erdgas entstehen aus abgestorbenem Plankton. Es wandelt sich durch Hitze und Druck in Abwesenheit von Sauerstoff in Erdöl und Erdgas um. ↗1 Erdöl und Erdgas sind Rohstoffe für viele Produkte.

Destillation von Erdöl

Erdöl ist ein Stoffgemisch. Die im Erdöl enthaltenen Stoffe unterscheiden sich in ihren Siedepunkten. Daher kann durch fraktionierte Destillation das Erdöl in einzelne Fraktionen mit ähnlichen Siedepunkten aufgeteilt werden.

Heizgas

35 °C

Benzine

150 °C

Petroleum, Kerosin

250 °C

Dieselöl leichtes Heizöl

350 °C

370 °C

schweres Heizöl

2 *Fraktionierte Destillation von Erdöl*

Regenerative Rohstoffe

Holz, Biogas, Bioalkohol und Biodiesel sind regenerative Energieträger – denn die Pflanzen wachsen immer wieder nach. Aus Stärke und Zucker wird mithilfe von Hefe Alkohol hergestellt. Alkohol wird als flüssiger Brennstoff in Otto-Motoren verwendet. Aus regenerativen Rohstoffen stellt man unter anderem Textilfasern, Verpackungsmaterial, Waschmittel, Farben und Arzneimittel her.

Kohlenstoff in der Umwelt

Lebewesen enthalten Kohlenstoff. Werden diese zersetzt, wird Kohlenstoffdioxid frei. Durch Atmung gelangt ebenfalls Kohlenstoffdioxid in die Luft. Pflanzen nehmen Kohlenstoffdioxid aus der Luft auf. ↗3 A Werden fossile Rohstoffe verbrannt, gelangt zusätzliches Kohlenstoffdioxid in die Luft und verstärkt den natürlichen Treibhauseffekt. Es wird wärmer. ↗3 B

Wenn genauso viele Rohstoffe nachwachsen wie verbraucht werden, ist deren Nutzung nachhaltig.

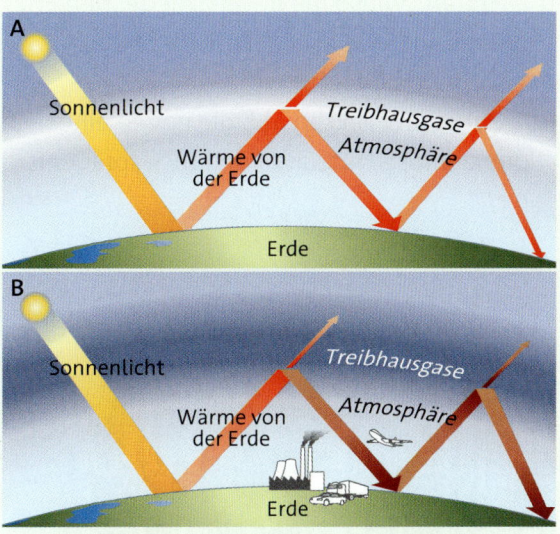

3 *Treibhauseffekt: A natürlich, B menschengemacht*

1 Fossile Rohstoffe

1 *Inhalt einer Tasche*

a ☐ Ergänze die Merksätze zur Entstehung der genannten Rohstoffe:
Kohle: Aus ... entsteht zuerst ... . Aus diesem entstehen unter ... und ... zuerst ..., dann ... .
Erdöl: Abgestorbenes Plankton wandelt sich unter ... und ... und Abwesenheit von ... in Erdöl und ... um.

b ☑ Zähle die Gegenstände in der Abbildung auf, bei deren Herstellung wahrscheinlich Erdölprodukte eingesetzt wurden. ↗1

2 Destillation von Erdöl

a ☐ Beschreibe, wie ein Destillationsturm innen aufgebaut ist. ↗2

b ☐ Erkläre, wieso die unterschiedlichen Erdöl-Bestandteile durch Destillation getrennt werden können.

c ☐ Zähle drei Fakten auf, die gegen eine grenzenlose Nutzung von Erdöl sprechen.

2 *Destillationsturm*

3 Regenerative Rohstoffe

a ☐ Zähle vier regenerative Energieträger auf.

b ☑ Beschreibe, wie aus Raps Bioalkohol entsteht. Nutze die Wortgeländer.
Raps – Wasser – Enzyme
Enzyme – Stärke – Zucker
Hefe – Zucker – Alkohol
Destillation – Alkohol – feste Bestandteile

c ☐ Zähle fünf regenerative Rohstoffe auf, die in der Textilindustrie als Naturfaser verwendet werden.

d ☑ Erkläre, warum ab 1960 Erdölprodukte die Produkte aus regenerativen Rohstoffen verdrängten.

e ☑ Zeige an zwei Beispielen, wie in der Verpackungsindustrie Erdölprodukte ersetzt werden.

4 Kohlenstoff in der Umwelt

3 *Kohlenstoffkreislauf und Treibhauseffekt*

a ☐ Beschreibe anhand von Bild 3 den Kohlenstoffkreislauf. ↗3

b ☐ Beschreibe den natürlichen Treibhauseffekt. ↗3

c ☑ Erkläre an zwei Beispielen, wie jeder Mensch die Freisetzung von Kohlenstoffdioxid in die Atmosphäre verringern kann.

d ☑ Holz als Brennmaterial ist nachhaltig, Kohle nicht. Erkläre den Unterschied.

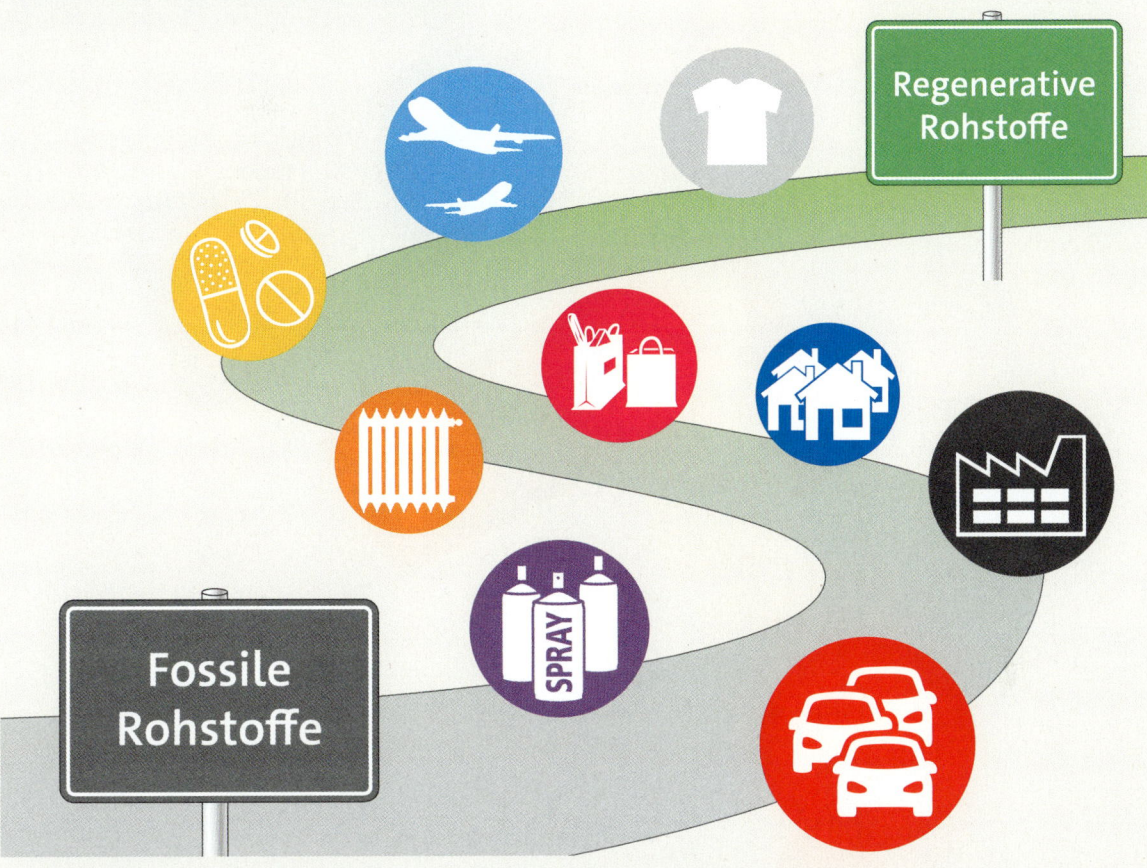

4 *Vieles kann auch aus regenerativen Rohstoffen gewonnen werden.*

5 Neue Wege?

a ☐ Gib an, wo fossile Rohstoffe durch regenerative Rohstoffe ersetzt werden können. Die Satzmuster und das Bild können dir helfen. ↗4

Statt Benzin zu tanken, kann man ...

Statt mit Erdöl oder Erdgas zu heizen, kann man ...

Statt aus Kunstfasern, kann man ...

Statt Farben aus Erdöl herzustellen, ...

b ☑ Nimm Stellung zur Aussage: Der Treibhauseffekt ist schädlich für die Lebewesen auf der Erde.

c ☑ Erdöl – zum Verbrennen viel zu schade. Nimm zu diesem Satz Stellung.

d ■ „Klimaerwärmung? Ist doch schön, wenn es bei uns richtig warm ist! Was ist denn daran schlecht?". Recherchiere fünf Gegenargumente.

6 Verantwortung für die Erde

a ☐ Der Erdölabbau soll sofort gestoppt werden. Finde je zwei Argumente pro und contra.

b ☐ In deiner Gemeinde wird ein neues „Haus der Jugend" gebaut. Im Zukunfts- und Nachhaltigkeitsbeirat sitzen seit einiger Zeit auch Jugendliche.

Begründe, warum es sinnvoll ist, auch Jugendliche in den Beirat zu berufen.

Mache fünf Vorschläge, wie man das Bauvorhaben nachhaltig gestalten kann.

c ☑ Der Supermarkt in deinem Ort möchte sein Sortiment auf regionale Produkte umstellen. Gib an, wieso das den Treibhauseffekt mindern kann. Mache als Mitglied des Zukunfts- und Nachhaltigkeitsbeirats zwei weitere Vorschläge zum Bereich „Verpackung".

Verwendung von organischen Rohstoffen

55 000 000 000

Fünfundfünfzig Milliarden Kubikmeter
Erdgas können jährlich durch die beiden
Stränge der Ostsee-Pipeline North Stream
von Russland nach Deutschland transportiert werden.

360 000 000

Weltweit wurden im Jahr 2018
dreihundertsechzig Millionen Tonnen
Kunststoff produziert.

267

Mehr als **zweihundertsiebenundsechzig** Tierarten
werden durch Plastikmüll im Meer beeinträchtigt.
Sie halten Plastikteile für Nahrung und nehmen sie
auf oder verfangen sich darin. Auch wir in Deutschland tragen zur Verschmutzung bei, denn über 38 kg
Verpackungsmüll aus Plastik produziert jede/jeder
von uns durchschnittlich pro Jahr.

In diesem Kapitel ...

- lernst du Methan und die homologe Reihe der Alkane sowie wichtige Eigenschaften und ihren Molekülbau kennen.
- erforschst du die Verbrennungsprodukte von Alkanen.
- lernst du die Einteilung, Struktur und Verwendung von Kunststoffen kennen.
- erfährst du, wie Kunststoffe recycelt werden können.

Brennergas, Joghurtbecher und Frischhaltefolie

1 Woraus besteht Brennergas?

1 *In vielen NT-Fachräumen findest du Gasbrenner.*

Du brauchst für beide Versuche: Gasbrenner, Becherglas, weißes Porzellangefäß, Streichhölzer, Tiegelzange

Versuch 1:
- Entzünde den Gasbrenner.
- Stelle die leuchtende Flamme ein.
- Halte das Porzellangefäß mit einer Tiegelzange über die Flamme.
- Notiere deine Beobachtungen und gib an, welches Element das Brennergas enthält.

Versuch 2:
- Entzünde den Gasbrenner.
- Stelle die leuchtende Flamme ein.
- Halte ein Becherglas mit einer Tiegelzange umgekehrt über die Flamme.
- Notiere deine Beobachtungen.
- Überlegt gemeinsam, welches Produkt entstanden ist.
- Bei der Verbrennung verbinden sich Elemente mit Sauerstoff. Welches Element muss Brennergas enthalten?

2 Enthalten Frischhaltefolie und Joghurtbecher Kohlenstoff?

2 *Frischhaltefolie und Joghurtbecher*

Du brauchst: feuerfeste Unterlage, Frischhaltefolie, Joghurtbecher (ohne Aufdruck), Teelicht, Tiegelzange, weißes Porzellangefäß, Schere, Streichhölzer

- Schneide aus der Frischhaltefolie ein Quadrat mit einer Kantenlänge von circa 10 cm.
- Rolle die Folie zu einer Wurst zusammen.
- Entzünde das Teelicht.
- Halte die Folie kurz mit der Tiegelzange in die Flamme und ziehe sie dann wieder heraus. Halte dabei die Folie über eine feuerfeste Unterlage.
- Halte das Porzellangefäß über die Flamme.
- Notiere deine Beobachtungen.
- Schneide einen circa 10 cm langen und 1 cm breiten Streifen aus dem Joghurtbecher.
- Wiederhole das Experiment.
- Notiere deine Beobachtungen.

In München und anderen Großstädten kochen viele Haushalte ohne Strom.

2.1 Methan

Vorkommen von Methan

Erdgas entstand vor Jahrmillionen aus Plankton, das unter Luftabschluss zersetzt wurde. Es besteht vor allem aus einem
5 Stoff: **Methan**. Methan entsteht, wenn organische Stoffe ohne Sauerstoff zersetzt werden.

In Biogasanlagen wird Methan erzeugt und zum Heizen oder zur Stromgewinnung eingesetzt. Es entsteht aber auch im Schlamm von Seen, in Mooren, in Reisfeldern, auf Mülldepo-
10 nien, in Kläranlagen und sogar in Rindermägen. ↗1 Methan ist ein **Treibhausgas**. Seine Wirkung auf den Treibhauseffekt ist 25-mal so stark wie die Wirkung von Kohlenstoffdioxid.

1 *Bei der Zersetzung von organischem Material entsteht Methan.*

Eigenschaften von Methan

Methan ist bei Raumtemperatur **gasförmig**. Es ist leichter als
15 Luft. Methan **entzündet sich leicht** und brennt mit bläulicher Flamme. Gemische aus Methan und Luft sind hochexplosiv. Undichte Erdgasleitungen sind sehr gefährlich. ↗2 Weil Methan **geruch- und farblos** ist, wird dem Erdgas zur Sicherheit ein Geruchsmittel zugesetzt. So kann austretendes Gas früher
20 erkannt werden.

2 *Folgen einer Erdgas-Explosion*

Verbrennung von Methan

Bei der Verbrennung von Methan mit genügend Sauerstoff entstehen zwei Produkte: Kohlenstoffdioxid und Wasser. ↗3 Die Wortgleichung lautet:

25 Methan + Sauerstoff → Kohlenstoff- + Wasser + Energie
dioxid

3 *Verbrennung von Kohlenwasserstoffen: Wasser entsteht.*

Summenformel von Methan

Kohlenstoffdioxidmoleküle entstehen, wenn sich Kohlenstoffatome mit Sauerstoffatomen verbinden. Das Methanmolekül enthält also Kohlenstoff-Atome. Wassermoleküle entstehen, wenn sich Wasserstoffatome mit Sauerstoffatomen verbinden. Das Methanmolekül enthält also Wasserstoff-Atome. Methan ist ein **Kohlenwasserstoff**.

Atome reagieren miteinander, weil sie die energiearme **Edelgaskonfiguration** erreichen wollen. Ein Kohlenstoffatom hat in der Außenschale vier Elektronen weniger als das Atom des Edelgases Neon. Es muss vier Elektronen aufnehmen. Ein Wasserstoffatom erreicht die Edelgaskonfiguration, wenn es ein Elektron abgibt. Wenn sich das Kohlenstoffatom mit vier Wasserstoffatomen verbindet, hat es die Edelgaskonfiguration. Die Summenformel von Methan lautet daher CH_4. ↗4

Struktur des Methanmoleküls

Im Methanmolekül ist ein Kohlenstoffatom mit vier Wasserstoffatomen verbunden. Mithilfe der **Strukturformel** kann man den Aufbau von Molekülen zeigen. Die zwei **Bindungselektronen** werden jeweils als Strich dargestellt. ↗5

Formelgleichung für die Verbrennung von Methan

Bei der Verbrennung von Methan entstehen doppelt so viele Wassermoleküle wie Kohlenstoffdioxidmoleküle. Du notierst zunächst folgende Gleichung:

$$CH_4 + O_2 \rightarrow CO_2 + 2\,H_2O$$

Du zählst die einzelnen Atome und stellst fest, dass du für die Reaktion insgesamt zwei Sauerstoffmoleküle benötigst. Die vollständige Gleichung lautet daher:

$$CH_4 + 2\,O_2 \rightarrow CO_2 + 2\,H_2O$$

- Methan entsteht bei der Zersetzung von organischem Material unter Sauerstoffabschluss.
- Methan ist ein geruchloses, farbloses und brennbares Gas. Es ist leichter als Luft.
- Das Methanmolekül besteht aus einem Kohlenstoffatom und vier Wasserstoffatomen. Die Summenformel ist CH_4.
- Die Strukturformel zeigt den Aufbau eines Moleküls.
- Methan verbrennt zu Kohlenstoffdioxid und Wasser.
- $CH_4 + 2\,O_2 \rightarrow CO_2 + 2\,H_2O$

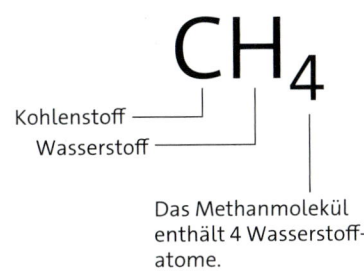

Kohlenstoff ——
Wasserstoff ——

Das Methanmolekül enthält 4 Wasserstoffatome.

4 *Summenformel von Methan*

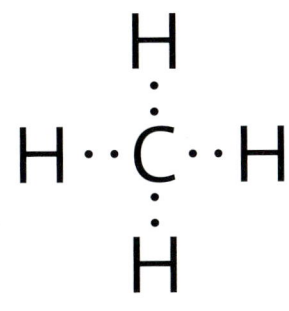

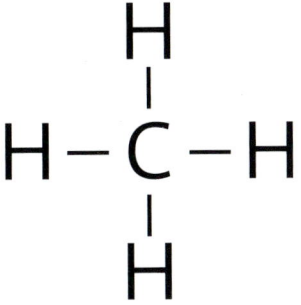

5 *Strukturformel von Methan: Bindungselektronen als Punkte (oben) und als Striche (unten).*

AUFGABEN

1 Nenne Beispiele für die Entstehung von Methan.
2 Erkläre den Unterschied zwischen einer Strukturformel und einer Summenformel.
3 Notiere die Wortgleichung für die Verbrennung von Methan.
4 Notiere die Formelgleichung für die Verbrennung von Methan.

Feuerzeugbenzine enthalten ein verflüssigtes Gas – was hat dieses Gas außer der Brennbarkeit mit Methan gemeinsam?

2.2 Geschwister des Methans

Alkane

Methan hat die Summenformel CH_4. Im Methanmolekül ist ein Kohlenstoffatom mit vier Wasserstoffatomen verbunden. Wenn du eines der Wasserstoffatome durch eine CH_3-Gruppe ersetzt, erhältst du das Ethanmolekül. Ethan hat die Summenformel C_2H_6. Ersetzt du ein weiteres Wasserstoffatom durch eine CH_3-Gruppe, erhältst du das Propanmolekül. Durch den Austausch von Wasserstoffatomen gegen CH_3-Gruppen entstehen immer längere, kettenförmige Moleküle. Sie alle gehören zur **homologen Reihe der Alkane**. ↗3 Alle Alkane bestehen nur aus den Elementen Wasserstoff und Kohlenstoff.

1 *Methan und Ethan sind in Sumpfgas enthalten.*

Summenformel der Alkane

Die Kohlenstoffatome am Kettenende sind jeweils mit drei Wasserstoffatomen verbunden. Die anderen Kohlenstoffatome sind jeweils mit zwei Wasserstoffatomen verbunden. Daraus ergibt sich die allgemeine **Summenformel für Alkane: C_nH_{2n+2}**. Setzt man beispielsweise für n = 10 ein, dann enthält das Alkan zehn Kohlenstoffatome und 22 Wasserstoffatome: $C_{10}H_{22}$. Das ist die Summenformel von Dekan.

2 *Kerzen bestehen meist aus längerkettigen Alkanen.*

Methan	Ethan	Propan	Butan	...
H–C–H (mit H oben, H unten)	H–C–C–H	H–C–C–C–H	H–C–C–C–C–H	...

3 *Homologe Reihe der Alkane: Strukturformel und Name*

Aggregatzustand von Alkanen

Bei Raumtemperatur sind Methan, Ethan, Propan und Butan gasförmig. Sie lassen sich unter Druck leicht verflüssigen. Deshalb bezeichnet man diese Gase auch als **Flüssiggase**.
Campinggas besteht zum Beispiel aus einem Gemisch von verflüssigtem Propan und Butan. Feuerzeugbenzin enthält verflüssigtes Butan.
Alkane mit einer Kettenlänge von fünf bis 16 C-Atomen sind bei Raumtemperatur flüssig. Alkane mit mehr als 16 C-Atomen sind fest. ↗4 Diese festen Alkane bezeichnet man auch als **Paraffine**.

4 Teilchen im festen, flüssigen und gasförmigen Zustand.

Schmelz- und Siedepunkte von Alkanen

Zwischen Molekülen wirken **Anziehungskräfte**. Die Anziehungskräfte sind umso größer, je größer die Oberfläche eines Moleküls ist. Zwischen Pentanmolekülen herrschen also geringere Anziehungskräfte als zwischen Undekanmolekülen mit 11 C-Atomen. ↗5 Dies zeigt sich auch an den Schmelz- und Siedepunkten der Alkane. ↗6 Damit ein Stoff schmilzt oder siedet, müssen die Anziehungskräfte überwunden werden. Dafür muss Wärmeenergie zugeführt werden, die in Bewegungsenergie der Teilchen umgewandelt wird. Zwischen den Molekülen von Dekan wirken größere Anziehungskräfte als zwischen den Molekülen von Hexan. Daher schmilzt und siedet Hexan bei einer niedrigeren Temperatur als Dekan.

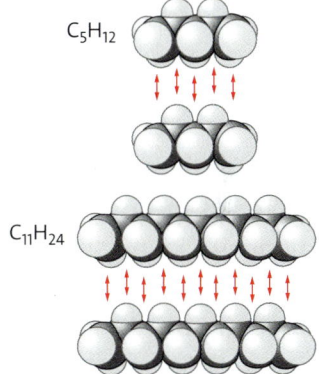

C_5H_{12}

$C_{11}H_{24}$

5 Bei steigender Kettenlänge herrschen größere Anziehungskräfte.

Name	Summenformel	Schmelz-temperatur °C	Siede-temperatur °C	Aggregatzustand bei 20 °C
Methan	CH_4	-182,6	-161,7	gasförmig
Ethan	C_2H_6	-183,3	-88,6	gasförmig
Propan	C_3H_8	-187,1	-42,2	gasförmig
Butan	C_4H_{10}	-138,5	-0,5	gasförmig
Pentan	C_5H_{12}	-129,7	36,1	flüssig
Hexan	C_6H_{14}	-94,0	68,7	flüssig
Heptan	C_7H_{16}	-90,5	98,4	flüssig
Octan	C_8H_{18}	-56,8	125,6	flüssig
Nonan	C_9H_{20}	-53,7	150,7	flüssig
Dekan	$C_{10}H_{22}$	-29,7	174,0	flüssig
Eicosan	$C_{20}H_{42}$	36,4		fest

6 Schmelz-, Siedetemperaturen und Aggregatzustände wichtiger Alkane

Brennbarkeit von Alkanen

Von Wasser weißt du schon, dass es auch unterhalb des Siede-punktes verdunstet. Auch flüssige Alkane verdunsten. Ver-gleicht man die Alkane miteinander, so wird deutlich, dass die Anziehungskräfte zwischen den Molekülen auch hierbei eine Rolle spielen. Je kürzer die Kohlenstoffketten sind, desto schneller verdunsten die Alkane.

Brennstoffe brennen immer dann, wenn sie ein **Gas-Luft-Ge-misch** bilden. Die Temperatur, bei der sich die Stoffe entzün-den, heißt **Flammpunkt**. Der Flammpunkt steigt mit der Ket-tenlänge. Je kürzer die Kohlenstoffketten sind, desto leichter entzünden sich die Gas-Luft-Gemische. Bei der Verbrennung aller **Alkane entstehen Kohlenstoffdioxid und Wasser**.

7 *Benzin besteht aus kurzketti-gen Alkanen und ist leicht ent-zündlich.*

Löslichkeit von Alkanen

Alkane lösen sich nicht in Wasser. Man sagt, sie sind **hydro-phob**. Hydrophob ist der griechische Ausdruck für „wasser-feindlich". Alkane lösen sich jedoch gut in Ölen. Man sagt, sie sind **lipophil**. Lipophil ist griechisch für „fettliebend".

Verwendung von Alkanen

Methan und die anderen gasförmigen Alkane werden haupt-sächlich als **Brennstoff** und für die **Stromerzeugung** einge-setzt. ↗8 Flüssige Alkane verwendet man als **Treibstoffe** für Motoren. Benzin enthält Alkane mit einer Kettenlänge von fünf bis acht C-Atomen. Diesel enthält Alkane mit einer Ket-tenlänge von neun bis 16 C-Atomen. Flüssige Alkane sind auch **Lösungsmittel** für organische Stoffe. ↗9 Viele feste Alkane finden Verwendung als Paraffinwachs, aus dem zum Beispiel Kerzen hergestellt werden können.

Chemiker können aus Alkanen andere Moleküle herstellen. Alkane sind daher auch ein wichtiger Rohstoff für die chemi-sche Industrie.

8 *Gaskartuschen enthalten ein Gemisch aus Propan und Butan.*

9 *Fettflecken kann man mit Waschbenzin entfernen.*

- Alkane haben die allgemeine Summenformel C_nH_{2n+2}.
- Die ersten Alkane der homologen Reihe heißen Methan, Ethan, Propan und Butan.
- Schmelz-, Siede- und Flammpunkt steigen mit der Länge der Kohlenstoffketten.
- Bei der Verbrennung von Alkanen entstehen Kohlenstoff-dioxid und Wasser.
- Alkane dienen je nach Kettenlänge als Brennstoffe, Treibstoffe für Motoren oder als Lösungsmittel.

AUFGABEN

1 Zähle die Alkane vom Methan bis zum Dekan auf.
2 Erkläre, wieso Schmelz-, Sie-de- und Flammpunkt in der Reihe der Alkane ansteigen.
3 Stelle die Wortgleichung für die Verbrennung von Hexan auf.
4 Nenne drei Verwendungs-zwecke für Alkane.

Alkane

1 Verbrennungsprodukte

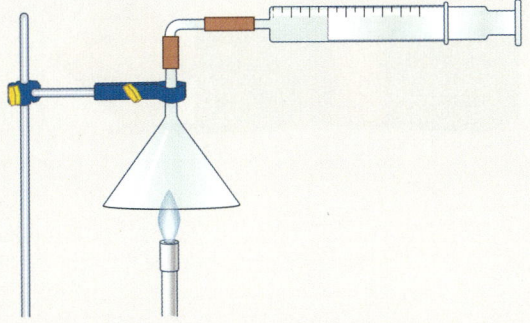

1 *Was entsteht bei der Verbrennung?*

Material: Calciumhydroxidlösung, Feuerzeugbenzin, Waschbenzin, Becherglas (20 ml), Gasbrenner, Trichter (Glas), Einwegspritze (50 ml), Zündhölzer, 2 Abdampfschalen

Achtung: Setze die Schutzbrille auf!

Durchführung:
- Baue den Versuch so auf wie in der Abbildung.
- Entzünde den Gasbrenner.
- Stelle ihn unter den Trichter.
- Sauge die Verbrennungsgase in die Spritze.
- Gib circa 5 ml Calciumhydroxidlösung in das Becherglas.
- Leite die Verbrennungsgase aus der Spritze in die Calciumhydroxidlösung.
- Protokolliere deine Ergebnisse und wiederhole den Versuch mit Feuerzeugbenzin und Waschbenzin. Beides kannst du in Abdampfschalen verbrennen.

Auswertung:
- Notiere, welches Verbrennungsprodukt du bei allen Versuchen nachgewiesen hast.

2 Lösungsmittel

Material: Speiseöl, Kerzenwachs, Waschbenzin, Wasser, synthetisches Erdöl, 6 Reagenzgläser, Reagenzglasständer, Pipetten, Messer

Achtung: Setzt die Schutzbrillen auf und zieht die Schutzhandschuhe an!

Durchführung:
- Füllt je drei Reagenzgläser halbhoch mit Waschbenzin und halbhoch mit Wasser und beschriftet die Reagenzgläser.
- Gebt Öl zu Wasser bzw. Waschbenzin.
- Schabt von der Kerze etwas Wachs ab und gebt es zu Wasser bzw. Waschbenzin.
- Gebt 2 ml Erdöl jeweils in das Reagenzglas mit Wasser bzw. mit Waschbenzin.
- Protokolliert in einer Tabelle, welche Stoffe sich in Wasser und/oder Waschbenzin lösen

Auswertung:
- Erklärt eure Beobachtungen mit den Begriffen lipophil und hydrophob.
- Erstellt ein Versuchsprotokoll.

Aus diesen Bauklötzen kannst du viele verschiedene Gebilde bauen. Es kommt ganz darauf an, wie du sie anordnest. Du kannst mit den gleichen Bausteinen einen Turm, ein Haus oder eine Brücke bauen.

2.3 Vielfalt der Alkane

Eine Summenformel – unterschiedliche Moleküle

Die **Summenformel** von Butan ist C_4H_{10}. Das Butanmolekül hat vier C-Atome und zehn H-Atome.

Die Strukturformel zeigt, wie die Atome im Molekül angeordnet sind. Im Butanmolekül ist jedes C-Atom mit vier anderen Atomen verbunden. Jedes H-Atom ist mit einem anderen Atom verbunden. Beim Zeichnen der **Strukturformeln** von C_4H_{10} stellst du fest, dass du zwei verschiedene Moleküle zeichnen kannst. ↗1

In Molekül A ist die Kette der Kohlenstoffatome durchgehend. Man sagt, sie ist **unverzweigt**. In Molekül B ist die Kohlenstoffkette verzweigt. Das Butan mit der durchgehenden Kohlenstoffkette, heißt **n-Butan** (sprich: *en*-Butan). Das n steht für normal, also unverzweigt. Das Butan mit der **verzweigten Kette** heißt **i-Butan** (sprich: *iso*-Butan). Die beiden Butanmoleküle haben zwar die gleiche Summenformel, aber unterschiedliche Strukturformeln. Das bezeichnet man als **Isomerie**. Die beiden Moleküle heißen **Isomere**.

Alkane mit vier Kohlenstoffatomen und mehr bilden Isomere. ↗1 Je mehr C-Atome ein Alkan hat, desto mehr Isomere gibt es. ↗2

1 Zwei verschiedene Strukturformeln für die Summenformel C_4H_{10}

3 Pentan hat die Summenformel C_5H_{12}. Es gibt drei Isomere.

Summenformel	Zahl der Isomere
C_6H_{14}	5
C_8H_{18}	18
$C_{10}H_{22}$	75
$C_{20}H_{42}$	366 319
$C_{40}H_{82}$	> 62 Milliarden

2 Die Zahl der Isomeren steigt mit jedem zusätzlichen C-Atom.

$$H-\overset{\overset{\displaystyle H}{|}}{\underset{\underset{\displaystyle H}{|}}{C}}-\overset{\overset{\displaystyle H}{|}}{\underset{}{C}}-\overset{\overset{\displaystyle H}{|}}{\underset{\underset{\displaystyle H}{|}}{C}}-\overset{\overset{\displaystyle H}{|}}{\underset{\underset{\displaystyle H}{|}}{C}}-H \qquad \longrightarrow$$

4 *Vereinfachen einer Strukturformel*

Vereinfachte Darstellung der H-Atome

Wenn alle Atome eines Alkanmoleküls gezeichnet werden, kann die Strukturformel schnell unübersichtlich werden. Des-
25 halb lässt man in der Strukturformel oft die H-Atome weg. ↗4

Eigenschaften der Isomere

Moleküle mit einer unverzweigten Kohlenstoffkette kannst du dir wie Spaghetti vorstellen. Sie sind langgestreckt.
30 Moleküle mit mehreren Verzweigungen der Kohlenstoffkette kannst du dir eher wie Kugeln vorstellen. Der unterschiedliche Bau beeinflusst die Eigenschaften der Moleküle. Je länger die Moleküle sind, desto stärker sind
35 die **Anziehungskräfte**. Je stärker die Anziehungskräfte sind, desto höher sind die **Schmelz-, Siede- und Flammpunkte** der Isomere. n-Alkane haben daher höhere Siedepunkte als die entsprechenden i-Alka
40 ne. ↗5 Weil die Isomere unterschiedliche Eigenschaften haben, werden sie für unterschiedliche Zwecke eingesetzt. Das unverzweigte n-Pentan nutzt man als Kühlmittel. Das Pentan mit einer Verzweigung, das i-Pentan, verwendet man in Benzin, das Isomer mit zwei
45 Verzweigungen heißt Neopentan. Dies nutzt man als Treibgas in Spraydosen. ↗5

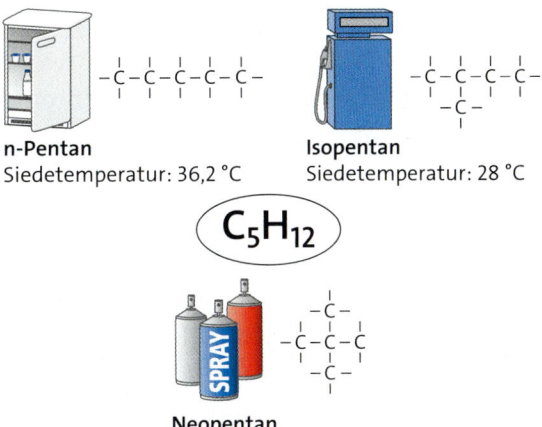

n-Pentan
Siedetemperatur: 36,2 °C

Isopentan
Siedetemperatur: 28 °C

C_5H_{12}

Neopentan
Siedetemperatur: 9,5 °C

5 *Siedetemperaturen und Verwendungsbeispiele der Pentanisomere.*

- Isomere sind Moleküle mit gleicher Summenformel, aber unterschiedlicher Strukturformel.
- Alkane mit vier Kohlenstoffatomen und mehr bilden Isomere.
- Alkane mit unverzweigten Ketten nennt man n-Alkane.
- Alkane mit verzweigten Ketten nennt man i-Alkane.
- Je stärker ein Alkan verzweigt ist, desto niedriger sind Schmelz-, Siede- und Flammpunkt.

AUFGABEN

1 Erkläre den Begriff Isomer.
2 Zeige den Zusammenhang zwischen der Zahl der Kohlenstoffatome und der Anzahl der Isomere auf.
3 Erkläre, wie sich der Bau der Isomere auf Siede-, Schmelz- und Flammpunkte auswirkt.
4 Baue mit dem Molekülbaukasten fünf isomere Hexane.

Tomaten reifen schneller nach, wenn man einen reifen Apfel dazulegt. Ein Märchen, meinst du?

2.4 Alkene

Eigenschaften und Vorkommen von Ethen
Bei der Weiterverarbeitung von Erdölprodukten entsteht **Ethen**. Es riecht süßlich, ist farblos und hochentzündlich.
5 Pflanzen produzieren ebenfalls Ethen. Das Gas beschleunigt die Reifung von Früchten oder warnt vor Fraßfeinden. ↗1

Summen- und Strukturformel von Ethen
Ethen hat die Summenformel C_2H_4. Das sind zwei Wasser-
10 stoffatome weniger als im Ethanmolekül. Es heißt daher **ungesättigter Kohlenwasserstoff**. Ein Kohlenstoffatom benötigt vier Bindungen, um die Edelgaskonfiguration zu erreichen. So ist es auch im Ethenmolekül. Hier sind die beiden Kohlenstoffatome durch zwei Elektronenpaare verbunden. Eine Bindung
15 zwischen benachbarten Atomen mit zwei Elektronenpaaren nennt man eine **Doppelbindung**. In der Strukturformel erkennst du die Doppelbindung an den zwei Strichen. ↗2

Die Geschwister von Ethen
Verlängert man schrittweise die Kette der Kohlenstoffatome,
20 erhält man Moleküle mit einer Doppelbindung. Diese Moleküle gehören zur **homologen Reihe der Alkene**. Die ersten Glieder der Kette heißen **Ethen, Propen, Buten, Penten, Hexen**. Die Nachsilbe **–en** zeigt die Doppelbindung an.
Alle Alkene haben die Summenformel C_nH_{2n}. Auch bei den Al-
25 kenen gibt es Isomere. Man unterscheidet je nach der Verzweigung der Kohlenstoffkette n-Alkene und i-Alkene. Weil die Doppelbindung an unterschiedlichen Stellen liegen kann, gibt es noch weitere Isomere. ↗3

1 *Akazien warnen sich gegenseitig vor dem Fraßfeind, indem sie das Gas Ethen verströmen.*

2 *Doppelbindung im Ethen*

3 *Isomere Butene*

Eigenschaften der Alkene

30 Wie bei den Alkanen hängt der **Siede- und Schmelzpunkt** mit der **Kettenlänge** zusammen. Alkene mit bis zu vier Kohlenstoffatomen sind bei Raumtemperatur gasförmig. Alkene mit fünf bis 15 Kohlenstoffatomen sind flüssig. Alkene ab 16 Kohlenstoffatomen sind fest.

35 Im Vergleich zu den gleich langen Alkanen sind die Siede- und Schmelzpunkte niedriger. Die **Entzündungstemperatur** ist aber höher, da für das **Aufbrechen der Doppelbindung** mehr Energie aufgewendet werden muss.

4 Ethen ist ein wichtiger Rohstoff für die Industrie. Das Gas wird in Pipelines weitergeleitet.

Chemische Eigenschaften von Alkenen

40 Die ungesättigten Alkene sind wegen der Doppelbindung viel reaktionsfreudiger als die gesättigten Alkane. Die typische Reaktion von Alkenen ist die **Addition**. Dabei werden mindestens zwei Moleküle zu einem Molekül zusammengeführt. Die Doppelbindung wird aufgespalten. Bei der Addition entsteht ein

45 gesättigter Kohlenwasserstoff. Durch Addition von Wasserstoff wird aus einem Alken wieder ein Alkan.

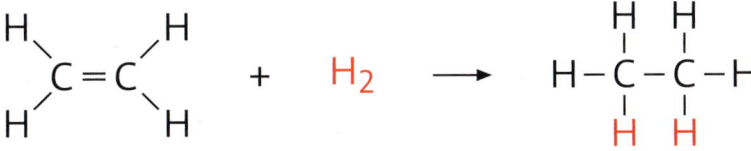

Außer Wasserstoff können noch viele andere Elemente und Verbindungen an die Doppelbindung addiert werden. ↗5 So entstehen zahlreiche Alkene mit ganz unterschiedlichen Eigenschaften. Ethen, das einfachste Alken, ist daher ein sehr

50 wichtiger Ausgangsstoff für die chemische Industrie. Circa 75 % der weltweiten Ethenproduktion wird zu Kunststoffen weiter verarbeitet. Aus dem Rest werden andere organische Stoffe hergestellt.

5 Brom wird mit Ethen zur Reaktion gebracht. Dabei werden zwei Bromatome an die Doppelbindung des Ethenmoleküls addiert. Das entstandene Gas ist farblos. Durch diese Reaktion kann man Alkene nachweisen.

- **Das einfachste Alken ist das Ethen.**
- **Die nächsten Glieder in der homologen Reihe heißen Propen, Buten, Penten, Hexen.**
- **Die allgemeine Summenformel von Alkenen ist C_nH_{2n}.**
- **Schmelz-, Siede- und Flammpunkte der Alkene steigen mit der Zahl der Kohlenstoffatome an.**
- **An die Doppelbindung können andere Atome oder Moleküle addiert werden. Deshalb sind Alkene wichtige Ausgangsstoffe für die chemische Industrie.**

AUFGABEN

1 Erkläre den Begriff Alken.
2 Notiere die Summenformel der ersten sechs Glieder der homologen Reihe der Alkene.
3 Erkläre, wieso Ethen ein wichtiger Ausgangsstoff für die chemische Industrie ist.
4 Baue mit dem Molekülbaukasten drei isomere Butene.
5 Stelle die Reaktionsgleichung der Reaktion von Brom und Ethen auf. ↗5

Neandertaler destillierten aus Birkenrinde Birkenpech und verwendeten es als Klebemittel für ihre Werkzeuge. Damit verwendeten sie einen der ersten Kunststoffe.

2.5 Polymere

Kunststoffe

Alle Kunststoffe bestehen aus **Riesenmolekülen**. Ein Riesenmolekül besteht aus kleineren Molekülen, den **Monomeren**.
5 Monomer ist griechisch und bedeutet „Einzelteil". Die Monomere werden wie Bausteine zu Riesenmolekülen zusammengesetzt. Die Riesenmoleküle nennt man **Polymere**. Polymer bedeutet „aus vielen Teilen zusammengesetzt".

Polyethylen

10 Kunststoffe aus Polyethylen erkennt man am Aufdruck **PE**. PE findet man vor allem in Form von Folien, für Verpackungen, Schläuche oder als Isoliermaterial für Kabel. ↗1 Verwendet wird Polyethylen auch für Bauteile und als chirurgisches Nahtmaterial.

15 Herstellung aus Ethen

Polyethylen wird aus dem Monomer Ethen hergestellt. Unter dem Einfluss eines Katalysators klappen die Doppelbindungen des Ethenmoleküls auf. So kann ein anderes Ethenmolekül mit dem ersten Molekül verbunden werden. Dies wiederholt sich immer wieder und das Polymer entsteht. Diese 20 Reaktion nennt man **Polymerisation**. ↗2

1 *Viele verschiedene Produkte bestehen aus Polyethylen.*

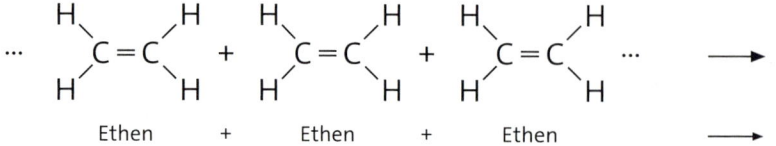

2 *Durch Polymerisation von Ethen entsteht Polyethylen.*

Eigenschaften von Polyethylen

Polyethylen ist gegenüber Wasser, den meisten Säuren und Laugen, Ölen, Fetten und Benzin unempfindlich. Es ist leicht, reißfest und von geringer Härte. Es leitet den elektrischen Strom nicht. Polyethylen verbrennt zu Kohlenstoffdioxid und Wasser. UV-Licht macht Polyethylen mit der Zeit brüchig. So gelangen kleine **Polyethylenpartikel** in die Umwelt. Polyethylen verrottet nur sehr langsam. **Sortenreines** Polyethylen kann gut recycelt werden.

3 *Im Spritzgussverfahren werden PE-Formstücke hergestellt.*

Weiterverarbeitung

Da Polyethylen bei 80 °C weich wird, lässt es sich gut verarbeiten. Es lässt sich in Formen spritzen, pressen oder aufblasen. ↗3, 4 Man kann aus Polyethylen auch Fasern spinnen oder Schäume herstellen.

4 *Im Blasverfahren werden Hohlkörper hergestellt.*

Andere Kunststoffe

Alle Kunststoffe entstehen aus Monomeren. Durch den Einsatz von anderen Monomeren als Ethen, kann man viele Kunststoffe mit maßgeschneiderten Eigenschaften herstellen. Daher sind Kunststoffe wichtige Werkstoffe. In deinem Kleiderschrank findest du Bade- und Outdoorbekleidung oder Strumpfhosen aus **Polyamid**. Viele Kleidungsstücke enthalten **Polyesterfasern**. Sogar der Kaugummi, den du vielleicht gerade kaust, besteht aus Kunststoff. Mit Bauschaum aus **Polyurethan** werden Fugen abgedichtet. Aus **Polyvinylchlorid** macht man beispielsweise Rohre, oder Bodenbeläge. Aus **Polystyrol** kann man Lineale oder Joghurtbecher herstellen. In geschäumter Form verwendet man Polystyrol als Isolier- und Verpackungsmaterial. ↗5

5 *Glasklar und hart, weiß und weich: Polystyrol.*

- **Kunststoffe bestehen aus Riesenmolekülen. Riesenmoleküle nennt man Polymere.**
- **Aus Monomeren werden durch Polymerisation Polymere.**
- **Polyethylen entsteht durch die Polymerisation von Ethen.**
- **Polyethylen ist gegenüber Wasser, Laugen, Säuren, Benzin, Öl und Fett widerstandsfähig, ist reißfest, dehnbar, leicht und leitet den elektrischen Strom nicht.**
- **Polyethylen kann man für sehr viele Zwecke einsetzen und leicht weiterverarbeiten.**
- **Durch die Polyreaktion anderer Monomere erhält man verschiedene Kunststoffe.**

AUFGABEN

1 Erkläre den Begriff Polymer.
2 Erkläre, wie man Polyethylen herstellt.
3 Zähle fünf Eigenschaften von Polyethylen auf.
4 Gib an, warum sich Polyethylen leicht weiterverarbeiten lässt.
5 Stelle mit dem Molekülbaukasten die Polymerisation nach.
6 Erkläre, warum manche PE-Gefäße mit der Zeit brüchig werden.

Im Jahr 1935 wurde Nylon erfunden. Es war die erste synthetisch hergestellte Faser. Damit war man nicht mehr auf den Naturstoff Seide angewiesen. Die Damen freuten sich über die neuen Strümpfe. Sie wurden zu einem begehrten Statussymbol.
Im Zweiten Weltkrieg machte man aus Nylon Fallschirme und Zelte.

2.6 Kunststoffe

Kunststoffe

Weil man **Kunststoffe** mit verschiedenen Eigenschaften herstellen kann, sind Kunststoffe wichtige **Werkstoffe**. Seit den 1950er Jahren hat sich die Produktion verhundertfacht. ↗1
Obwohl auch aus Naturmaterialien Kunststoffe hergestellt werden, ist die wichtigste Quelle für Kunststoffe das Erdöl. Aber die Entwicklung bleibt nicht stehen. Forscher können bereits Kunststoffe aus Kohlenstoffdioxid herstellen.

Aufbau von Kunststoffen

Kunststoffe sind **Riesenmoleküle**. Du kannst sie dir vorstellen wie Spaghetti. Genauer betrachtet bestehen diese Riesenmoleküle aus sehr vielen kleinen Einzelteilen, die sich immer wieder wiederholen. ↗2 Kunststoffe werden auch **Polymere** genannt, da sie aus vielen (griechisch: poly) Teilen (griechisch: meros) bestehen.

Einteilung von Kunststoffen

Kunststoffe kann man in drei große Gruppen einteilen. ↗3
Thermoplaste werden beim Erhitzen weich. Sie lassen sich durch Erhitzen leicht verformen. Beim Erkalten werden sie wieder fest. Aus Thermoplasten fertigt man zum Beispiel Textilfasern und Verpackungsmaterial.
Duroplaste verformen sich beim Erhitzen nicht. Sie sind hart und spröde. Du findest sie häufig in Elektrogeräten.
Elastomere lassen sich elastisch verformen und kehren wieder in ihre Form zurück. Aus Elastomeren stellt man Reifen, Matratzen, Gummibänder oder Dichtungen her.

1 Weltweite Kunststoffproduktion 1950–2018

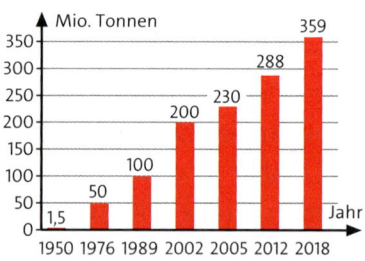

2 Kunststoffe sind Riesenmoleküle, die wie eine Kette aus sehr vielen kleinen Einheiten bestehen.

3 Thermoplaste, Duroplaste und Elastomere: Eigenschaften bestimmen die Verwendung.

Der Aufbau bestimmt die Eigenschaften

Die unterschiedlichen Eigenschaften der Thermoplaste, Duroplaste und Elastomere kann man nachvollziehen, wenn man sich die Struktur der verschiedenen Kunststoffe anschaut und miteinander vergleicht.

Thermoplaste bestehen aus Riesenmolekülen, die **nebeneinander angeordnet** sind. ↗4 Die Moleküle halten zusammen, weil zwischen ihnen schwache Anziehungskräfte wirken. Die Moleküle bewegen sich schneller, wenn sie erwärmt werden und gleiten auseinander. Daher sind sie **durch Hitze verformbar**. Wenn man an ihnen zieht, gleiten die Moleküle auseinander. Thermoplaste sind dehnbar, können aber reißen.

Duroplaste bestehen aus Riesenmolekülen, die engmaschig und stark miteinander **vernetzt** sind. ↗5 Die Fasern bilden ein **festes Gerüst**. Daher sind Duroplaste hart, spröde und verformen sich beim Erhitzen nicht. Duroplaste werden deshalb immer direkt in der gewünschten Form hergestellt.

Elastomere bestehen aus **weitmaschig vernetzten** Riesenmolekülen. ↗6 Wenn man an ihnen zieht, gleiten die Moleküle auseinander. Wenn man auf Elastomere drückt, schieben sich die Moleküle ineinander. Sie gleiten wieder zurück, wenn man nicht mehr drückt oder zieht. Das nennt man **elastisch**.

- Kunststoffe bestehen aus Riesenmolekülen (Polymeren).
- Kunststoffe unterteilt man in Thermoplaste, Duroplaste und Elastomere.
- Thermoplaste bestehen aus nicht vernetzten Riesenmolekülen. Sie sind durch Hitze verformbar.
- Duroplaste bestehen aus stark vernetzten Riesenmolekülen. Sie behalten beim Erwärmen ihre Form.
- Elastomere bestehen aus leicht vernetzten Riesenmolekülen. Sie sind elastisch.

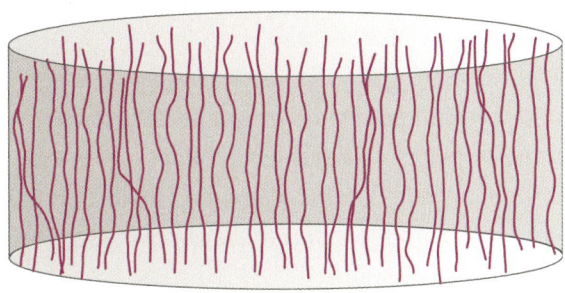

4 *Thermoplaste: Riesenmoleküle liegen nebeneinander.*

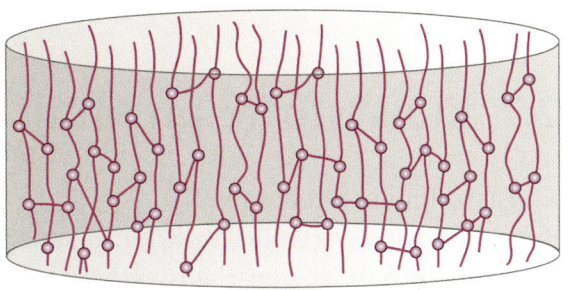

5 *Duroplaste: Riesenmoleküle bilden ein Gerüst nach allen Seiten.*

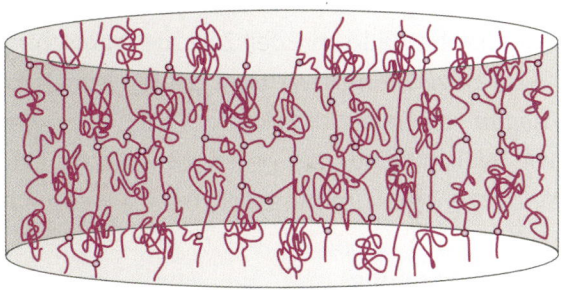

6 *Elastomere: Riesenmoleküle sind weitmaschig vernetzt.*

AUFGABEN

1 Gib an, woraus Kunststoffe bestehen.
2 Nenne die drei Gruppen von Kunststoffen.
3 Ordne den Kunststoffgruppen die Eigenschaften zu: nicht vernetzt, leicht vernetzt, stark vernetzt, elastisch, bei Hitze verformbar, nicht verformbar.
4 Gib an, aus welchem Kunststoff du einen Kochlöffel herstellen würdest. Begründe.

Viele Kunststoffabfälle landen in der Umwelt. In den Weltmeeren haben sich bereits riesige schwimmende Müllhalden gebildet. Der Müllstrudel zwischen Kalifornien und Hawaii ist viermal so groß wie die Fläche von Deutschland.

2.7 Kunststoffe im Müll

Kunststoffmüll – Problemmüll

Kunststoffe sind wertvolle Werkstoffe, die sehr **langlebig** sind. Diese Eigenschaft ist wünschenswert, solange ein Produkt genutzt wird. Wirft man Kunststoffprodukte achtlos weg, wird diese Eigenschaft zum Problem. Kunststoffe zersetzen sich nur äußerst langsam und bleiben jahrhundertelang erhalten. Da Kunststoffabfälle mit der Zeit mechanisch in immer kleinere Teilchen zerkleinert werden, landen **Kunststoffpartikel** in den Mägen von Tieren und letztlich auch in unserem Körper. Stoffe wie **Weichmacher**, die vielen Kunststoffen zugesetzt werden, sind inzwischen im menschlichen Gewebe nachweisbar.

Müllvermeidung

Schon beim Einkaufen kann man umweltbewusst handeln und damit die Menge des Kunststoffmülls beeinflussen. Man sollte sich fragen: Muss ich das Produkt wirklich haben? Muss das Produkt aus Kunststoff sein? Gibt es das Produkt ohne Verpackung? Kann ich das Produkt in einer wiederverwertbaren Verpackung kaufen? Muss ich einen nicht mehr benötigten oder kaputten Gegenstand wegwerfen oder kann ich ihn tauschen, verkaufen, reparieren oder verschenken?

Mülltrennung

Kunststoffmüll ist nicht wertlos, wenn man ihn getrennt sammelt und recycelt. Dazu gibt es gelbe Säcke oder große Container auf den Wertstoffhöfen, in denen Kunststoffabfälle gesammelt werden. Diese werden in der **Müllsortieranlage** zuerst grob vorsortiert und danach verwertet. ↗2

1 *Unvermeidbare Kunststoffabfälle sollten getrennt gesammelt werden, um sie verwerten zu können.*

2 *Kunststoffabfälle werden auf Förderbändern sortiert.*

Recyclingmöglichkeiten

Unter **Recycling** versteht man die Verwertung von Stoffen. Man unterscheidet **werkstoffliche, rohstoffliche und thermische Verwertung**. Im Jahr 2017 gab es in Deutschland 6,15 Millionen Tonnen Kunststoffabfälle. Etwa die Hälfte der Kunststoffabfälle wurden durch rohstoffliche oder werkstoffliche Verwertung als Material wiedergewonnen. Dafür ist es notwendig, dass die Abfälle sortenrein getrennt werden. Die andere Hälfte der Kunststoffabfälle wurde thermisch verwertet, also verbrannt. ↗3

Werkstoffliche Verwertung

Beim werkstofflichen Recycling wird der Kunststoffmüll zu Granulat zerkleinert und gewaschen. Das Kunststoffgranulat kann dann wieder eingeschmolzen und zu Kunststoffprodukten verarbeitet werden. Die Qualität des Recycling-Kunststoffs ist allerdings nicht so hoch.

Rohstoffliche Verwertung

Durch chemische Verfahren werden die Riesenmoleküle der Kunststoffe in kleinere Moleküle zerlegt. Diese kann man wieder zu neuen Polymeren reagieren lassen oder bei anderen chemischen Reaktionen verwenden.

Thermische Verwertung

Da Kunststoffe aus Kohlenwasserstoffen bestehen, sind sie sehr energiereich. In Müllverbrennungsanlagen werden Kunststoffabfälle verbrannt. Die entstehende Wärmeenergie wird dann in elektrische Energie umgewandelt. Beim Verbrennen entstehen oft giftige Abgase, die herausgefiltert werden müssen.

- Kunststoffabfälle belasten die Umwelt.
- Kunststoffabfälle können verwertet werden.
- Werkstoffliche Verwertung: Kunststoff wird direkt wieder für neue Kunststoffprodukte verwendet.
- Rohstoffliche Verwertung: Riesenmoleküle werden aufgespalten und dann neu zur Reaktion gebracht.
- Thermische Verwertung: Kunststoff wird verbrannt.

3 Verwertung von Kunststoffabfällen

AUFGABEN

1 Gib an, welche Fragen man sich beim Einkauf von Kunststoffprodukten stellen sollte.
2 Zähle die drei unterschiedlichen Verwertungsmöglichkeiten für Kunststoffabfälle auf.
3 Ordne den Verwertungsmöglichkeiten die richtigen Aussagen zu: Riesenmoleküle werden zu kleineren Molekülen, Verbrennung, Kunststoff wird direkt für neue Produkte eingesetzt, Filteranlagen sind notwendig.

Ökobilanz von Getränkeflaschen

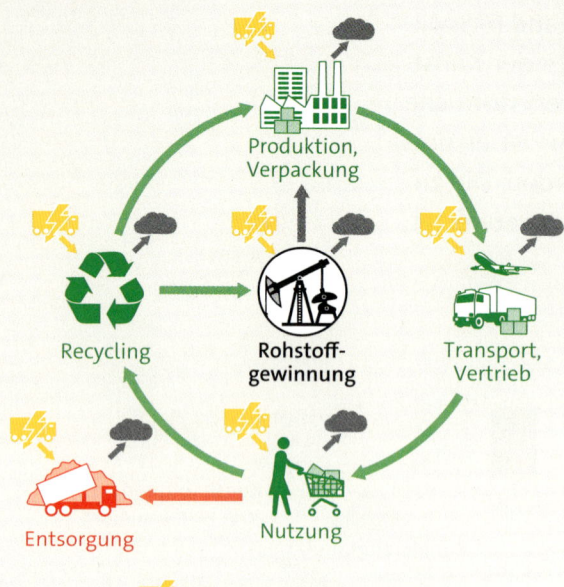

Energie, Transport, Hilfsmittel

Emissionen, Nebenprodukte

1 *Schema einer Ökobilanz*

Ökobilanz

Glas- oder PET-, Mehrweg- oder Einweg-Flasche? Mithilfe einer Ökobilanz kann man bewerten, welche Auswirkungen Produkte auf die Umwelt haben. Der ganze Lebenszyklus eines Produktes wird berücksichtigt: die Rohstoffgewinnung, die Produktion, der Vertrieb, die Nutzung und die Entsorgung. ↗1

Rohstoffe

PET-Flaschen werden aus Erdöl hergestellt. Das Erdöl muss zum Großteil importiert werden. Unfälle beim Transport und bei der Förderung können zu großen Umweltschäden führen. Erdöl ist nicht unendlich verfügbar. Glasflaschen werden aus Sand gemacht. Sand wird in Deutschland im Tagebau gefördert. Unfälle beim Transport haben meist wenig Auswirkungen auf die Umwelt. Auch Sand ist nicht unendlich verfügbar.

Transport der gefüllten Flaschen

PET-Flaschen sind leichter als Glasflaschen. Das spielt beim Transport eine Rolle. Wichtig ist auch, ob ein Produkt in der Region abgefüllt wird oder weit transportiert werden muss.

Mehrwegflaschen – Füllmöglichkeiten

PET-Flaschen kann man bis zu 25-mal neu befüllen. Glasflaschen kann man bis zu 50-mal neu befüllen.

Recycling

Glas kann beliebig oft wieder eingeschmolzen und zu neuen Flaschen geformt werden. Der Anteil an recyceltem PET in neuen Getränkeflaschen beträgt rund ein Drittel. Zum Schmelzen von Glas braucht man Temperaturen von 1600 °C. PET schmilzt bei ca. 265 °C.

Aufgaben

1 Bewerte anhand der Kriterien Glas- bzw. PET-Mehrwegflaschen. Was kaufst du?

2 Welche Flaschen haben laut Internet die günstigere Ökobilanz?

3 Nimm zu folgender Behauptung Stellung: „Einwegflaschen werden nach einmaligem Gebrauch eingeschmolzen. Das ist so, als würdest du deinen Pulli nach dem Tragen auftrennen und dann neu stricken."

4 Erkunde die Getränkeflaschen im Supermarkt. Welche Getränkesorte wird in welcher Flasche angeboten? Stelle deine Ergebnisse in einer Tabelle dar.

5 Timo trinkt am liebsten Leitungswasser, Yasmin versetzt das Leitungswasser mit Kohlensäure. Bewerte dieses Verhalten im Vergleich zum Kauf von Wasser in Flaschen.

Verwendung von organischen Rohstoffen

Methan

Methan entsteht bei der Zersetzung von organischem Material, wenn kein Sauerstoff vorhanden ist. Methan ist ein geruchloses, farbloses und brennbares Gas. Es ist leichter als Luft. Das Methanmolekül besteht aus einem Kohlenstoffatom und vier Wasserstoffatomen. Die Summenformel ist CH_4. Methan verbrennt zu Kohlenstoffdioxid und Wasser.

Die Gleichung: $CH_4 + 2\,O_2 \rightarrow CO_2 + 2\,H_2O$

Geschwister des Methans

Summenformel	Name
CH_4	Methan
C_2H_6	Ethan
C_3H_8	Propan
C_4H_{10}	Butan
C_5H_{12}	Pentan
C_6H_{14}	Hexan
...	...

1 *Die homologe Reihe der Alkane*

Die allgemeine Summenformel der Alkane ist C_nH_{2n+2}. ↗1 Alkane verwendet man als Brennstoffe oder Lösungsmittel. Alkane verbrennen zu Kohlenstoffdioxid und Wasser. Je länger die Kohlenstoffketten, desto höher sind Schmelz-, Siede- und Flammpunkt.

Vielfalt der Alkane

Isomere sind Moleküle mit gleicher Summenformel, aber verschiedener Strukturformel. Alkane mit vier und mehr Kohlenstoffatomen bilden Isomere. n-Alkane sind unverzweigte Moleküle, i-Alkane sind verzweigt. Je stärker die Verzweigungen, desto niedriger sind Schmelz-, Siede- und Flammpunkt.

Alkene

Die allgemeine Summenformel der Alkene ist C_nH_{2n}. Schmelz-, Siede- und Flammpunkte steigen mit der Zahl der Kohlenstoffatome an. Andere Atome oder Moleküle können an die Doppelbindung der Alkene addiert werden, um gezielt ihre Eigenschaften zu verändern. Alkene sind wichtige Ausgangsstoffe für die chemische Industrie.

2 *Ethen – ein Alken*

Polymere

Kunststoffe sind Polymere. Sie entstehen durch Polymerisation von Monomeren. Polyethylen ist für viele Zwecke einsetzbar. Es entsteht durch Polymerisation des Monomers Ethen. ↗2

Kunststoffe

Kunststoffe bestehen aus Riesenmolekülen und haben verschiedene Eigenschaften. Je nach ihrer Struktur unterteilt man sie in Thermoplaste, Duroplaste und Elastomere.

Kunststoffe im Müll

Kunststoffabfälle sollen recycelt werden, weil sie die Umwelt belasten. Man unterscheidet werkstoffliche, rohstoffliche und thermische Verwertung. Die Ökobilanz bewertet die Auswirkungen von Produkten auf die Umwelt.

Texte in oranger Schrift sind Lernstoff für Schülerinnen und Schüler von Mittlere-Reife-Klassen.

1 Methan

a ☐ Ergänze den Merksatz zur Entstehung von Methan: Bei der Zersetzung von ... entsteht Methan, wenn kein ... vorhanden ist.

b ☐ Nenne fünf Eigenschaften von Methan.

c ☐ Gib an, welche Stoffe bei der Verbrennung von Methan entstehen.

2 Alkane

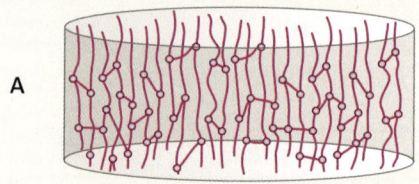

1 *Struktur- und Summenformeln verschiedener Alkane*

a ☐ Gib die allgemeine Summenformel der Alkane an.

b ☐ Gib an, welche Alkane bei Raumtemperatur gasförmig, flüssig oder fest sind.

c ☑ Gib an, welche der Formeln Strukturformeln und welche Summenformeln sind, und gib jeweils den Namen des Alkans an. ↗1

3 Vielfalt der Alkane

a ☐ Zeichne die drei Isomere des Pentans.

b ☑ Erkläre den Begriff „Isomerie".

c ☑ Erkläre, warum iso-Pentan einen höheren Siedepunkt hat als die beiden anderen Pentanisomere.

4 Alkene

a ☐ Beschreibe den Unterschied zwischen Alkenen und Alkanen.

b ☐ Beschreibe die Nachweisreaktion der Alkene mit Brom.

c ☐ Erkläre, warum Ethen ein wichtiger Ausgangsstoff für die chemische Industrie ist.

5 Polymere

a ☐ Erkläre den Begriff Polymer.

b ☑ Beschreibe, wie aus Ethen Polyethylen entsteht.

c ☐ Nenne vier Weiterverarbeitungsmöglichkeiten für Polyethylen.

d ☑ Zähle vier weitere Kunststoffsorten und je einen Verwendungszweck auf.

6 Kunststoffe

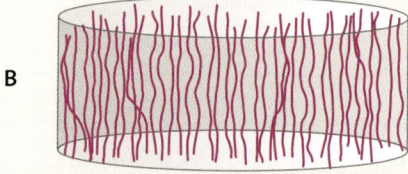

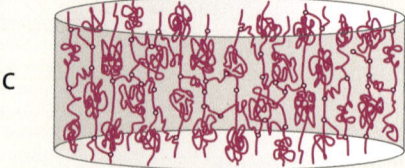

2 *Kunststoffe kann man in 3 Gruppen einteilen.*

a ☐ Zähle die drei großen Kunststoffgruppen auf und ordne die Struktur zu. ↗2

b ☐ Beschreibe anhand von Bild 2 den Aufbau der drei Kunststoffgruppen. ↗2

c ☐ Nenne je eine wesentliche Eigenschaft der drei Kunststoffgruppen.

7 Müll oder Wertstoff?

a ☐ Nenne die drei Recyclingmöglichkeiten von Kunststoffen.

b ☐ Beschreibe, was man unter den drei Recyclingmethoden versteht.

c ☑ Erkläre, was man unter der Ökobilanz versteht.

8 Struktur und Eigenschaft

$$H\!-\!\underset{H}{\overset{H}{C}}\!=\!\underset{}{C}\!-\!\underset{H}{\overset{H}{C}}\!-\!\underset{H}{\overset{H}{C}}\!-\!\underset{H}{\overset{H}{C}}\!-\!H$$

3 Strukturformeln von Penten

a ☑ Erkläre, wie die Kettenlänge der Alkane Schmelzpunkt, Siedepunkt und Flammpunkt beeinflusst.

b ■ Duroplaste schmelzen nicht, Thermoplaste jedoch schon. Erkläre diese wesentliche Eigenschaft anhand der Struktur. ↗2

c ■ Elastomere schmelzen nicht und sind elastisch. Erkläre beide Eigenschaften anhand der Struktur dieser Kunststoffe. ↗2

d ☑ In einem Labor haben sich Etiketten von den Flaschen von Nonen und Nonan gelöst. Wie kannst du feststellen, welche der Flüssigkeiten das Alken ist?

e ☑ Erkläre, warum es drei isomere Pentane gibt, sich für Penten jedoch fünf verschiedene Strukturformeln zeichnen lassen. ↗3

f ☑ Alex behauptet: „Mit einem Tropfen Öl kann ich nachweisen, ob die Flüssigkeit Wasser oder Hexan ist." Begründe, ob diese Aussage stimmt. Nenne zwei weitere Unterscheidungsmöglichkeiten.

g ☑ Erkläre, warum Thermoplaste werkstofflich recycelt werden, Duroplaste jedoch nicht.

9 Organische Stoffe im Alltag

4 Reisanbau

a ☐ Erkläre mit deinem Wissen über lipophile Stoffe, ob folgender Tipp funktionieren kann. „Frische Teerflecken entfernst du am besten mit Butter".

b ☐ Methan ist ein klimaschädliches Gas. Gib an, warum daher Reisanbau und Rinderzucht klimaschädlicher sind als Schweinezucht und der Anbau von Kartoffeln. ↗4

c ☐ „Es nervt, dauernd Plastikmüll zu trennen". Gib an, warum dies nötig ist.

d ☑ Robin und Salman diskutieren beim Einkaufen, ob sie besser das Mineralwasser aus der Region in Glasflaschen oder das Mineralwasser aus Frankreich in PET-Flaschen kaufen sollten. Für die Entscheidung erstellt Salman eine Ökobilanz. Nenne dafür wichtige Kriterien.

e ☑ Seit dem 3. Juli 2021 ist die Herstellung von Einwegplastik EU-weit nicht mehr erlaubt. Das betrifft Wegwerfprodukte, für die es gute Alternativen gibt. Nenne Gründe für das Verbot und finde drei Beispiele für Produkte, die nicht mehr erlaubt sind. Gib auch mögliche Alternativen an. ↗5

5 Wegwerfprodukte aus Plastik

3

Biomoleküle

185 000 000 000

Weltweit wurden im Jahr 2019 **einhundertfünf- undachtzig Milliarden Kilogramm** Zucker produziert. Davon nimmt ein Mensch in Deutschland circa 35 Kilogramm zu sich – pro Jahr.

2 600 000

Zwei Millionen sechshunderttausend Kinder und Jugendliche unter 18 Jahren wachsen in einer Familie auf, in der mindestens ein Elternteil alkoholkrank ist. Das ist fast jedes sechste Kind in Deutschland.

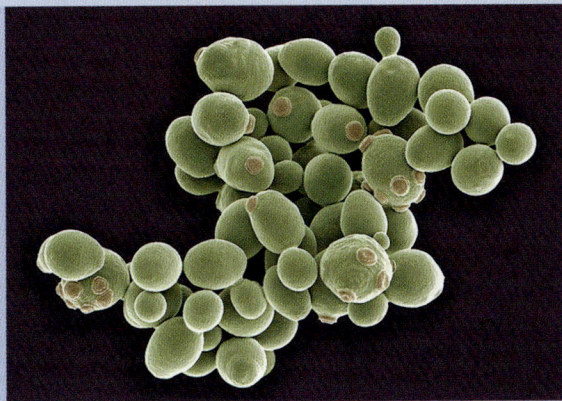

10 000 000 000

In einem Gramm frischer Hefe befinden sich etwa **zehn Milliarden** lebende Hefezellen. Hefe kennst du als Zusatz in Teigmischungen. Auch zum Brauen von Bier werden Hefepilze verwendet.

In diesem Kapitel ...

- lernst du, wie Alkohol entsteht.
- erfährst du, wozu Alkohol verwendet werden kann.
- lernst du die schädliche Wirkung von Alkohol kennen.
- erforschst du die homologe Reihe der Alkohole.
- untersuchst du den Aufbau von Kohlenhydraten.
- erfährst du mehr über den gesundheitsbewussten Umgang mit Alkohol und Kohlenhydraten.

Eine bayerische Brotzeit

1 Woraus besteht die Hefe?

1 *Bayerische Brotzeit*

Du brauchst: Mikroskop, Objektträger und Deckgläschen, Pipette, Rest eines Hefeweizens, Trockenbackhefe, Glasstab

- Gieße das Bier mitsamt des Bodensatzes in ein Becherglas.
- Rühre das Bier um, sodass sich der Bodensatz mit der Flüssigkeit vermischt.
- Nimm ein wenig Bier mit einer Pipette auf.
- Tropfe einen Tropfen auf ein Objektglas und bedecke ihn mit einem Deckgläschen.
- Löse etwas Trockenbackhefe in Wasser auf und stelle ein zweites Präparat her.
- Mikroskopiere und zeichne das Präparat. Zur Verwendung des Mikroskops schau auf Seite 13 nach. (↗ Seite 13)
- Vergleiche die beiden Präparate.

2 Was braucht die Hefe?

Du brauchst: Haushaltszucker, Traubenzucker, Mehl, Trockenbackhefe, Wasser, Glasstäbe, Reagenzgläser, Reagenzglasständer, Spatel

- Gib eine gehäufte Spatelspitze Traubenzucker, Haushaltszucker und Mehl in je ein Reagenzglas.
- Gib circa 5 ml Wasser dazu und rühre um.
- Fülle in ein viertes Reagenzglas Wasser.
- Gib zu jedem Reagenzglas eine möglichst gleich große Spatelspitze der Trockenhefe.
- Was fällt dir nach einer Viertelstunde auf?

3 Was passiert mit der Semmel im Mund?

Du brauchst: altbackene Semmel, geschnitten

- Stecke ein Stück Semmel in den Mund und kaue möglichst lange darauf herum.
- Wie verändert sich der Geschmack?

Hast du schon einmal einen Kuchenteig mit Hefe zu lange stehen gelassen? Erinnerst du dich an den Geruch?

3.1 Alkohol

Alkoholgehalt

In Bier, Schnaps, Wein und Sekt ist Alkohol in unterschiedlichen Mengen enthalten. Den Gehalt an Alkohol gibt man in
5 **Volumenprozent** (% vol) an. ↗1 Ein Bier enthält bis zu 5,5 Volumenprozent Alkohol. Das heißt, in 100 Millilitern Bier sind 5,5 Milliliter reiner Alkohol enthalten.

1 *Alkoholgehalt auf einer Flasche*

Entstehung von Alkohol

Der Alkohol in Bier, Sekt und Wein wird auch Trinkalkohol ge-
10 nannt. Alkohol entsteht durch **alkoholische Gärung**. ↗2 Lässt man Traubensaft stehen, verwandeln winzig kleine einzellige Lebewesen, die **Hefen**, den Traubensaft in **Alkohol**. Je höher der Zuckergehalt des Traubensaftes ist, desto höher ist dann auch der Alkoholgehalt. Traubenzucker kennst du schon unter
15 dem Namen **Glucose**. Als Nebenprodukt entsteht **Kohlenstoffdioxid**, das beim Gären als Bläschen aufsteigt.

2 *Flasche mit Gäraufsatz*

Glucose + Hefe → Alkohol + Kohlenstoffdioxid

Schnaps brennen

Wenn der Alkoholgehalt mehr als 18 Volumenprozent beträgt,
20 sterben die Hefen ab, denn Alkohol zerstört ihr Eiweiß. Alkoholische Getränke mit einem höheren Alkoholgehalt stellt man durch das sogenannte „Brennen" her. ↗3 Der Brennvorgang ist eine **Destillation**. Dabei wird der Alkohol vom Wasser getrennt. Dies ist möglich, weil Alkohol einen niedrigeren Sie-
25 depunkt hat als Wasser. Das Destillat wird dann wieder auf einen Alkoholgehalt von etwa 40 Volumentprozent verdünnt.

3 *Aus Wein entsteht durch Destillation Branntwein.*

Eigenschaften von reinem Alkohol

Trinkalkohol ist eine durchsichtige, farblose Flüssigkeit, die bei 78 Grad Celsius siedet. Alkohol ist hydrophil und mischt sich deswegen gut mit Wasser. Weil Alkohol brennbar ist, kann man damit Speisen flambieren. ↗4 Als Brennspiritus dient er zum Anheizen des Fondues oder als Grillanzünder. An Tankstellen kannst du Bioalkohol als Kraftstoff kaufen.

4 Flambieren mit hochprozentigem Alkohol

Ethanol

Der chemische Name von Trinkalkohol ist **Ethanol**. Verbrennt man Ethanol, so entstehen Wasser und Kohlenstoffdioxid. Diese Produkte kennst du schon. Sie entstehen auch bei der Verbrennung von Ethan. Das bedeutet, dass auch das Ethanolmolekül Kohlenstoff- und Wasserstoffatome enthält.

Wenn man Alkoholdampf über einen Magnesiumstreifen leitet, entsteht weißes Magnesiumoxid. Das bedeutet, dass Ethanol auch Sauerstoff enthalten muss. Ethanol ist also eine Verbindung aus den Elementen Sauerstoff, Kohlenstoff und Wasserstoff.

$$C_2H_5OH$$

5 Summenformel von Ethanol

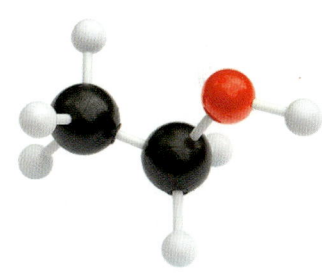

6 So sieht ein Ethanolmolekül aus, wenn du es mit dem Molekülbaukasten zusammenbaust.

Summenformel und Strukturformel von Ethanol

Die Summenformel von Ethanol lautet **C_2H_5OH**. ↗5 Wenn du ein Wasserstoffatom des Ethanmoleküls durch eine OH-Gruppe ersetzt, hast du ein Ethanolmolekül vor dir. ↗6

Ethanmolekül

Ethanolmolekül

- **Trinkalkohol entsteht durch alkoholische Gärung.**
- **Bei der alkoholischen Gärung formen Hefen Zucker in Alkohol und Kohlenstoffdioxid um.**
- **Hefen sterben bei einem Alkoholgehalt von über 18 % vol ab.**
- **Hochprozentigen Alkohol stellt man durch Destillation her.**
- **Trinkalkohol heißt in der Fachsprache Ethanol.**
- **Die Summenformel von Ethanol ist C_2H_5OH.**
- **Ethanol ist eine brennbare, durchsichtige Flüssigkeit, die bei 78 °C siedet und sich mit Wasser mischt.**

AUFGABEN

1 Erläutere, wie aus Traubensaft Wein und Weinbrand entstehen.
2 Stelle die Wortgleichung der alkoholischen Gärung auf.
3 Nenne drei wichtige Eigenschaften von Ethanol.
4 Notiere Summen- und Strukturformel von Ethanol.
5 Gib an, welche Atome die verschiedenfarbigen Kugeln im Ethanolmolekül darstellen. ↗6

Alkohole

1 Gärung von Fruchtsaft

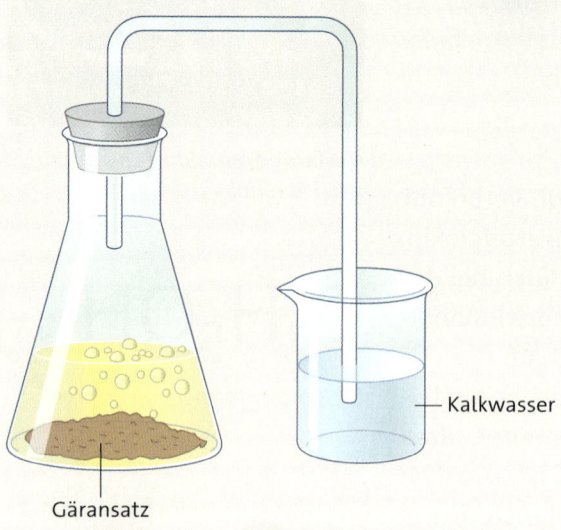

1 *Gäransatz*

Material: Trockenbackhefe, Kalkwasser, Erlenmeyerkolben (250 ml), Glasstab zum Umrühren, roter oder weißer Traubensaft, Stopfen mit U-förmigem Glasrohr, Becherglas (50 ml)

Achtung: Setze die Schutzbrille auf!

Durchführung:
- Gib in den Erlenmeyerkolben circa 200 ml Traubensaft und ein Tütchen Trockenbackhefe. Rühre gut um.
- Verschließe den Kolben mit dem Stopfen und stecke das andere Ende des U-Rohres in das leere Becherglas.
- Fülle Kalkwasser in das Becherglas.
- Lass den Gäransatz für einige Tage an einem warmen Ort stehen.
- Notiere die Veränderungen, die du beobachten kannst.

Auswertung: Gib an, welches Gärprodukt du nachweisen konntest.

2 Destillation (Lehrerversuch)

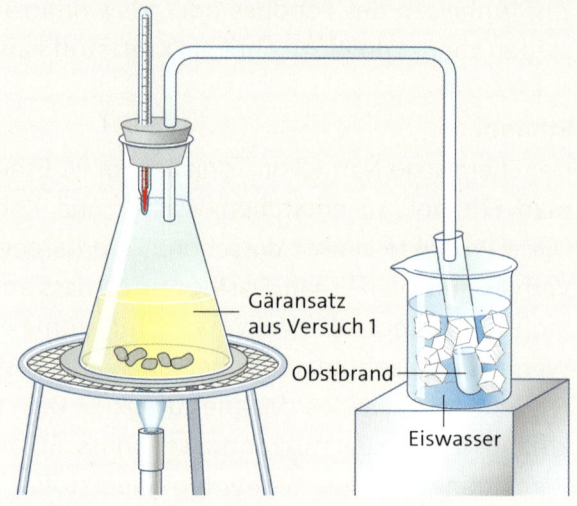

2 *Destillation des Gäransatzes*

Material: Gäransatz im Erlenmeyerkolben (Versuch 1), Gasbrenner, Dreifuß mit Drahtnetz, Eis (zerstoßen), Reagenzglas, Stopfen mit Doppelbohrung, gebogenes Glasrohr, Siedesteinchen, Thermometer, höhenverstellbares Tischchen oder Stativ

Achtung: Schutzbrille aufsetzen! Das Produkt nicht trinken!

Durchführung:
- Der Versuch wird wie in der Abbildung aufgebaut. Im Erlenmeyerkolben sind der Gäransatz aus Versuch 1 und Siedesteinchen.
- Das Gemisch wird mit dem Gasbrenner erhitzt. Die Temperatur darf 90 °C nicht übersteigen.
- Das Destillat wird in einem Reagenzglas aufgefangen.

Auswertung: Vergleicht den Gäransatz mit dem Destillat. Achtet dabei auf Aussehen und Geruch und überprüft die Brennbarkeit.

3 Brennbarkeit von Ethanol

Material: Ethanol, Wasser, Abdampfschale, Pipette (10 ml), Holzspan, Feuerzeug, Reagenzgläser im Ständer, Papiertücher, Stopfen, Folienstift

Achtung: Setze die Schutzbrille auf!

Durchführung:

- Beschrifte die Reagenzgläser mit 0 %, 10 %, 20 %, … 100 % Ethanol und stelle sie der Reihe nach in den Reagenzglasständer.
- Gib in das erste Reagenzglas 10 ml Wasser, in das letzte 10 ml Ethanol.
- Pipettiere der Reihe nach in die Reagenzgläser 1 ml, 2 ml, 3 ml, … 9 ml Ethanol.
- Verdünne der Reihe nach nun den Ethanol mit 9 ml, 8 ml ,7 ml, … 1 ml Wasser.
- Verschließe die Reagenzgläser mit den Stopfen und schüttle vorsichtig, um die beiden Flüssigkeiten zu mischen.
- Gib jeweils 1 ml der Flüssigkeit in eine Abdampfschale und untersuche, ob die Mischung brennt. Halte dazu den brennenden Holzspan knapp über die Flüssigkeit.
- Wische zwischen den Versuchen die Abdampfschale aus.

Auswertung:
Notiere deine Beobachtungen und gib an, welche Getränke man zum Flambieren verwenden kann. ↗3

Getränk	Ethanolgehalt in % vol
Vollbier	4,3–5,7
Wein	10–14,5
Sekt	10–12,8
Weinbrand	36–45
Likör	11–55
Portwein	19–22
Rum	37,5–80

3 *Alkoholische Getränke*

4 Mischbarkeit von Ethanol mit Wasser und Öl

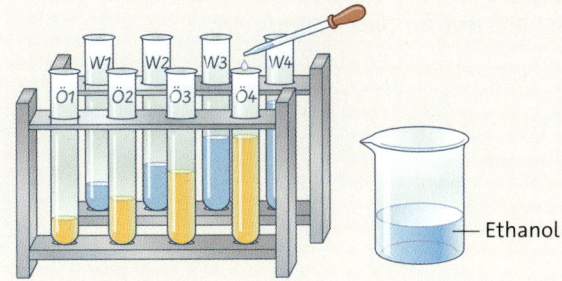

4 *Versuchsaufbau*

Material: Ethanol, Speiseöl, Wasser, Pipette (10 ml), Reagenzgläser im Ständer, Stopfen, Folienstift

Achtung: Setze die Schutzbrille auf!

Durchführung:
- Überlege dir, wie du die Reagenzgläser sinnvoll beschriftest.
- Gib in je 1 Reagenzglas 2 ml, 4 ml, 6 ml, 8 ml Öl bzw. in je 1 Reagenzglas 2 ml, 4 ml, 6 ml, 8 ml Wasser.
- Pipettiere so viel Ethanol in jedes Reagenzglas, dass du rechnerisch auf ein Volumen von 10 ml kommst.
- Verschließe die Reagenzgläser und mische kräftig durch Schütteln.
- Lass die Reagenzgläser stehen.

Auswertung:
- Notiere deine Beobachtungen und gib an, ob sich Ethanol mit Wasser bzw. Öl mischt.
- Erkläre das Ergebnis mit deinem Wissen über den Bau von Ethanol.
- Entscheide, ob man einen Fettfleck mit Schnaps entfernen kann.
- Viele Farbstoffe lösen sich gut in Ethanol. Kann das Probleme beim Entfernen von Flecken bereiten?

Auf Volksfesten fließt das Bier oft in Strömen. Ist das gut für die Gesundheit?

3.2 Genuss mit Folgen

Keine Feier ohne Alkohol?

Für viele Menschen scheint Alkohol fast zwangsläufig zum Feiern dazuzugehören. Dass junge Erwachsene auch das eine oder
⁵ andere alkoholische Getränk probieren wollen, ist verständlich. Ein unbedenkliches Maß für den Alkoholkonsum gibt es nicht. Das heißt: weniger ist mehr. Wenn Alkohol getrunken wird, dann sollte er nur gelegentlich und in kleinen Mengen getrunken werden. In Deutschland wird relativ viel Alkohol konsu-
¹⁰ miert. Der Pro-Kopf-Verbrauch lag im Jahr 2017 bei den 15- bis 65-Jährigen bei durchschnittlich elf Litern reinem Alkohol. Das entspricht etwa 400 Flaschen Bier oder 200 Gläsern Wein. ↗1

1 *400 Flaschen Bier füllen eine Badewanne*

> **Keine Abgabe** von Alkohol
> an Jugendliche unter 16 Jahren.
>
> **Keine Abgabe** von Spirituosen,
> Likören und Alkopops
> an Jugendliche unter 18 Jahren.
>
> gemäß §9 Jugendschutzgesetz (JuSchG)

2 *Alkohol darf nicht an Kinder verkauft werden.*

Gesetzliche Regeln

Alkohol kann Heranwachsende noch stärker schädigen als Er-
¹⁵ wachsene. Deshalb **regelt der Gesetzgeber** den Konsum von Alkohol. ↗2 Kindern und Jugendlichen unter 16 Jahren ist der Kauf und Konsum von Alkohol verboten. Jugendliche ab 16 Jahren dürfen Wein, Bier und Sekt kaufen und konsumieren. Erst **ab 18 Jahren** sind hochprozentige Getränke wie Schnaps, aber
²⁰ auch Alkopops und Mischgetränke wie Longdrinks erlaubt. Alkohol **beeinträchtigt die Fahrtüchtigkeit** sehr stark. Für Menschen unter 21 Jahren gilt im Straßenverkehr die Null-Promillegrenze – auch auf dem Fahrrad oder E-Scooter. Diese Null-Promillegrenze gilt auch in der Führerscheinprobezeit. Danach gilt
²⁵ im Straßenverkehr eine **Promillegrenze** von 0,5 Promille. ↗3 Ein Liter Blut darf also nicht mehr als 0,5 Gramm reinen Alkohol enthalten. Ab dieser Grenze ist ein sicheres Fahren nicht mehr gewährleistet.

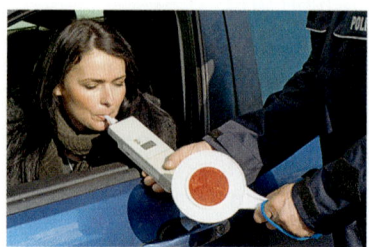

3 *Alkohol am Steuer ist gefährlich. Die Polizei kontrolliert daher.*

Genuss mit Reue

30 Ein täglicher Konsum von Alkohol ist ungesund. Alkohol ist giftig und schädigt viele Organe. Er kann zur Sucht führen. In Deutschland sind etwa 1,8 Millionen Menschen alkoholabhängig. Je jünger ein Mensch ist, desto schlimmer sind die körperlichen Schäden und desto höher ist das Risiko, süchtig zu 35 werden. ↗4 Unter der Alkoholsucht leiden nicht nur die betroffenen Menschen selbst, sondern auch deren Familien und Freunde. Besonders schädlich ist Alkohol in der Schwangerschaft. Er kann zu schweren körperlichen und geistigen Schäden beim Kind führen.

4 *Alkohol kann auch junge Menschen süchtig machen.*

Kurzfristige Wirkung von Alkohol

40 Geringe Mengen an Alkohol steigern die Stimmung und wirken anregend und angstlösend. Bei größeren Alkoholmengen kommt es schnell zu Wahrnehmungsstörungen, schwankendem Gang, Übelkeit und höherer Aggressivität. Bei noch höhe-45 ren Mengen kann man in ein Alkoholkoma fallen und sogar sterben. ↗5

5 *Alkoholkonsum kann bleibende körperliche und geistige Schäden verursachen.*

Langfristige Wirkung von Alkohol

Alkohol wirkt nicht nur kurz auf den Körper, sondern verursacht langfristig bleibende körperliche und geistige Schäden. Im Gehirn wer-50 den bei jedem Rausch Millionen von Nervenzellen zerstört. Das Gedächtnis und die Intelligenz werden beeinträchtigt. Die Leber kann sehr stark geschädigt werden. Alkohol kann zu einer Lebervergrößerung, Leberverfet-55 tung oder einem völligen Funktionsverlust führen. Entzündungen der Bauchspeicheldrüse, Magengeschwüre und Erkrankungen des Dickdarms sowie Krebserkrankungen drohen. 60 Herz- und Kreislaufsystem und Immunsystem werden beeinträchtigt. ↗6 Die Suchterkrankung beeinträchtigt auch die Psyche. Aggressivität und Depressionen können die Folge sein.

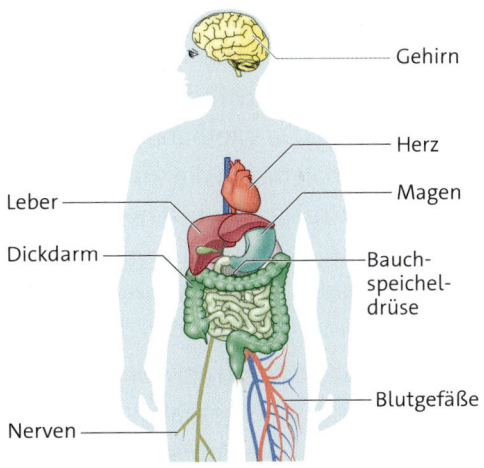

Gehirn
Herz
Leber
Magen
Dickdarm
Bauch-speichel-drüse
Blutgefäße
Nerven

6 *Alkohol wirkt auf viele Organe*

- Der Gesetzgeber regelt den Umgang mit Alkohol.
- Alkohol ist ein Gift und verursacht bei regelmäßigem Konsum langfristige Schäden am Gehirn, der Leber, den Verdauungsorganen, dem Immun- und dem Herz-Kreislaufsystem.

AUFGABEN

1 Nenne die gesetzlichen Regeln beim Umgang mit Alkohol.
2 Zähle die Organe auf, die von Alkohol geschädigt werden.
3 Beurteile den folgenden Satz. „Ein Gläschen in Ehren, kann niemand verwehren".

Methanol – ein gefährlicher kleiner Bruder des Ethanols. Manchmal enthalten illegale Spirituosen Methanol. Das kann tödlich sein.

3.3. Die Familie der Alkohole

Methanol – der einfachste Alkohol

Methanol ist der einfachste Alkohol. Methanol ist eine farblose Flüssigkeit. Ebenso wie Ethanol ist Methanol brennbar und

5 verdunstet schnell. ↗1 Methanol siedet bei 65 Grad Celsius, löst sich leicht in Wasser und in organischen Lösungsmitteln. Methanol wird als Brennstoff, Kraftstoff und Kühlmittel genutzt. Außerdem ist Methanol ein wichtiges Lösungsmittel und ein bedeutender Rohstoff für die chemische Industrie.

10 Methanol ist giftig. Da Methanol wie Trinkalkohol schmeckt und riecht, kann man nicht erkennen, wenn man mit Methanol verunreinigte Spirituosen zu sich nimmt. Methanol kann schon in kleinen Mengen die inneren Organe und das Gehirn schädigen. Eine Methanolvergiftung kann auch zum Tod führen.

1 *Methanol ist brennbar und wird daher auch als Kraftstoff eingesetzt.*

15 Summen- und Strukturformel von Methanol

Die Summenformel von Methanol ist **CH₃OH**. Vergleicht man die Strukturformeln von Methan und Methanol, so fällt auf: Im Methanolmolekül ist ein Wasserstoffatom des Methanmoleküls durch eine OH-Gruppe ersetzt. ↗2 Die Endung **–ol**

20 zeigt, dass ein Molekül eine Alkoholgruppe, die OH-Gruppe besitzt.

Methanmolekül   Methanolmolekül

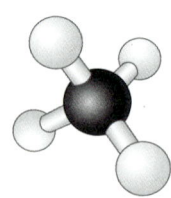

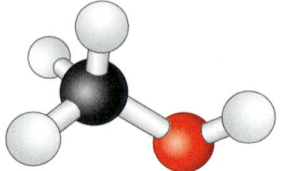

2 *Molekülmodelle von Methan und Methanol*

Die größeren Geschwister von Methanol

Verlängert man schrittweise die Kette der Kohlenstoffatome, gelangt man vom Methanol zur **homologen Reihe der Alkohole**.

25 Bei der Benennung eines Alkohols wird an den Namen des Alkans die Endung -ol angehängt. Ethanol ist das zweite Glied der homologen Reihe der Alkohole. Ersetzt man ein Wasserstoffatom des **Propanmoleküls** durch die Alkoholgruppe (−OH), erhält man das **Propanolmolekül**. Es besitzt drei C-Atome.

30 Ersetzt man ein H-Atom des **Butanmoleküls** durch die −OH-Gruppe, erhält man ein Alkoholmolekül mit vier C-Atomen: **Butanol**.

Die nächsten Glieder in der Kette heißen Pentan**ol** und Hexan**ol**. ↗3 Die Nachsilbe **-ol** zeigt, wie bei Ethanol und Metha-

35 nol, die OH-Gruppe an und dass es sich um Alkoholmoleküle handelt. Alle Alkohole gehören zu einer Stofffamilie. Ihre allgemeine Summenformel ist $C_nH_{2n+1}OH$. ↗4

Strukturformel und Molekülmodell

Die Ähnlichkeit in der homologen Reihe der Alkohole kannst

40 du an den Molekülmodellen gut erkennen. ↗5 Alle Alkoholmoleküle haben eine OH-Gruppe.

C_6H_{14}

Hexan

$C_6H_{13}OH$

Hexan**ol**

3 Summenformel und Strukturformel von Hexan und Hexanol

$$C_nH_{2n+1}OH$$

4 Allgemeine Summenformel der Alkohole

Name	Strukturformel	Molekülmodell
...	...	...
Propanol		
Butanol		
Pentanol		
...	...	...

5 Ausschnitt aus der homologen Reihe der Alkohole

- **Alkohole erkennt man an der Endung -ol.**
- **Der einfachste Alkohol ist Methanol.**
- **Die Alkohole bilden eine homologe Reihe.**
- **Alkoholmoleküle enthalten eine OH-Gruppe.**

AUFGABEN

1 Nenne die ersten vier Glieder der homologen Reihe der Alkohole.

2 Gib an, welcher Alkohol entsteht, wenn man ein Wasserstoffatom eines Oktanmoleküls durch eine OH-Gruppe ersetzt.

3 Baue das Molekülmodell von Hexanol.

Die Nahrungsmittel im Bild schmecken ganz unterschiedlich. Sie enthalten aber alle außer Vitaminen und Wasser noch eine der drei Hauptnährstoffgruppen. Welche?

3.4 Kohlenhydrate

Energiestoff Kohlenhydrate

Gemüse, Obst, Brot, Nudeln, Kartoffeln und Reis enthalten viele **Kohlenhydrate**. ↗1 Ein Gramm Kohlenhydrate liefert im
5 Stoffwechsel 17 Kilojoule Energie. Diese Energie braucht der menschliche Körper für die Funktionen von Muskeln und Gehirn. Kohlenhydrate sind daher wichtige Energieträger für unseren Körper.

1 *Getreideprodukte enthalten viele Kohlenhydrate.*

Kohlenhydrate – eine große Familie

10 Alle Kohlenhydrate enthalten denselben Baustein: Zucker. Kohlenhydrate können in mehrere Gruppen eingeteilt werden:

Einfachzucker: Sie bestehen nur aus einem Zuckermolekül. Die Einfachzucker **Traubenzucker (Glucose)** und **Fruchtzucker (Fructose)** kommen beispielsweise in Obst vor. ↗2

2 *Fruchtzucker und Traubenzucker schmecken süß.*

15 **Zweifachzucker:** Aus Zuckerrohr und Zuckerrüben gewinnt man Haushaltszucker. Dieser wird auch Rohr- oder Rübenzucker genannt. Der Fachausdruck dafür ist **Saccharose**.

Vielfachzucker: Sie bestehen aus vielen Zuckermolekülen, die in einer langen Kette zusammenhängen. Sie werden daher
20 **Polysaccharide** genannt. **Stärke** ist ein Vielfachzucker. Sie ist der Vorratsstoff der Pflanzen. Man findet sie in allen Getreidesorten, den Hülsenfrüchten und Kartoffeln. Ein anderer Vielfachzucker ist die **Zellulose**. Alle Pflanzen enthalten Zellulose. Für uns Menschen ist Zellulose ein wichtiger Ballaststoff,
25 da sie nicht verdaut werden kann.

3 *Zellulose ist auch ein Rohstoff für Dämmmaterial.*

Bau von Kohlenhydraten

Glucose und Fructose haben beide jeweils die Summenformel $C_6H_{12}O_6$, unterscheiden sich aber im Bau. Im Saccharosemolekül sind je ein Glucosemolekül und ein Fructosemolekül zu
30 einem Zweifachzucker miteinander verbunden. ↗4
Stärke- und Zellulosemoleküle bestehen beide aus Tausenden Glucosemolekülen. Die Glucosemoleküle in Stärke und Zellulose sind jedoch unterschiedlich miteinander verknüpft. Daher unterscheiden sich Stärke und Zellulose so sehr. Das Stär-
35 kemolekül bildet eine **Spirale**, das Zellulosemolekül eine **langgestreckte Kette**. ↗5 Stärke ist für den Menschen verdaulich, Zellulose jedoch nicht.

Verdauung von Kohlenhydraten

Unser Körper kann nur Einfachzucker in das Blut aufnehmen.
40 Die Moleküle der Zweifach- und Vielfachzucker müssen bei der Verdauung zuerst gespalten werden. Spezielle **Enzyme**, die du dir wie Molekülscheren vorstellen kannst, übernehmen diese Aufgabe. Auf dem Weg vom Mund in den Darm wird Stärke schrittweise von diesen Enzymen in Glucose zerlegt.
45 Diese wird vom Darm in das Blut aufgenommen und gelangt mit dem Blut zu den Zellen.
Bei der Zellatmung gewinnt der Körper aus der Glucose die nötige Energie für die Lebensvorgänge. Nahrungsmittel, die eine große Menge an Kohlenhydraten enthalten, liefern dem
50 Körper schnell Energie. Deshalb essen Ausdauersportlerinnen und -sportler vor Wettkämpfen oft große Mengen an Nudeln. Eine Ernährung, die zu viele Kohlenhydrate und vor allem Einfachzucker enthält, begünstigt die Entstehung der Zuckerkrankheit. Stark zuckerhaltige Ernährung kann auch Karies und
55 Übergewicht und damit Herz-Kreislauf-Probleme verursachen.

- Traubenzucker und Fruchtzucker sind Einfachzucker.
- Traubenzucker wird Glucose, Fruchtzucker wird Fructose genannt.
- Rohrzucker besteht aus dem Zweifachzucker Saccharose.
- In einem Saccharosemolekül sind ein Glucose- und ein Fructosemolekül miteinander verbunden.
- Stärke und Zellulose sind aus Glucosemolekülen aufgebaut.
- Kohlenhydrate, die in Glucose gespalten werden können, liefern dem Körper Energie.
- Stark zuckerhaltige Ernährung ist ungesund.

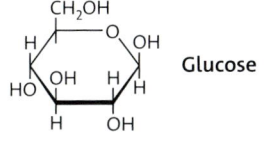

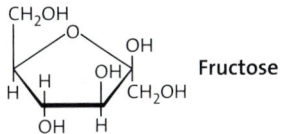

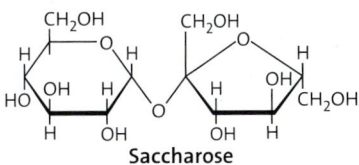

4 *Traubenzucker (Glucose), Fruchtzucker (Fructose) und Rohrzucker (Saccharose)*

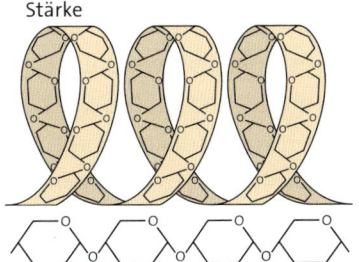

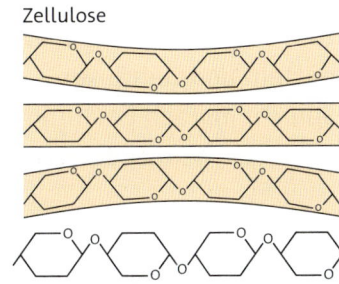

5 *Stärke und Zellulose: gleicher Baustein, unterschiedlicher Bau*

AUFGABEN

1 Nenne typische Vertreter aus der Familie der Kohlenhydrate.
2 Gib die Bausteine von Rohrzucker, Stärke und Zellulose an.
3 Traubenzucker ist lebenswichtig, aber auch schädlich. Nimm zu dieser Aussage Stellung.

Kohlenhydrate

1 Wie viel Zucker ist in Nahrungsmitteln?

1 *Zuckergehalt verschiedener Getränke*

Aufgaben:

- Recherchiert im Internet oder auf Nahrungsmittelverpackungen den Zuckergehalt verschiedener Nahrungsmittel und Getränke (Eistee, Cola, Fruchtsaft, Nuss-Nougat-Creme, Müsli, Fruchtjoghurt).
- Stellt den Zuckergehalt pro 100 Gramm bzw. 100 ml mit der entsprechenden Anzahl von Zuckerwürfeln (3 g Zucker pro Würfel) dar.
- Gestaltet in der Gruppe eine Ausstellung zum Thema „Zuckergehalt von Nahrungsmitteln und Getränken".
- Sprecht im Fach Ernährung und Soziales über das Thema Zuckerkonsum.

2 Stärke und Zellulose

Material: verschiedene Lebensmittel (z. B. Kartoffel, Chips, Brot), Textil aus Baumwolle, Holz, Lugolsche Lösung, Pipette

Durchführung: Tropfe etwas Lugolsche Lösung auf die verschiedenen Stoffe.

Auswertung: Gib an, welche Stoffe Stärke und welche Zellulose enthalten.

3 Welche Wirkung hat Speichel auf Mehl?

2 *Je mehr Stärke, desto stärker die Färbung.*

Material: Mehl, Wasser, Lugolsche Lösung, Speichel, Spatel, 2 Reagenzgläser, Reagenzglasständer, Pipette

Durchführung:

- Gib etwas Mehl in ein Reagenzglas und verrühre es in Wasser.
- Gib einen Tropfen Lugolsche Lösung dazu.
- Schütte die Hälfte der Flüssigkeit in ein zweites Reagenzglas.
- Gib etwas Speichel in eins der Reagenzgläser.
- Lass den Versuch 10 Minuten stehen und notiere deine Beobachtungen.

Auswertung:

- Erkläre mithilfe deiner Beobachtungen, was Speichel mit der Stärke macht.
- Fertige ein Versuchsprotokoll an.

Biomoleküle

Ethanol

H–C–C–O–H C_2H_5OH

1 *Alkoholische Getränke enthalten Ethanol.*

Der chemische Name von Trinkalkohol ist Ethanol. Ethanol entsteht durch alkoholische Gärung. Hefen formen dabei Traubenzucker in Ethanol und Kohlenstoffdioxid um. Da Hefen bei einem Alkoholgehalt von über 18 % absterben, müssen höherprozentige alkoholische Getränke durch Destillation hergestellt werden.

Ethanol ist eine brennbare, durchsichtige Flüssigkeit, die bei 78 °C siedet und sich mit Wasser mischt. Die Summenformel lautet C_2H_5OH. Vergleicht man das Ethanolmolekül mit dem Ethanmolekül, so fällt auf, dass ein H-Atom des Ethanmoleküls durch eine OH-Gruppe ersetzt ist. ↗1

Genuss mit Folgen
Alkohol ist ein Zellgift und schädigt bei regelmäßigem Konsum Gehirn, Verdauungsorgane, Leber, Herz-Kreislaufsystem und Immunsystem. Alkohol enthemmt, macht aggressiv und kann süchtig machen. Unter Alkoholeinfluss gefährdet man sich und andere im Straßenverkehr. Deshalb regelt der Gesetzgeber den Konsum von Alkohol.

Die Familie der Alkohole

Methanol   Ethanol   Propanol

2 *homologe Reihe der Alkohole*

Neben Ethanol gibt es viele andere Alkohole. Im Vergleich zum Alkanmolekül ist im Alkoholmolekül je ein Wasserstoffatom durch eine OH-Gruppe ersetzt. Die Alkohole bilden eine homologe Reihe. Die ersten Glieder dieser Reihe sind: Methanol, Ethanol, Propanol, Butanol und Pentanol. Man erkennt die Alkohole an der Endung „-ol" im Namen. ↗2

Kohlenhydrate
Alle Kohlenhydrate sind aus Zuckermolekülen aufgebaut. Man unterscheidet Einfachzucker, Zweifach- und Vielfachzucker. Traubenzucker und Fruchtzucker sind wichtige Einfachzucker. Traubenzucker ist ein Baustein von Rohrzucker, Stärke und der für Menschen unverdaulichen Zellulose. ↗3 Kohlenhydrate, die in Traubenzucker gespalten werden können, liefern Energie. Stark zuckerhaltige Ernährung ist ungesund. Karies, Übergewicht und Zuckerkrankheit können die Folge sein.

3 *Kohlenhydrathaltige Nahrungsmittel*

1 Ethanol

1 *Ohne Hefe geht gar nichts.*

a ☐ Ergänze den Merksatz zur Entstehung von Ethanol: Bei der … durch … entstehen aus … … und … . ↗1

b ☐ Stelle in einer Mindmap die Eigenschaften von Ethanol zusammen.

c ☐ Erkläre das Blubbern der Gärflüssigkeit.

d ☑ Notiere die Struktur- und Summenformel von Ethanol.

2 Genuss mit Folgen

a ☐ Gib an, wie das Jugendschutzgesetz den Umgang mit Alkohol regelt.

b ☐ Notiere, welche körperlichen Schäden durch regelmäßigen Konsum von Alkohol drohen.

3 Familie der Alkohole

A
```
    H
    |
H — C — O — H
    |
    H
```

B
```
    H   H   H   H   H   H   H
    |   |   |   |   |   |   |
H — C — C — C — C — C — C — C — O — H
    |   |   |   |   |   |   |
    H   H   H   H   H   H   H
```

C
```
    H   H   H
    |   |   |
H — C — C — C — O — H
    |   |   |
    H   H   H
```

D
```
    H   H   H   H
    |   |   |   |
H — C — C — C — C — O — H
    |   |   |   |
    H   H   H   H
```

2 *Einige Alkohole*

a ☐ Gib die Namen der Alkohole an. ↗2

b ■ In einem Dekanmolekül wird ein Wasserstoffatom durch eine OH-Gruppe ersetzt. Gib den Namen des Alkohols an.

4 Kohlenhydrate

3 *Vielfalt der Kohlenhydrate*

a ☐ Zähle die drei Kohlenhydratgruppen auf und ordne die Kohlenhydrate zu. ↗3

b ☐ Gib den gemeinsamen Baustein aller Kohlenhydrate an. ↗3

c ☐ Beschreibe, welche Kohlenhydrate vom Menschen zur Energiegewinnung genutzt werden können.

d ☐ Nenne drei Gefahren, die durch eine stark zuckerhaltige Ernährung drohen.

e ■ Erkläre die Gemeinsamkeiten im Bau von Kunststoffen und Vielfachzuckern.

f ■ Stärke und Zellulose sind Vielfachzucker und bestehen aus Glucose-Bausteinen. Trotzdem unterscheiden sie sich. Beschreibe den Unterschied in der Molekülstruktur. ↗4

Stärke

Zellulose

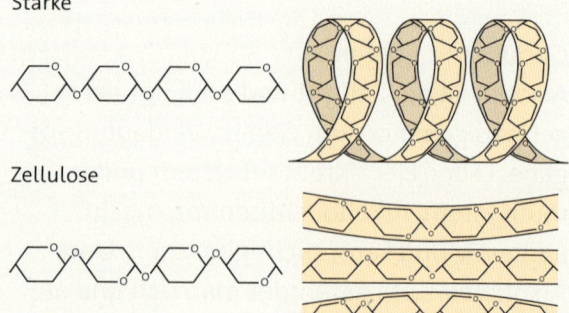

4 *Stärke und Zellulose: Gleicher Baustein, unterschiedliche Struktur*

5 Struktur und Eigenschaft

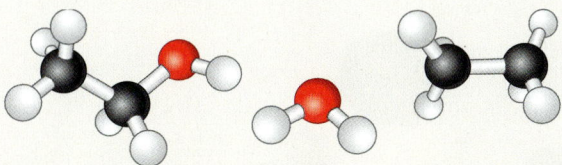

5 *Molekülmodelle*

8 *Warnhinweis auf alkoholischen Getränken*

a ☐ Alkohole ähneln sowohl den Alkanen als auch Wasser. Gib an, welche Teile eines Alkoholmoleküls dem Wassermolekül und welche dem Alkanmolekül ähnlich sind. ↗5

b ☑ Die Siedepunkte der Alkohole innerhalb der homologen Reihe unterscheiden sich. Begründe, ob Propanol einen höheren Siedepunkt hat als Ethanol.

c ☑ Es gibt drei verschiedene Pentanisomere. Erläutere, ob es auch drei Pentanolisomere gibt. ↗6

6 *Pentanisomere*

6 Alkohol und Zucker

a ☐ Alkoholische Getränke enthalten unterschiedliche Mengen an Alkohol. Begründe damit die Vorgaben des Jugendschutzgesetzes. ↗7

Bier-Mix	Bier	Wein	Sekt	Longdrink	Wodka
0,33 l	0,25 l	0,1 l	0,1 l	0,2 l	4 cl
2,4-5 % Vol	5 % Vol	11 % Vol	11 % Vol	enthält	38 % Vol
ab 16	ab 16	ab 16	ab 16	4cl Wodka	ab 18
				ab 18	

7 *Standardgläser helfen dir, die Alkoholmenge abzuschätzen.*

b ☑ Ein Standardglas eines alkoholischen Getränks enthält in der Regel zwischen 10 und 12 g Alkohol. Gib an, wie viel Gramm Alkohol du zu dir nimmst, wenn du zwei Flaschen Bier und ein Schnapsglas voll Wodka trinkst. ↗7

c ☑ Auf Zigarettenschachteln sind Warnhinweise aufgedruckt. Entwirf Warnhinweise für Schnapsflaschen.

d ☑ Auch zuckerhaltige Ernährung kann die Gesundheit schädigen. Entwirf Warnhinweise für Süßigkeiten.

e ☑ Diskutiert über die Wirksamkeit von Warnhinweisen. ↗8

f ■ Warnhinweise auf Verpackungen wären eine Maßnahme, die zur Reduzierung des Alkoholkonsums eingesetzt werden könnte. Nenne drei weitere Maßnahmen, die es in Deutschland oder anderen Ländern bereits gibt oder die denkbar wären. Bild 9 kann dir Hinweise geben. ↗9 Nimm Stellung zu einer der von dir genannten Maßnahmen.

hohe Steuer religiöse Verbote
hoher Preis Mindestpreis Sperrstunde
Alkoholkontrollen Promillegrenze
Werbeverbote Alkoholerwerbsalter
Jugendschutzgesetz Prohibition
gute Vorbilder Wissensvermittlung
Sportsponsoring Gesundheitsförderung
spezielle Geschäfte Präventionsmaßnahmen

9 *Maßnahmen zur Reduzierung des Alkoholkonsums*

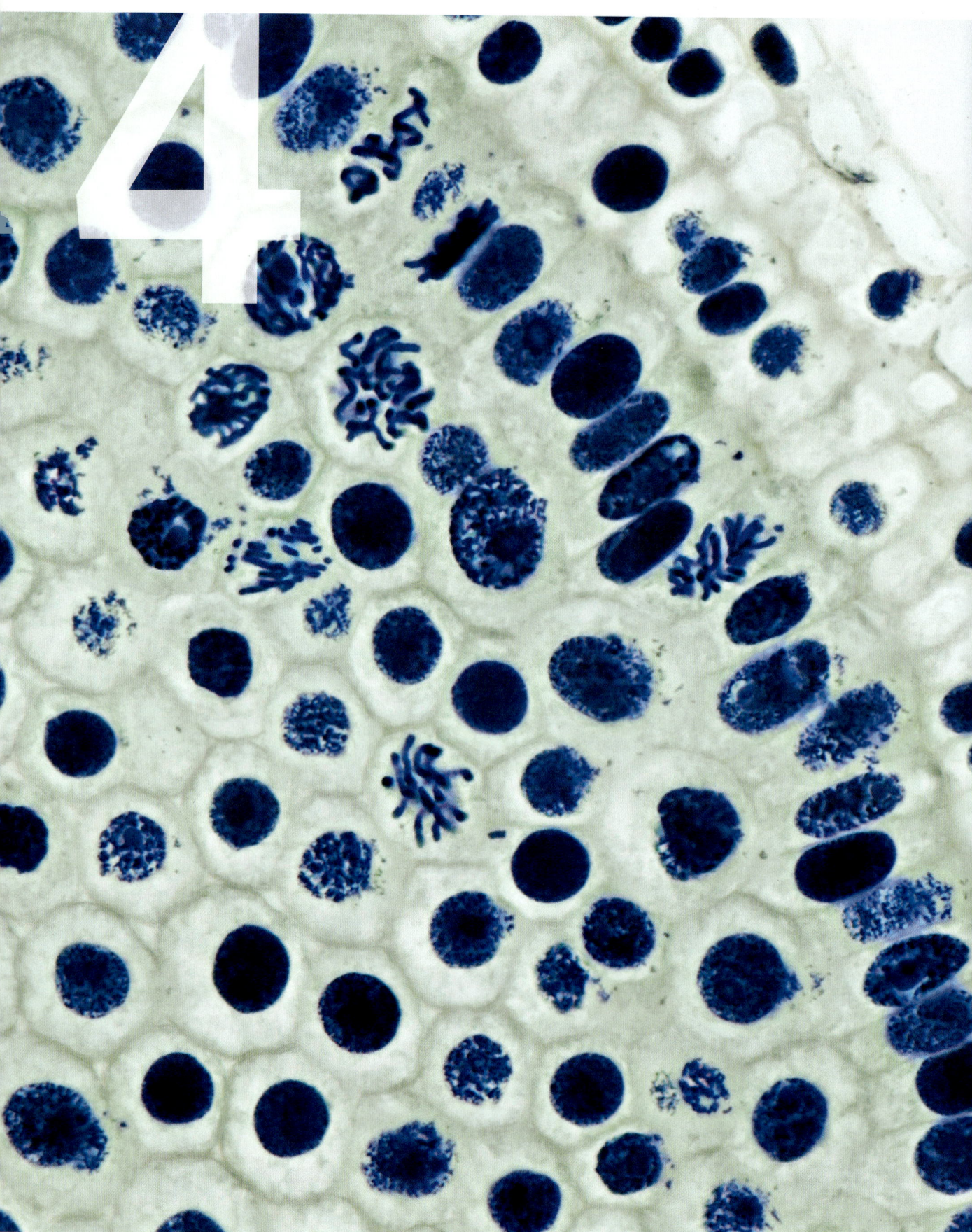

4

Zellen – Bausteine des Lebens

100 000 000 000 000

Der Körper jedes Menschen besteht aus etwa **einhundert Billionen** Zellen.

2

Die DNA im Zellkern einer einzigen menschlichen Zelle hat eine Gesamtlänge von etwa **zwei Metern**. Dieser DNA-Faden befindet sich in einem Zellkern mit einem Durchmesser von gerade mal 0,01 mm.

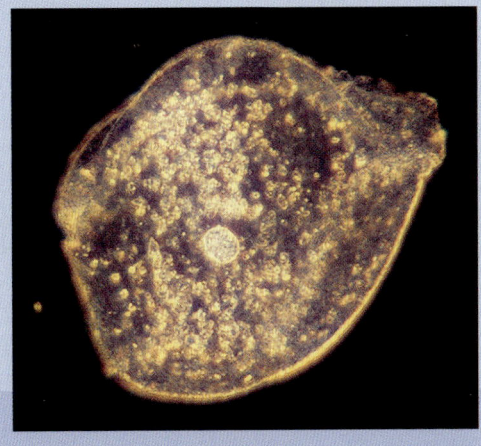

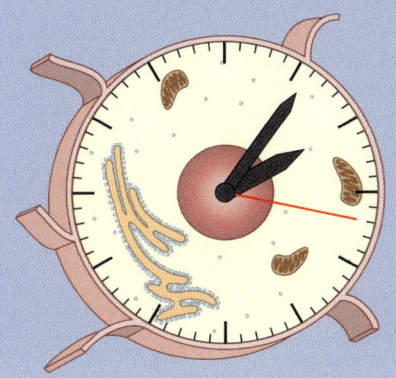

50 000 000

In jeder Sekunde sterben im menschlichen Körper rund **fünfzig Millionen** Zellen ab, fast genauso viele werden gleichzeitig neu gebildet.

In diesem Kapitel ...

- lernst du den Aufbau von Tier- und Pflanzenzellen kennen.
- erfährst du, wie körperliche Merkmale vererbt werden.
- erforschst du die DNA als Träger der Erbinformationen.
- lernst du die Rolle der Chromosomen bei der Vererbung des Geschlechts kennen.
- beschreibst du, wie und wodurch sich Erbinformationen verändern können.
- lernst du genetisch bedingte Erkrankungen kennen.

Vererbung

Jeder Mensch ist einzigartig

Mit diesem Modellversuch kannst du nachvollziehen, wie Merkmale vererbt werden. Die Hölzchen stellen dabei die Erbinformation dar.

Du brauchst: 3 verschiedene Münzen, Streichhölzer oder andere Stäbchen (8-mal farbig, 8-mal einfach)

- Betrachtet die Bilder 1 bis 4. ↗1, 2, 3, 4
- Beschreibt, wie das Thema Vererbung hier dargestellt ist.
- Formuliert für die Bilder 3 und 4 passende Bildunterschriften.
- Wie könnte ein 5. Bild in der Reihe aussehen? Überlegt euch verschiedene Möglichkeiten zur Anordnung der Stäbchen.
- Vergleicht eure Lösungen.
- Schreibt auf, wie viele verschiedene Möglichkeiten ihr in der Klasse für das 5. Bild gefunden habt.
- Versucht, gemeinsam noch weitere Möglichkeiten zu finden.
- Formuliert eine Erkenntnis, die sich aus diesem Versuch ergibt.
- Macht Fotos von euren Bildvorschlägen. Druckt die Fotos aus und gestaltet eine Fotostrecke mit einer passenden Überschrift.
- Überprüft, ob es genügend unterschiedliche Darstellungsmöglichkeiten gibt, sodass jede Schülerin und jeder Schüler eurer Klasse ein individuelles Foto hat.
- Diskutiert auf der Grundlage eurer Erkenntnis die Behauptung aus der Überschrift: „Jeder Mensch ist einzigartig."

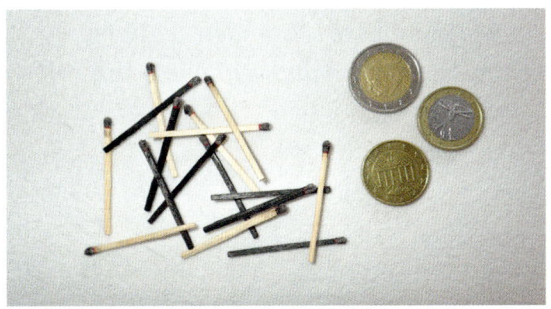

1 *Versuchsmaterial*

2 *Elterngeneration*

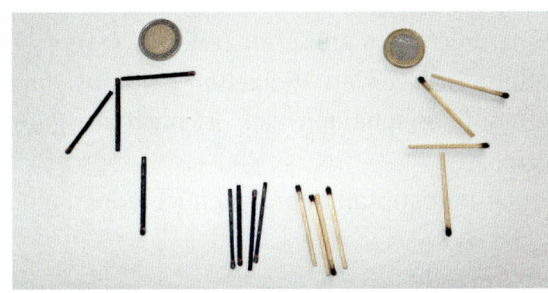

3 *???*

4 *???*

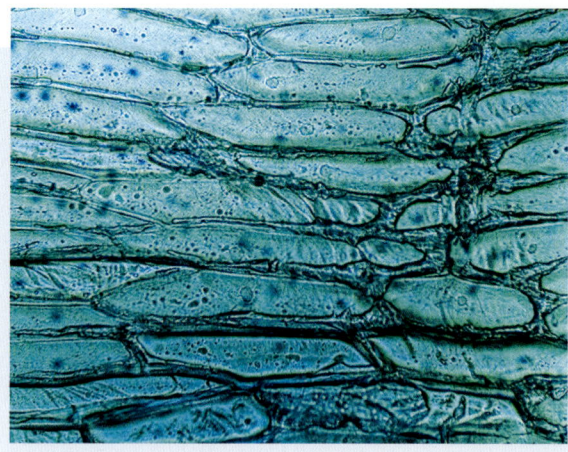

Nur im Mikroskop kannst du die Bausteine von Lebewesen entdecken. Regelmäßig angeordnet oder scheinbar durcheinander vollbringen Zellen unglaubliche Leistungen: Sie liefern Energie, sie wachsen und vermehren sich.

4.1 Zellen von Tieren und Pflanzen

Bausteine des Lebens

Alle Lebewesen sind aus **Zellen** aufgebaut. Sie sind die kleinsten Einheiten aller Organismen. Jede Zelle zeigt alle **Kennzeichen von Lebewesen**: Eigenbewegung, Reizbarkeit, Stoffwechsel, Wachstum, Entwicklung und Fortpflanzung.

Einzeller und Vielzeller

Es gibt winzige Lebewesen, die nur aus einer einzigen Zelle bestehen. Sie werden **Einzeller** genannt. Größere Lebewesen bestehen nicht aus größeren Zellen, sondern aus vielen kleinen Zellen. Sie werden **Vielzeller** genannt. Ihre verschiedenen Zellen unterscheiden sich je nach Aufgabe in Größe und Form. ↗1

Der Grundbauplan aller Zellen ist jedoch gleich.

Die Tierzelle

Die Zellen von Tieren und damit auch von Menschen sind gleich aufgebaut. Sie sind von einer dünnen **Zellmembran** umgeben, die weich und verformbar ist. Durch dieses Häutchen kann ein Stoffaustausch mit der Umgebung erfolgen.

Im Inneren der Zellen befindet sich das **Zellplasma**. ↗2 Diese Zellflüssigkeit besteht aus Wasser, in dem verschiedene Stoffe gelöst sind. Im Zellplasma liegen unterschiedliche Zellbestandteile. Sie werden auch **Zellorganellen** genannt.

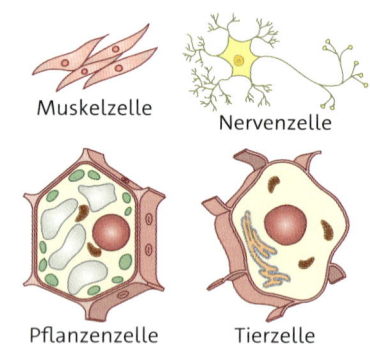

Muskelzelle
Nervenzelle
Pflanzenzelle
Tierzelle

1 *Verschiedene Zellen*

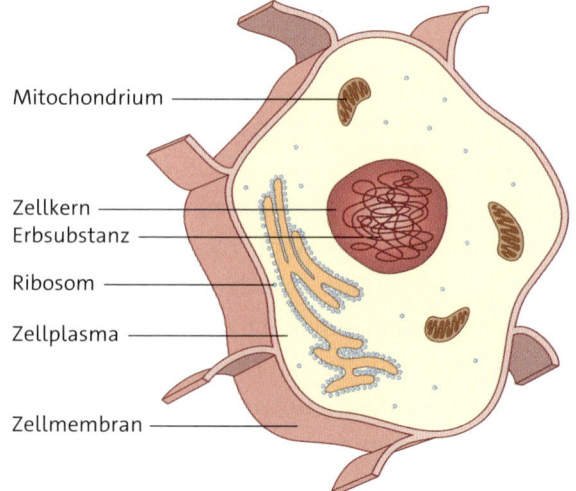

Mitochondrium
Zellkern
Erbsubstanz
Ribosom
Zellplasma
Zellmembran

2 *Die Tierzelle*

Eine dieser Zellorganellen ist der **Zellkern**. In ihm befindet sich
die Erbsubstanz. Diese enthält die Information über den Bau-
30 plan des Lebewesens. Der Zellkern steuert zudem sämtliche
Vorgänge in der Zelle und damit die Körperfunktionen.
Die kleinen, länglichen **Mitochondrien** werden auch als Kraftwerke der Zelle bezeichnet. Hier findet die Zellatmung statt,
durch die Energie aus dem Traubenzucker für den Körper nutz-
35 bar gemacht wird.
An den **Ribosomen** werden Eiweiße aufgebaut. Diese haben
als Baustoffe oder Botenstoffe verschiedene Aufgaben.

Die Pflanzenzelle

Pflanzenzellen besitzen wie Tierzellen eine
40 dünne Zellmembran. Zusätzlich sind Pflanzenzellen jedoch von einer festen **Zellwand**
umgeben. ↗3 Sie schützt die Zelle nach außen. Der Baustoff Zellulose verleiht ihr Stabilität. Durch winzige Öffnungen in der Zell-
45 wand können Stoffe ausgetauscht werden.
Diese Öffnungen werden **Tüpfel** genannt.
Pflanzenzellen enthalten wie Tierzellen Zellplasma, in dem sich der Zellkern, die Mitochondrien und die Ribosomen befinden.
50 Außerdem enthalten die Zellen grüner Pflan-
zenteile Blattgrünkörner, auch **Chloroplasten**
genannt. Der grüne Blattfarbstoff **Chlorophyll** ermöglicht es den Pflanzen, die Energie
der Sonne zur Fotosynthese zu nutzen. Dabei
55 entstehen Sauerstoff und Traubenzucker.
Ältere Pflanzenzellen besitzen flüssigkeitsgefüllte **Vakuolen**. ↗3 In diesen Zellsafträumen werden Öle und Fette, aber
auch Farbstoffe und Abfallstoffe gespeichert. Die Vakuolen
drücken das Zellplasma gegen die Zellwand und tragen so zur
60 Stabilität der Zelle bei.

- **Alle Lebewesen sind aus Zellen aufgebaut.**
- **Alle Zellen haben den gleichen Grundbauplan.**
- **Jede Zelle besitzt eine Zellmembran, Zellplasma und
  verschiedene Zellorganellen.**
- **In jeder Zelle ist die Erbinformation über den Bauplan
  des Lebewesens und seine Körperfunktionen enthalten.**

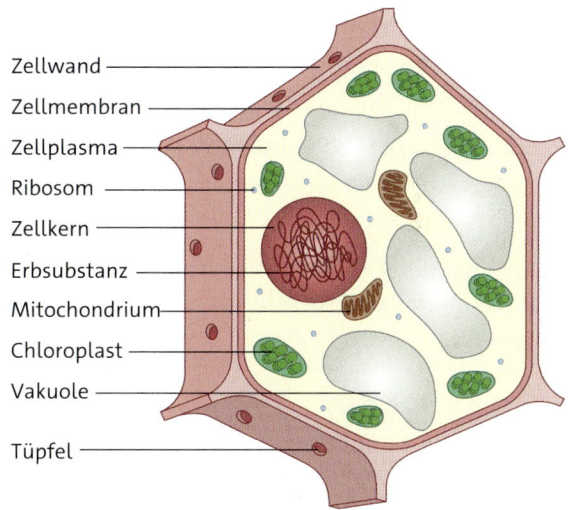

Zellwand
Zellmembran
Zellplasma
Ribosom
Zellkern
Erbsubstanz
Mitochondrium
Chloroplast
Vakuole
Tüpfel

3 *Die Pflanzenzelle*

AUFGABEN
1 Nenne die Kennzeichen von
  Lebewesen.
2 Vergleiche Tierzelle und
  Pflanzenzelle miteinander.
  Stelle dazu in einer Tabelle
  Gemeinsamkeiten und Unterschiede in Bau und Funktion
  gegenüber.

Stoffwechsel in der Zelle

Alle Organismen benötigen Nährstoffe zum Leben: Pflanzen nutzen die Energie des Sonnenlichts, um durch Fotosynthese energiereichen Traubenzucker aufzubauen. Tiere und Menschen nehmen Nährstoffe mit der Nahrung auf. Eiweiße und Fette dienen als **Baustoffe** zum Aufbau von Zellen. Kohlenhydrate und Fette liefern den Zellen als **Betriebsstoffe** Energie. Organismen benötigen Energie für verschiedene Lebensvorgänge: Allein das Gehirn des Menschen benötigt etwa 20 Prozent der aufgenommenen Energie. Auch für die Erhaltung der Körpertemperatur, die Atmung, die Verdauung und die Muskeltätigkeit ist Energie notwendig. Alle Abläufe, die mit dem Aufbau und Umbau des Körpers, der Erhaltung seiner Funktionen und der Energiegewinnung einhergehen, werden als **Stoffwechsel** zusammengefasst. Wasser dient beim Stoffwechsel als Lösungs- und Transportmittel.

Die Zellatmung

Zellen gewinnen die benötigte Energie in den Mitochondrien. Dort reagiert Glucose mit Sauerstoff zu Kohlenstoffdioxid und Wasser. ↗4

$$C_6H_{12}O_6 + 6\,O_2 \rightarrow 6\,CO_2 + 6\,H_2O$$
Glucose + Sauerstoff → Kohlenstoffdioxid + Wasser

Zur Oxidation der Glucose in den Mitochondrien nehmen die Zellen Sauerstoff auf und geben Kohlenstoffdioxid ab. Dieser Gasaustausch ähnelt den Vorgängen in den Lungenbläschen. Deshalb wird die Oxidation von Glucose in den Mitochondrien als **Zellatmung** bezeichnet. Die Zellatmung ist die Umkehrung der Fotosynthese. ↗5

Die Energie der Glucose wird auf einen Speicherstoff übertragen. Der energiereiche Speicherstoff gibt Energie frei, die der Körper in kleinen Portionen nutzen kann.

- **Alle Organismen benötigen Eiweiße und Fette als Baustoffe sowie Kohlenhydrate und Fette als Betriebsstoffe.**
- **Aufbau, Umbau und Abgabe von Stoffen werden als Stoffwechsel zusammengefasst.**
- **Bei der Zellatmung reagiert Glucose in den Mitochondrien mit Sauerstoff zu Kohlenstoffdioxid und Wasser.**
- **Die Zellatmung ist die Umkehrung der Fotosynthese.**

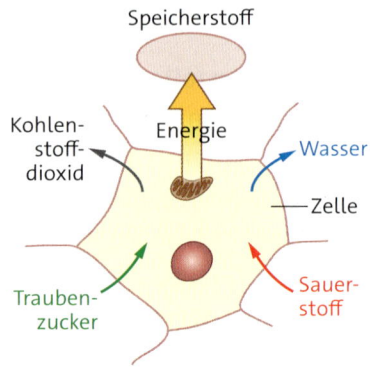

4 *Schema der Zellatmung*

5 *Zusammenhang von Fotosynthese und Zellatmung*

AUFGABEN

3 Beschreibe, wie Zellen Energie aus Glucose gewinnen.

4 Erläutere, weshalb die Zellatmung die Umkehrung der Fotosynthese ist.

Mikroskopieren von Zellen

1 Mikroskopieren eines Zwiebelhäutchens

Material: Zwiebel, Gemüsemesser, Schneidebrett, Skalpell, Pinzette, Mikroskop, Objektträger, Pipette, Deckgläschen, Wasser, Stift, DIN-A4-Blatt

Durchführung:
- Viertele die Zwiebel und trenne dann eine einzelne Zwiebelschuppe heraus. ↗1
- Schneide vorsichtig mit dem Skalpell ein Gittermuster in die Innenseite der Schuppe.
- Gib mit der Pipette einen Tropfen Wasser auf die Mitte des Objektträgers.
- Löse mit der Pinzette ein Stück der dünnen Haut aus dem Gittermuster und gib es in den Wassertropfen auf dem Objektträger.
- Lege ein Deckgläschen auf.
- Mikroskopiere das Präparat. Beginne mit der kleinsten Vergrößerung und steigere sie schrittweise. (↗ Seite 13)

Auswertung:
- Fertige eine Zeichnung auf einem DIN-A4-Blatt an. Zeichne vier bis fünf Zellen und beschrifte die Zellbestandteile.
- Überprüfe, ob deine Zeichnung alle Bestandteile von Pflanzenzellen zeigt. Stelle eine Vermutung an, warum du bestimmte Zellorganellen nicht sehen konntest.

1 Herstellung des Präparats

2 Mikroskopieren von Mundschleimhaut

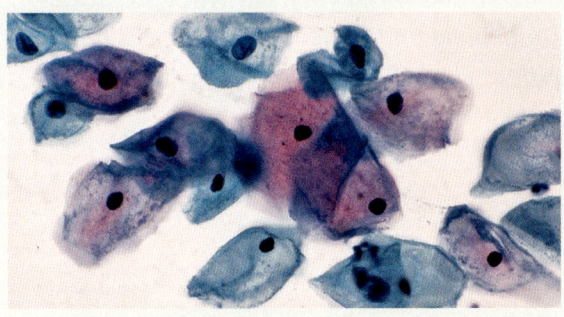

2 Zellen der Mundschleimhaut

Material: Objektträger, 2 Pipetten, Wasser, Holzspatel, Deckgläschen, Mikroskop, Methylenblau, Küchenpapier, Stift, DIN-A4-Blatt

Durchführung:
- Gib mit einer Pipette einen Tropfen Wasser auf die Mitte des Objektträgers.
- Schabe mit dem Holzspatel vorsichtig über die Innenseite deiner Wange.
- Gib die Mundschleimhautzellen in den Wassertropfen auf dem Objektträger.
- Lege das Deckgläschen auf das Präparat.
- Mikroskopiere das Präparat. Beginne mit der kleinsten Vergrößerung und steigere sie schrittweise. (↗ Seite 13)
- Gib mit einer Pipette einen Tropfen Methylenblau neben den Rand des Deckgläschens. Sauge mit dem Küchenpapier vom gegenüberliegenden Rand die farbige Lösung durch das Präparat.

Auswertung:
- Fertige eine Zeichnung auf einem DIN-A4-Blatt an. Zeichne vier bis fünf Zellen und beschrifte die Zellbestandteile.
- Überprüfe, ob deine Zeichnung alle Bestandteile von Tierzellen zeigt.

„Was du bist, hängt von drei Faktoren ab: Was du geerbt hast, was deine Umgebung aus dir machte und was du in freier Wahl aus deiner Umgebung und deinem Erbe gemacht hast.“
Aldous Huxley

4.2 Vererbung – Weitergabe von Informationen

Lebewesen besitzen Merkmale

Hunde und Katzen haben beide ein Fell, vier Pfoten und einen Schwanz. ↗1 Und doch erkennt man auf den ersten Blick, ob
5 es sich um einen Hund oder eine Katze handelt. Durch den Vergleich von **Merkmalen** kann man Lebewesen einer Gruppe zuordnen oder sie voneinander unterscheiden.

Auch Menschen unterscheiden sich in verschiedenen Merkmalen, zum Beispiel in der Hautfarbe, der Haarfarbe oder der
10 Augenfarbe. ↗2

1 *Hund und Katze unterscheiden sich in ihren Merkmalen.*

Informationen werden vererbt

Eine Hündin wird stets kleine Hunde zur Welt bringen und keine Katzen. Ebenso wird aus dem Samen einer Himbeere keine Brombeerpflanze wachsen. Es muss also eine Art Bauplan für
15 jedes Lebewesen geben, der an die Nachkommen weitergegeben wird. Die **Informationen** für diesen Bauplan und viele weitere Merkmale werden an die Nachkommen **vererbt**. Deshalb spricht man auch von den **Erbinformationen**. Jedes Lebewesen hat seine ganz individuellen Erbinformationen. ↗3

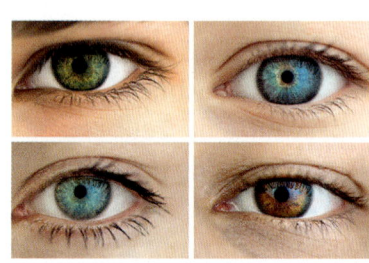

2 *Das Merkmal Augenfarbe ist bei Menschen verschieden.*

20 Erbinformation im Zellkern

Durch Experimente haben Forscher und Forscherinnen erkannt, dass die Erbinformationen im Zellkern gespeichert sind. Hier befindet sich die **Erbsubstanz**, die **DNA**. Sie wird so genannt, weil sie aus Desoxyribonukleinsäuren besteht. Diese
25 heißen im Englischen „**d**eoxyribo**n**ucleic **a**cid“, abgekürzt **DNA**.

3 *Jeder Mensch hat individuelle Erbinformationen.*

Aufbau der DNA

Die DNA besteht aus zwei Strängen, die miteinander verbunden sind. ↗4A Diese sind schraubig umeinandergewunden. Man be-
30 zeichnet diese Form als **Doppelhelix**. Sie kann mit einer in sich verdrehten Strickleiter verglichen werden. ↗4B

Von der DNA zum Merkmal

Im DNA-Faden sind verschiedene Erbinforma-
35 tionen aneinandergereiht. Einen Abschnitt der DNA, der eine Erbinformation codiert, nennt man **Gen**. ↗5

Ein Beispiel sind die Blutgruppen des Menschen: Sie werden durch ein Gen festgelegt.
40 Dieses Gen enthält entweder die Information für die Blutgruppe A, die Blutgruppe B oder die Blutgruppe 0.

Meist sind mehrere Gene an der Ausprägung eines Merkmals beteiligt. Beispiele dafür sind
45 die Haut- oder Haarfarbe.

Die Körpermerkmale, aber auch die Persönlichkeit und sogar unser Verhalten sind ebenfalls teilweise in der Erbinformation festgelegt.

50 ## Einflüsse der Umwelt auf Merkmale

Körpermerkmale wie Körpergewicht oder Hautfarbe können durch die Umwelt beeinflusst werden. Wenn man sich viel in der Sonne aufhält, wird die Haut dunkler. ↗6

Persönlichkeitsmerkmale wie Ängstlichkeit oder Tempera-
55 ment können ebenfalls durch Umwelteinflüsse wie Erziehung und Erfahrungen verändert werden. Sie wirken sich auf die Entwicklung unserer Persönlichkeit aus. Geschlechterrollen und Sozialverhalten werden besonders stark von der Umwelt beeinflusst.

- **Anhand von Merkmalen kann man Lebewesen voneinander unterscheiden.**
- **Im Zellkern befindet sich die Erbsubstanz, die DNA.**
- **Die verschiedenen Abschnitte des DNA-Fadens heißen Gene. Sie enthalten die Erbinformation.**
- **Merkmale können durch die Umwelt beeinflusst werden.**

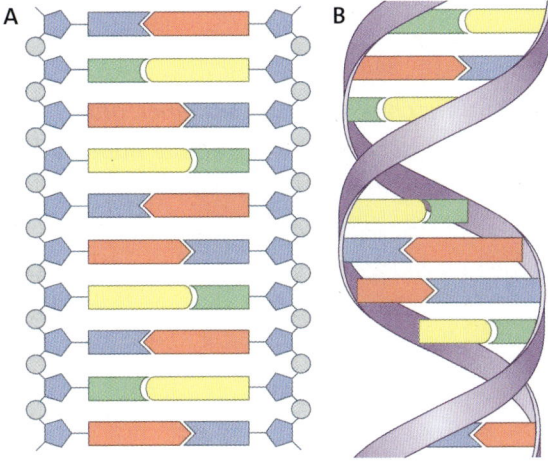

4 *Aufbau der DNA: A Strickleiter, B Doppelhelix*

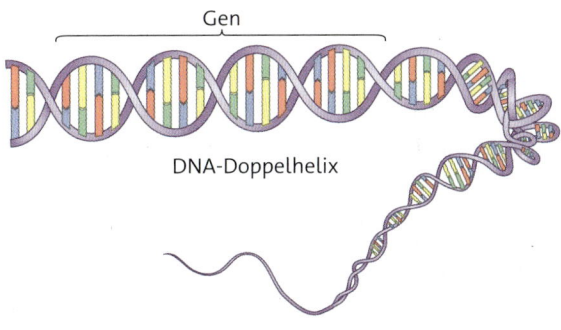

5 *Gene: Abschnitte der DNA*

6 *Die Umwelt beeinflusst unsere Hautfarbe.*

AUFGABEN

1 Erkläre, was man unter den Begriffen Erbinformation, DNA und Gen versteht.
2 Beschreibe den Grundaufbau der DNA.
3 Nenne zwei Beispiele für Merkmale, die durch Umwelteinflüsse verändert werden können.

Wir sind Geschwister, doch wir sehen alle verschieden aus. Welche Merkmale haben uns unsere Eltern vererbt? Warum unterscheiden sich unsere Haarfarben und warum sind wir Junge und Mädchen?

4.3 Die Chromosomen

Die DNA verändert ihre Gestalt

Zellen vermehren sich durch Teilung. Forscherinnen und Forscher fanden heraus, dass sich dabei die DNA im Zellkern verändert: Sie ist nicht mehr dünn und fadenförmig, sondern zieht sich zu Knäueln zusammen. ↗1 Diese Gebilde lassen sich anfärben, deshalb wurden sie **Chromosomen** genannt. Der Begriff setzt sich aus den griechischen Wörtern „chroma" für Farbe und „soma" für Körper zusammen.

Aufbau von Chromosomen

Ein Chromosom besteht aus zwei Hälften, den **Chromatiden** oder Halbchromosomen. Diese hängen am **Zentromer** zusammen. Die **Chromosomenarme** können unterschiedlich lang sein. ↗2 Jedes Chromatid besteht aus einem DNA-Faden, der um Proteine gewickelt ist. ↗2

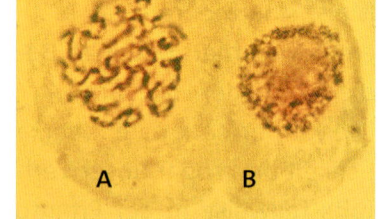

1 *Zwei Zellen mit A Erbsubstanz als Chromosomen im Zellkern und B Erbsubstanz als DNA-Faden im Zellkern*

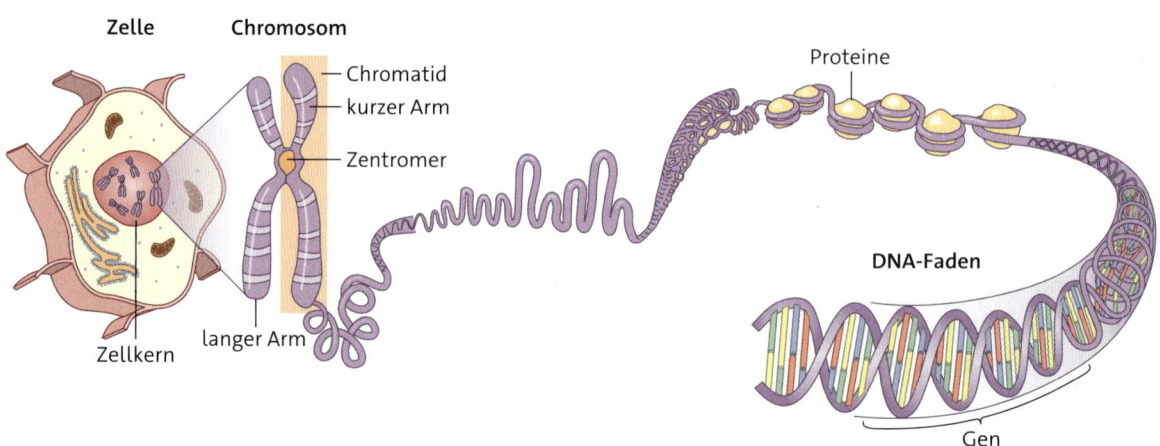

2 *Aufbau eines Chromosoms*

Chromosomen in den Körperzellen

Der Mensch besitzt in jeder Körperzelle 46 Chromosomen. Sie lassen sich nach Größe, Lage des Zentromers und Länge der Chromosomenarme ordnen. Diese geordnete Darstellung der Chromosomen heißt **Karyogramm**. ↗3 In Bild 3 sieht man, dass die Chromosomen zu 23 Paaren geordnet sind. Man spricht daher auch vom **doppelten Chromosomensatz**.

Bei 22 Paaren sind die beiden Chromosomen jeweils identisch, sie enthalten die gleichen Gene. Diese 44 Chromosomen werden **Körperchromosomen** genannt. Das 23. Paar besteht aus den **Geschlechtschromosomen** X und Y. Sie bestimmen das Geschlecht: Frauen besitzen zwei **X-Chromosomen**. ↗3 Männer besitzen ein **X-Chromosom** und ein **Y-Chromosom**. ↗4

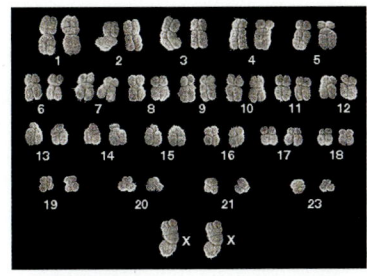

3 Karyogramm einer Frau mit zwei X-Chromosomen

Chromosomen in den Keimzellen

Eizellen und Spermien werden als Keimzellen bezeichnet. Sie enthalten nur den **einfachen Chromosomensatz**. Er besteht aus 22 Körperchromosomen und einem Geschlechtschromosom. Bei der Keimzellbildung werden die Geschlechtschromosomen getrennt. Bei Männern enthält daher ein Spermium entweder ein X- oder ein Y-Chromosom. Bei Frauen kann die Eizelle nur ein X-Chromosom enthalten.

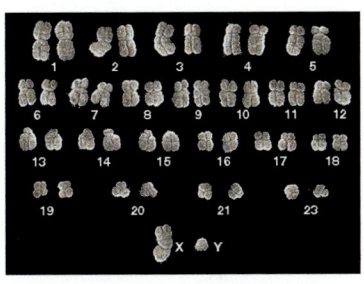

4 Karyogramm eines Mannes mit X- und Y-Chromosom

Vererbung des Geschlechts

Die Zellkerne von Eizelle und Spermium enthalten jeweils 23 Chromosomen. Bei der Befruchtung verschmelzen die Zellkerne, die entstehende Zygote besitzt daher 46 Chromosomen und deshalb wieder den doppelten Chromosomensatz.

Wird eine Eizelle von einem Spermium mit X-Chromosom befruchtet, besitzt die Zygote zwei X-Chromosomen. Daraus entwickelt sich ein Mädchen. ↗5 Wird eine Eizelle von einem Spermium mit Y-Chromosom befruchtet, besitzt die Zygote ein X- und ein Y-Chromosom. Daraus entwickelt sich ein Junge. ↗5

- **Chromosomen sind eine besondere Gestalt der DNA, die nur während der Zellteilung sichtbar ist.**
- **Der Mensch besitzt in jeder Körperzelle einen doppelten Chromosomensatz aus 46 Chromosomen.**
- **In den Keimzellen befindet sich ein einfacher Chromosomensatz aus 23 Chromosomen.**
- **Es gibt Körper- und Geschlechtschromosomen.**
- **Frauen besitzen zwei X-Chromosomen, Männer besitzen ein X- und ein Y-Chromosom.**

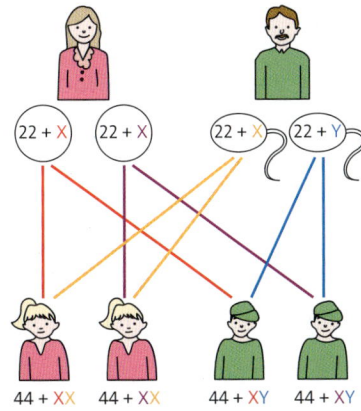

5 Vererbung des Geschlechts

AUFGABEN

1 Beschreibe, wie ein Chromosom aufgebaut ist.
2 Nenne die Anzahl der Chromosomen in den Körperzellen und den Keimzellen.
3 Erkläre, wie das Geschlecht vererbt wird.

Ein Baby entwickelt sich aus einer einzigen befruchteten Eizelle. Dieser kleine Mensch wird größer, ein Schulkind, dann ein Teenager und schließlich ein Erwachsener sein. Werden dabei die Zellen auch größer? Wie wachsen wir eigentlich?

4.4 Die Mitose

Zellen teilen sich

Wachstum ist ein Kennzeichen von Lebewesen und auch ihrer Zellen. Erwachsene haben aber nicht größere Zellen als Kinder,
5 sondern mehr Zellen, nämlich etwa 50 Billionen.
Bis zur Geburt eines Kindes entstehen durch **Zellteilung** aus einer einzigen, befruchteten Eizelle etwa drei Billionen Zellen. Neue Zellen entstehen also immer durch Teilung von vorhandenen Zellen. Bei der Wundheilung entsteht an der verletzten
10 Stelle nach kurzer Zeit eine neue Hautschicht. Das ist ein Beleg dafür, dass sich neue Hautzellen gebildet haben. ↗1

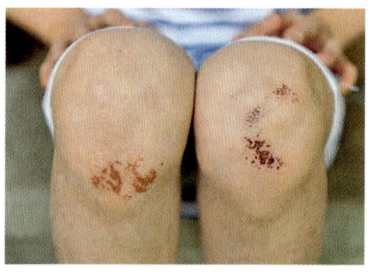

1 *Wunden werden von neuen Zellen verschlossen.*

Zellteilung – streng reguliert

In unserem Körper finden ständig und überall Zellteilungen statt. Die Erbinformation darf dabei nicht verloren gehen, des-
15 halb ist der Ablauf von Zellteilung und Zellkernteilung genau geregelt. Verschiedene Körperzellen leben unterschiedlich lange. ↗2
Neu gebildete Zellen dienen als Nachschub für abgestorbene Zellen. Im Alter verlangsamt sich die Zellteilung: Es sterben
20 mehr Zellen ab, als neue gebildet werden.

Zelltyp	Alter
Magen-schleimhaut	wenige Tage
Rote Blut-körperchen	4 Monate
Muskelzellen	15 Jahre

2 *So alt können verschiedene Zellen werden.*

Vorbereitung der Zellteilung

Alle Zellbestandteile der **Mutterzelle** werden während der Zellteilung auf die beiden **Tochterzellen** aufgeteilt. Dazu verdoppeln sich vorher alle Zellorganellen, indem sie sich teilen.
25 Jede Tochterzelle enthält nach der Zellteilung die gleichen Erbinformationen wie die Mutterzelle. Daher muss vor der **Zellkernteilung** auch die DNA verdoppelt werden.

Die Zellkernteilung wird als **Mitose** bezeichnet. Dabei entstehen aus einem Zellkern zwei
30 Tochterkerne mit der gleichen Erbinformation. Die Mitose läuft immer gleich ab.

Erster Abschnitt der Mitose

Die DNA-Fäden ziehen sich zu Chromosomen zusammen. Die Hülle des Zellkerns löst sich
35 auf und alle 46 Chromosomen liegen nun frei und ungeordnet im Zellplasma. Es bildet sich ein **Spindelapparat**. Dieser bildet Spindelfasern aus Eiweiß. ↗3 A

Zweiter Abschnitt der Mitose

40 Die Chromosomen ordnen sich nun nebeneinander in der Zellmitte an. Sie liegen alle in einer Ebene, der **Äquatorialebene**. An jedem Chromosom heften sich Spindelfasern an den gegenüberliegenden Seiten des Zentromers
45 an. ↗3 B

Dritter Abschnitt der Mitose

Die Spindelfasern verkürzen sich, dabei werden die Chromosomen in zwei Halbchromosomen getrennt. Sie heißen auch Chromatiden.
50 Diese werden zu den gegenüberliegenden Seiten der Zelle, den **Zellpolen**, gezogen. In der Nähe jedes Zellpols befinden sich nun 46 Chromatiden. ↗3 C

Vierter Abschnitt der Mitose

55 Die gewundenen DNA-Fäden der Halbchromosomen lösen sich wieder. Um sie herum bildet sich eine neue Membran. So sind zwei Zellkerne mit identischer Erbinformation entstanden. Erst jetzt teilt sich auch die Zelle durch Einschnürung der Zellmem-
60 bran. ↗3 D   Zwei neue Tochterzellen haben sich gebildet.

- Vor der Zellkernteilung wird die DNA verdoppelt.
- Die Teilung des Zellkerns wird Mitose genannt.
- Bei der Mitose werden die Chromosomen in Chromatiden getrennt und auf die Tochterzellen verteilt.
- Nach der Zellkernteilung teilt sich die Zelle.

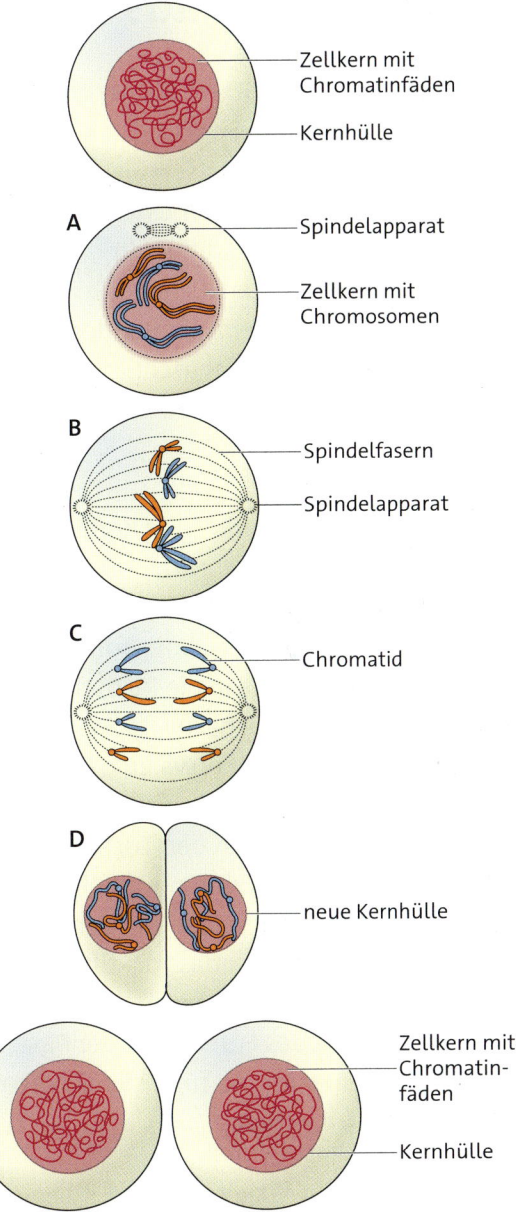

A — Zellkern mit Chromatinfäden / Kernhülle / Spindelapparat / Zellkern mit Chromosomen

B — Spindelfasern / Spindelapparat

C — Chromatid

D — neue Kernhülle / Zellkern mit Chromatinfäden / Kernhülle

3 Abschnitte der Mitose

AUFGABEN

1 Beschreibe, wie neue Zellen entstehen.
2 Beschreibe die Abschnitte der Mitose.
3 Begründe, weshalb die Zellteilung notwendig ist.
4 Recherchiere im Internet die Lebensdauer weiterer Zelltypen.

DNA-Isolation aus Tomaten

Für die Trennlösung: 200 ml Becherglas, 25 ml filtrierter Zitronensaft, 0,5 g Kochsalz, 5 ml Spülmittel, 20 ml Wasser
Material: Tomate, Gemüsemesser, Schneidebrett, Reibschale, Pistill, Kaffeefilter, Trichter, 50 ml Erlenmeyerkolben, Pipette, Reagenzglas mit Stopfen, Reagenzglasständer, 6 ml Spiritus, 1,5 ml Wasser, Schaschlikstab, Objektträger, Deckglas, Mikroskop

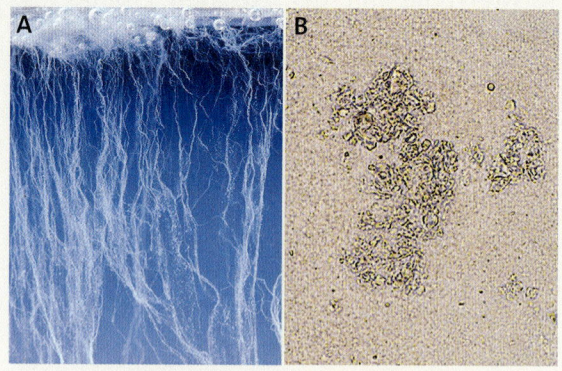

1 DNA: A im Reagenzglas und B im Mikroskop

Durchführung:

- Stelle zuerst die Trennlösung her. Mische dazu Zitronensaft, Kochsalz, Spülmittel und Wasser im Becherglas miteinander.
- Schneide dann ein Viertel der Tomate in kleine Würfel. Gib sie in die Reibschale und füge die Trennlösung dazu.
- Zerreibe die Mischung etwa eine Minute gründlich mit dem Pistill.
- Lege den Kaffeefilter in den Trichter und stelle diesen in den Erlenmeyerkolben.
- Fülle das Tomatenmus mit der Trennlösung in den Trichter, sodass die filtrierte Flüssigkeit in den Erlenmeyerkolben läuft.
- Gib dann 1,5 ml des Filtrats mit der Pipette in das Reagenzglas und füge 1,5 ml Wasser und 6 ml Spiritus hinzu.

- Verschließe das Reagenzglas mit dem Stopfen und drehe es vorsichtig mehrfach um.
- Stelle das Reagenzglas in den Ständer und betrachte die Flüssigkeit darin.
- Hole mit dem Schaschlikstab vorsichtig die DNA aus dem Reagenzglas und gib sie auf einen Objektträger.
- Lege ein Deckglas auf und betrachte das Präparat im Mikroskop. (↗ Seite 13)

Auswertung:

- Beschreibe, was du im Reagenzglas erkennen kannst. ↗1A
- Beschreibe, was du im Mikroskop sehen kannst. ↗1B

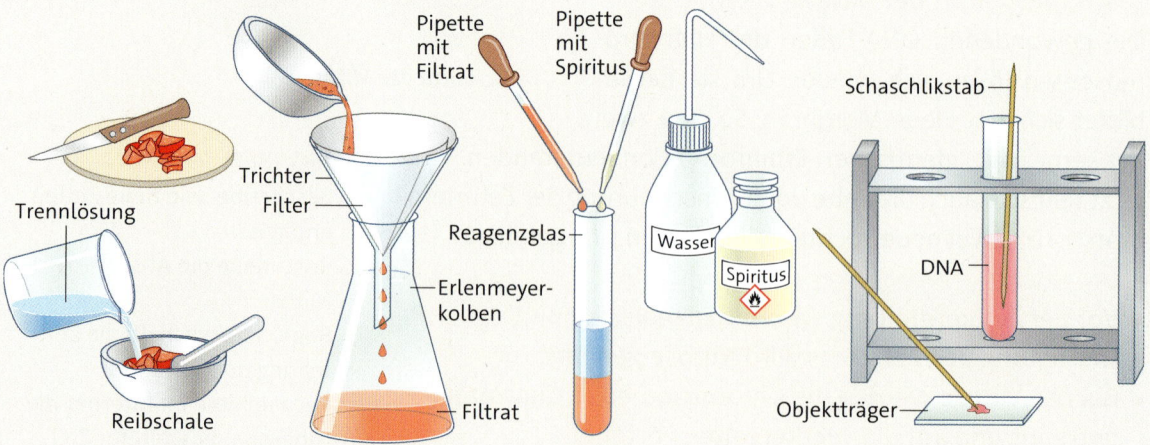

2 Versuchsablauf

Die Mitose

1 Mikroskopieren von Zwiebelzellen

Material: Becherglas, Wasser, Zwiebel, Skalpell, Teelöffel, Objektträger, Pipette, Karminessigsäure, Heizplatte, Deckglas, Mikroskop

Zwiebel

Becherglas

Wasser

4-5 Tage

Wurzeln

1 Versuchsvorbereitung

Durchführung:
- Fülle eine Woche vorher das Becherglas mit Wasser und setze die Zwiebel darauf. Die Zwiebelwurzeln sollen sich knapp über dem Wasserspiegel befinden. ↗1
- Nach ein paar Tagen bilden sich Wurzeln. Schneide mit dem Skalpell etwa 5 Millimeter lange Stücke vom Wurzelende ab.
- Gib die Enden in einen Teelöffel voll Wasser und koche sie kurz auf der Heizplatte weich.
- Lege die Wurzelstücke auf den Objektträger und gib mit der Pipette einen Tropfen Karminessigsäure hinzu.
- Erwärme das Präparat auf der Heizplatte.
- Lege ein Deckglas auf. Quetsche das Präparat durch sanften Druck mit dem Daumen.
- Betrachte das Präparat im Mikroskop. Beginne mit der kleinsten Vergrößerung. (↗ Seite 13)

Auswertung:
- Zeichne verschiedene Mitosestadien auf ein DIN-A4-Blatt und beschrifte sie.
- Vergleiche die Zwiebelwurzelzellen mit deinem Wissen über Pflanzenzellen. Begründe das Fehlen von Chloroplasten.

2 Die Mitose im Modell

Material: 5 Pappteller, Farbstifte

Durchführung:
- Jeder Pappteller stellt ein Zellmodell dar.
- Zeichne auf den ersten Teller 4 bis 5 Chromosomen und den Spindelapparat, der sich bildet.
- Zeichne auf den zweiten Teller die in einer Ebene angeordneten Chromosomen. Zeichne auch den Spindelapparat an den gegenüberliegenden Seiten der Zelle ein. Ergänze dann Spindelfasern vom Spindelapparat zu den Chromosomen.
- Zeichne auf den dritten Teller verkürzte Spindelfasern, die je ein Halbchromosom zu den Zellpolen ziehen.
- Zeichne auf die letzten beiden Teller je 4 bis 5 Halbchromosomen, die von neuen Kernhüllen umgeben sind.

Auswertung: Beschreibe mithilfe deiner Zellmodelle den Ablauf der Mitose. ↗2 Verwende dabei Fachbegriffe.

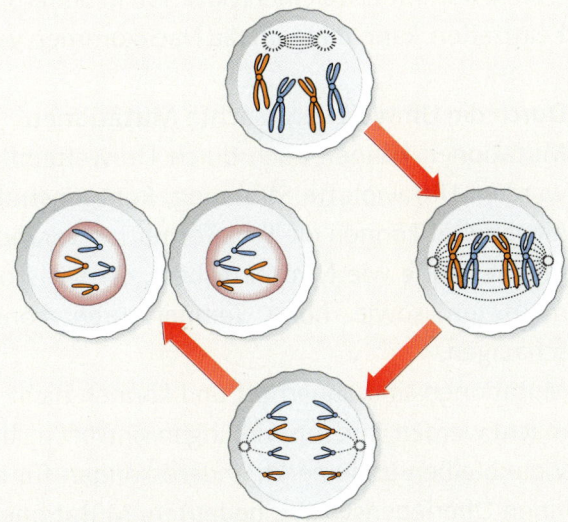

2 Modell zur Mitose

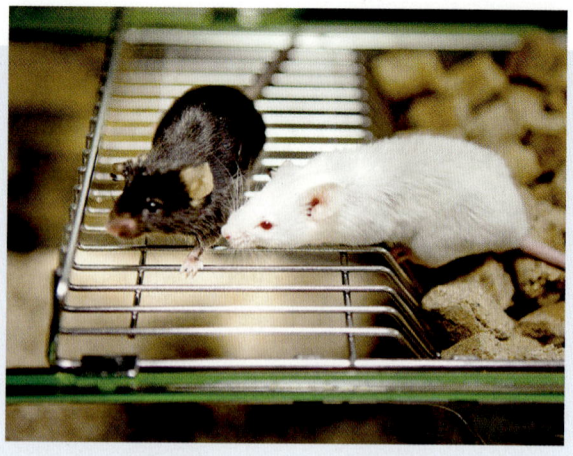

Ratten und Mäuse sind zu beliebten Haustieren geworden. Bereits in der Antike galten weiße Mäuse als Glücksbringer. Hast du gewusst, dass die von der Wildform abweichende weiße Fellfärbung durch eine Veränderung der Erbinformation entsteht?

4.5 Veränderung der Erbinformation

Erbinformationen verändern sich

Lebewesen wachsen und entwickeln sich, dabei werden immer wieder neue Zellen gebildet. Das kannst du gut am Wachstum der Haare und Fingernägel sehen. Auch nach Verletzungen werden neue Zellen gebildet: Eine Wunde heilt.
Neue Zellen entstehen durch Teilung von vorhandenen Zellen. Alle **Tochterzellen** enthalten die gleichen Erbinformationen wie die **Mutterzelle**. Daher muss für die **Zellteilung** die DNA verdoppelt und dann auf die Tochterzellen aufgeteilt werden. ↗1 Bei der DNA-Verdopplung kann es zu Kopierfehlern kommen. Eine solche Veränderung der Erbinformation wird **Mutation** genannt. ↗2
Mutationen können zufällig und ohne äußere Einflüsse auftreten. Kommt es zu einer Mutation in der Erbinformation der Keimzellen, kann diese an die Nachkommen vererbt werden.

Durch die Umwelt verursachte Mutationen

Mutationen können auch durch Umwelteinflüsse ausgelöst werden. Ultraviolette Strahlung, Röntgenstrahlung oder Radioaktivität können die Erbinformation verändern. Auch chemische Stoffe wie Nikotin, Asbest, die Giftstoffe von Schimmelpilzen sowie hohe Temperaturen können die DNA schädigen.
Mutationen sind dauerhaft und können nicht rückgängig gemacht werden, ihre Auswirkungen sind oft nicht vorhersehbar. Viele bleiben unbemerkt, andere können für das Lebewesen einen Überlebensvorteil bedeuten. Mutationen können aber auch zu schweren Krankheiten wie Krebs führen. ↗3

Zellkern
mit Erbinformation (i)

Mutterzelle   Tochterzelle

1 *Schema zur Zellteilung*

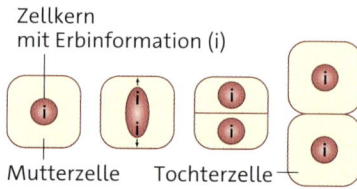

2 *Die Ursache von Kleinwüchsigkeit ist eine Mutation.*

3 *UV-Strahlung kann Hautkrebs verursachen.*

Mutation und natürliche Auslese

30 Birkenspanner mit hellen Flügeln sind auf heller Birkenrinde kaum zu erkennen. ↗4 Dadurch sind sie vor Fressfeinden geschützt. Birkenspanner mit durch Mutation dunklen Flügeln sind schlechter getarnt. Sie werden gefressen. Durch diese **natürliche Auslese** können sich nur Tiere fortpflanzen, die gut an

35 die Umwelt angepasst sind. Als die Luftverschmutzung in den Industriegebieten zunahm, färbte der Ruß die Birkenrinde schwarz. Jetzt waren helle Birkenspanner gut erkennbar und wurden häufig gefressen. ↗5 Dunkle Birkenspanner fielen nun weniger auf und konnten sich stark vermehren. Die verän-

40 derte Erbinformation ermöglichte ihr Überleben. Mutation und natürliche Auslese sind die Ursache für die Artenvielfalt auf der Erde.

4 *Dunkler und heller Birkenspanner auf heller Rinde*

5 *Heller und dunkler Birkenspanner auf dunkler Rinde*

Laktose-Verträglichkeit

Neugeborene Säugetiere bilden im Darm ein Enzym, das den

45 Milchzucker in der Muttermilch für den Körper nutzbar macht. Nach der Stillzeit wird dieses Enzym kaum produziert, sodass der Milchzucker nicht mehr verdaut werden kann. An Blähungen und Durchfall erkennt man die **Laktose-Unverträglichkeit**. Über 90 Prozent der Erwachsenen in Afrika und Asien vertra-

50 gen daher als Erwachsene keine Milch. In Europa, Nordamerika und Australien vertragen die meisten Erwachsenen Milch. ↗6 Sie besitzen eine Mutation, die auch im Erwachsenenalter für die Produktion des Enzyms sorgt. Die Mutation hat sich seit der Jungsteinzeit in den Bevölkerungsgruppen durchgesetzt,

55 die sich auch von Kuhmilch ernährten. Die Fähigkeit, Nährstoffe und Mineralstoffe der Kuhmilch zu nutzen, bot ihnen einen Vorteil für das Überleben.

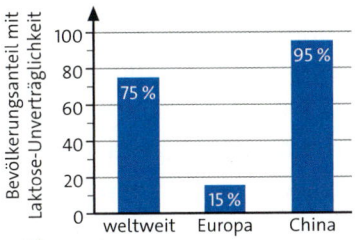

6 *Bevölkerungsanteile mit Laktose-Unverträglichkeit*

Veränderte Farbpigmente

Manche Pflanzen haben weiß-grüne Laubblätter. Eine Mutati-

60 on sorgt dafür, dass an einigen Stellen kein Chlorophyll gebildet wird. ↗7 Bei Blutbuchen bewirkt eine Mutation das Fehlen eines Enzyms, sodass rote Farbstoffe das Chlorophyll der Laubblätter überdecken.

■ **Mutationen sind Veränderungen der Erbinformation.**
■ **Sie können zufällig auftreten oder durch äußere Einflüsse wie UV-Strahlung, Nikotin oder Asbest ausgelöst werden.**
■ **Mutationen können unbemerkt bleiben, aber auch positive oder negative Auswirkungen haben.**

7 *Mutation in den Laubblättern*

AUFGABEN

1 Beschreibe, was man unter einer Mutation versteht.

2 Nenne drei mögliche Auslöser von Mutationen.

3 Bewerte, ob die Mutation zur Laktose-Verträglichkeit Vorteile oder Nachteile hat. Begründe deine Entscheidung.

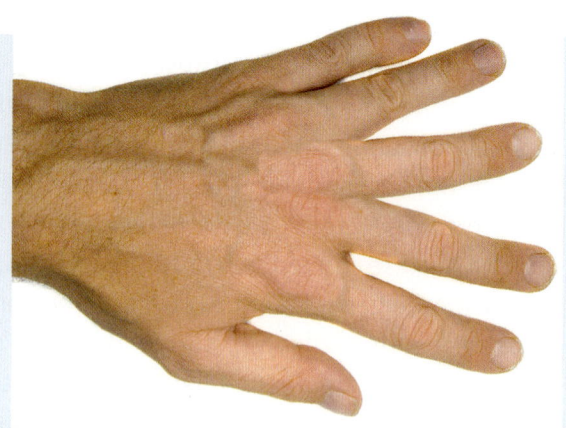

Man könnte glauben, das Foto wurde nachträglich bearbeitet. Doch es gibt tatsächlich Menschen, die mehr als fünf Finger oder Zehen besitzen. Die Mutation ist gesundheitlich harmlos. Andere genetische Veränderungen haben tiefgreifende Auswirkungen auf die Lebensqualität.

4.6 Genetisch bedingte Erkrankungen

Die Macht der Gene

Bereits lange vor der Entdeckung der Erbinformation war bekannt, dass manche Krankheiten in bestimmten Familien ge-
5 häuft auftreten. Doch erst mit dem Wissen über die Vererbung wurde die Ursache solcher „Familienkrankheiten" klar: veränderte Erbinformationen können von den Vorfahren auf die Nachkommen vererbt werden. Diese Krankheiten wurden daher **Erbkrankheiten** genannt. Heute spricht man von **genetisch be-**
10 **dingten Erkrankungen**. Wie bestimmte Erkrankungen vererbt werden, kann man durch die Betrachtung von Familienstammbäumen verstehen. ↗1 Für viele Erkrankungen sind die genauen Ursachen noch nicht erforscht. Mutationen können die Lebensqualität der Betroffenen unterschiedlich beeinflussen.

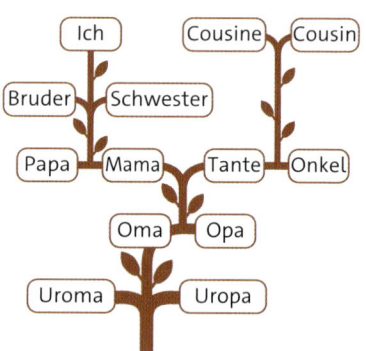

1 *Ein Stammbaum zeigt Verwandtschaftsverhältnisse.*

15 Veränderte Blutgerinnung

Für etwa 6000 Menschen in Deutschland kann eine eigentlich harmlose Verletzung lebensgefährlich werden: Sie leiden unter der **Bluterkrankheit**. Ihre Wunden verschließen sich nicht, denn ihre Blutgerinnung ist verändert. Ursache dafür ist eine
20 Mutation auf dem X-Chromosom: Die Erbinformation für die Bildung von Gerinnungsstoffen ist verändert. Von der Krankheit sind fast ausschließlich Männer betroffen, da sie nur ein X-Chromosom besitzen. Frauen dagegen besitzen zwei X-Chromosomen. Trägt eines davon die Mutation, kann das
25 zweite, gesunde X-Chromosom dies ausgleichen. Frauen bleiben deswegen meist gesund, können die Mutation aber vererben. ↗2 Nur wenn eine Frau zwei veränderte X-Chromosomen besitzt, ist sie ebenfalls von der Krankheit betroffen.

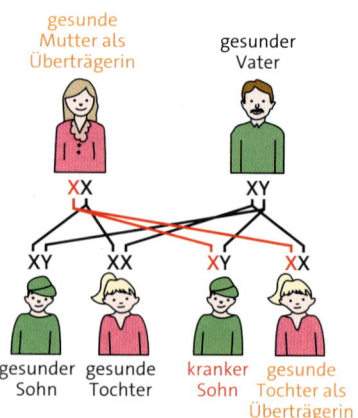

2 *Vererbungsschema der Bluterkrankheit*

Veränderte Farbwahrnehmung

Eine Mutation in der Erbinformation für den Aufbau der Seh-
sinneszellen kann zu einer veränderten Farbwahrnehmung
führen. Bei **Farbenblindheit** können Betroffene nur Kontraste
und Grautöne wahrnehmen. Menschen mit **Rot-Grün-Sehschwäche** können Rot und Grün schlechter unterscheiden als
Normalsichtige. ↗3 Die Mutation für die v liegt auf dem X-
Chromosom, daher sind fast ausschließlich Männer betroffen.
Trägt bei Frauen ein X-Chromosom die Mutation kann das
zweite, gesunde X-Chromosom dies ausgleichen. Frauen können die Mutation aber vererben.

3 Farbsehen: A normal, B mit
Rot-Grün-Sehschwäche

Veränderte Farbpigmente

Die Erbinformation für die Herstellung des Farbpigments Me-
lanin kann durch eine Mutation verändert sein. Die Haut der
Betroffenen bleibt hell, die Haare sind weißblond und die Augen erscheinen blau bis rötlich. ↗4 Dieses Erscheinungsbild
wird **Albinismus** genannt. Menschen mit Albinismus fehlt der
Schutz vor starker Sonneneinstrahlung, daher ist ihr Risiko für
Hautkrebs erhöht. Auch die Sehfähigkeit ist oft beeinträchtigt.

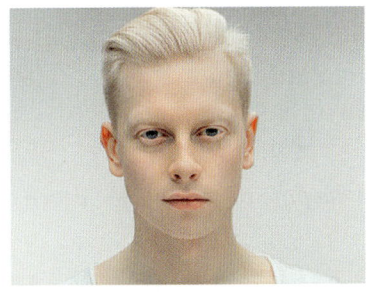

4 Junge mit Albinismus

Veränderte Chromosomenzahl

Bei der Eizellreifung in den Eierstöcken kann es passieren, dass
eine Eizelle das Chromosom 21 zweimal enthält. Bei der Befruchtung kommt dann noch ein weiteres Chromosom 21 vom
Vater hinzu. Der Embryo besitzt dann 47 statt 46 Chromosomen, da das Chromosom 21 dreimal vorhanden ist. Menschen
mit einer solchen **Trisomie 21** haben ein flaches, rundes Gesicht
sowie schräg stehende Augenlider. ↗5 Häufig treten Herzfehler sowie unterschiedlich stark ausgeprägte geistige Behinderungen auf. Mit Unterstützung können Betroffene oft einen
Beruf erlernen und ein fast selbstständiges Leben führen. Der
britische Arzt John Langdon-Down beschrieb als Erster diese
genetisch bedingte Erkrankung, sodass sie nach ihm auch
Down-Syndrom genannt wird. Die Wahrscheinlichkeit, ein Kind
mit Down-Syndrom zu bekommen, steigt stark mit dem Alter
der Mutter an und ist auf alternde Eizellen zurückzuführen.

5 Mädchen mit Trisomie 21

- **Genetisch bedingte Erkrankungen entstehen durch Veränderungen der Erbinformation.**
- **Die veränderte Erbinformation kann vererbt werden.**
- **Bluterkrankheit, Rot-Grün-Sehschwäche und Down-Syndrom sind Beispiele für genetisch bedingte Erkrankungen.**

AUFGABEN

1 Beschreibe, was man unter
  einer genetisch bedingten
  Erkrankung versteht.
2 Nenne drei genetisch bedingte
  Erkrankungen.
3 Erkläre, weshalb von der Rot-
  Grün-Sehschwäche mehr
  Männer als Frauen betroffen
  sind.
4 Recherchiere im Internet weitere genetisch bedingte Erkrankungen.

Vererbung

1 Zwischencheck – Teste dein Wissen

Zelle   Gene   Erbinformation

Mädchen   Bluterkrankheit

Körpermerkmale   Zellkern   Fotosynthese

Radioaktivität   Y-Chromosom

Chromatiden   DNA   Chlorophyll

Pflanzenzelle   Glucose

Erbsubstanz   Zellatmung   Albinismus

Down-Syndrom   Chromosomen

Umwelteinflüsse   Zellplasma

Zentromer   Sauerstoff

Junge

Mutation   Zellkern   X-Chromosom

Aufgaben

- Suche je 3 zusammengehörige Begriffe und bilde daraus sinnvolle Sätze. ↗1
- Überprüfe deine Aussagen mit den Texten dieses Kapitels. Richtige Aussagen erhalten 1 Punkt.
- Addiere nun deine Punkte und bewerte dein Ergebnis: 8–10 P.: Prima! 5–7 P.: Ok. 0–4 P. : Nochmal üben!

1 *Begriffe zu den Themen Zellen und Vererbung*

2 Rot-Grün-Sehschwäche

Menschen mit einer Rot-Grün-Sehschwäche können die Farben Rot und Grün schlechter unterscheiden als Normalsichtige. Diese Sehschwäche wird durch eine Mutation auf dem X-Chromosom verursacht. Ein zweites X-Chromosom ohne Mutation gleicht die Sehschwäche aus. Bild 1 zeigt ein Beispiel für ein Vererbungsschema dieser Mutation an die Nachkommen. X-Chromosomen mit einer Genmutation sind rot dargestellt. ↗2

Aufgaben

- Erstelle ein weiteres Vererbungsschema mit einer Mutter, die keine Genmutation trägt, und einem betroffenen Vater.
- Begründe, ob eine erkrankte Mutter ein Kind ohne Sehschwäche haben kann.
- Erläutere die Auswirkungen auf die Nachkommen, wenn beide Eltern die Mutation in sich tragen.

Eltern	Mutter		Vater	
Geschlechtschromosomen	XX		XY	
Chromosomen in den Keimzellen	X	X	X	Y
Nachkommen	Kind 1	Kind 2	Kind 3	Kind 4
Mögliche Geschlechtschromosomen	XX	XY	XX	XY
Geschlecht	weiblich	männlich	weiblich	männlich
Betroffenheit	gesund (Überträgerin)	erkrankt	gesund	gesund

2 *Ein mögliches Vererbungsschema zur Rot-Grün-Sehschwäche*

Zellen – Bausteine des Lebens

Zellen von Tieren und Pflanzen

Alle Lebewesen sind aus Zellen aufgebaut. Alle Zellen haben den gleichen Grundbauplan: Sie bestehen aus Zellmembran, Zellplasma und verschiedenen Zellorganellen wie Zellkern, den Mitochondrien und Ribosomen.

Pflanzenzellen sind zusätzlich von einer Zellwand umgeben und enthalten Chloroplasten sowie Vakuolen.

Als Stoffwechsel bezeichnet man den Aufbau, den Umbau und die Abgabe von Stoffen. Der Stoffwechsel dient zur Erhaltung der Körperfunktionen und zur Energiegewinnung.

In den Mitochondrien findet die Zellatmung statt. Hier reagiert Glucose mit Sauerstoff zu Kohlenstoffdioxid und Wasser. Dabei wird Energie für die Zelle bereitgestellt. Die Zellatmung ist die Umkehrung der Fotosynthese.

Vererbung – Weitergabe von Informationen

Lebewesen unterscheiden sich in ihren Merkmalen. Die Informationen für diese Merkmale sind im Zellkern gespeichert. Hier befindet sich die Erbsubstanz, die DNA. ↗1 Ein Gen ist ein Abschnitt des DNA-Fadens, der eine Erbinformation codiert. Erbinformationen werden an die Nachkommen weitergegeben. Merkmale können durch die Umwelt beeinflusst werden.

Zelle Chromosom

Doppelhelix

1 *Aufbau eines Chromosoms*

Die Chromosomen

Während der Zellteilung zieht sich die DNA zu Chromosomen zusammen. ↗1 Diese bestehen aus zwei Chromatiden, die am Zentromer zusammenhängen. ↗1 Körperzellen enthalten einen doppelten Chromosomensatz aus 46 Chromosomen, Keimzellen einen einfachen Chromosomensatz aus 23 Chromosomen. Es gibt Körper- und Geschlechtschromosomen. Frauen besitzen zwei X-Chromosomen. Männer besitzen ein X- und ein Y-Chromosom.

Stadien der Mitose

Vor der Zellteilung wird die DNA verdoppelt. Die Teilung des Zellkerns wird Mitose genannt. Dabei werden die Chromosomen in Chromatiden getrennt und auf die Tochterzellen verteilt. Nach der Zellkernteilung teilt sich die Zelle. ↗2

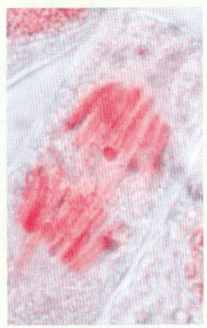

2 *Zellteilung im Mikroskop*

Veränderung der Erbinformation

Mutationen sind Veränderungen der Erbinformation. Sie können zufällig auftreten oder durch äußere Einflüsse wie UV-Strahlung, Nikotin oder Asbest ausgelöst werden. Mutationen können unbemerkt bleiben, aber auch positive oder negative Auswirkungen haben.

Genetisch bedingte Erkrankungen

Veränderungen der Erbinformation können zu genetisch bedingten Erkrankungen wie Bluterkrankheit, Rot-Grün-Sehschwäche und Down-Syndrom führen. Die veränderte Erbinformation kann vererbt werden.

Texte in oranger Schrift sind Lernstoff für Schülerinnen und Schüler von Mittlere-Reife-Klassen.

1 Zellen von Tieren und Pflanzen

a ☐ Zähle die Bestandteile von Tierzellen und Pflanzenzellen auf. ↗1

b ☐ Nenne drei Unterschiede zwischen Tier- und Pflanzenzellen. ↗1

c ☑ Beschreibe die Aufgaben der einzelnen Bestandteile einer Pflanzenzelle.

d ■ Erkläre, was man unter dem Begriff Stoffwechsel versteht.

e ■ Erläutere den Zusammenhang von Zellatmung und Fotosynthese.

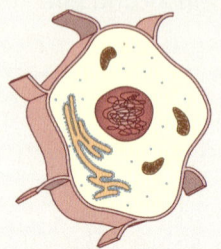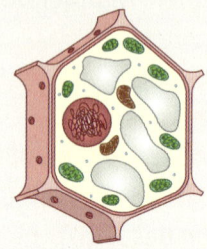

1 *Tierzelle und Pflanzenzelle*

2 Vererbung – Weitergabe von Informationen

a ☑ Beschreibe den Aufbau der DNA.

b ☑ Erkläre, was man unter einem Gen versteht.

c ■ Erkläre an einem Beispiel, wie sich Umwelteinflüsse auf die Entwicklung unserer Persönlichkeit auswirken können.

3 Die Chromosomen

a ☑ Beschreibe den Aufbau von Chromosomen.

b ☑ Vergleiche den Chromosomensatz von Körperzellen und Keimzellen.

c ☑ Begründe, warum das Geschlecht eines Kindes von den Keimzellen des Vaters bestimmt wird.

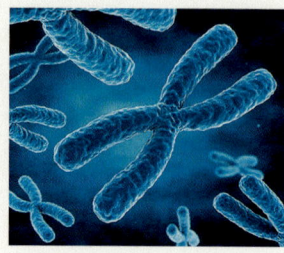

4 Stadien der Mitose

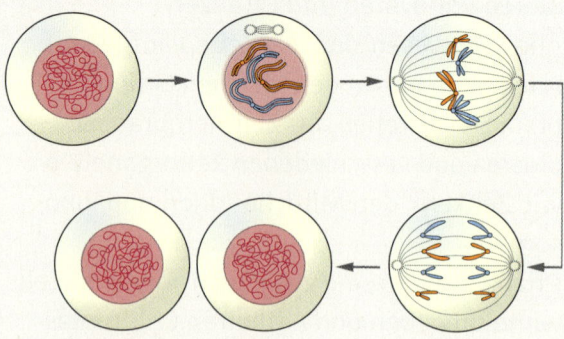

2 *Abschnitte der Mitose*

a ☐ Nenne den Vorgang, durch den neue Zellen gebildet werden.

b ■ Beschreibe die Vorgänge der Mitose in vier Abschnitten. ↗2

c ■ Erläutere die Bedeutung der Mitose für die Vermehrung und das Wachstum von Lebewesen.

5 Veränderung der Erbinformation

a ☑ Erkläre, was man unter dem Begriff Mutation versteht.

b ☐ Nenne drei Ursachen von Mutationen.

c ■ Erkläre an einem Beispiel, wie Mutation und natürliche Auslese zusammenhängen.

d ☐ Nenne die Ursache für die rote Blattfärbung der Blutbuche.

6 Genetisch bedingte Erkrankungen

a ☑ Erkläre, was man unter einer Erbkrankheit versteht.

b ☑ Beschreibe, wie sich die Bluterkrankheit äußert.

c ☐ Benenne die Ursache dieser Krankheit.

d ■ Begründe, warum fast ausschließlich Männer betroffen sind.

e ☐ Nenne eine weitere Erbkrankheit, von der hauptsächlich Männer betroffen sind.

f ☑ Gib an, weshalb das Down-Syndrom auch Trisomie 21 genannt wird.

7 Trisomie 21 – das Down-Syndrom

a ☑ Beschreibe, welche Auswirkungen das Down-Syndrom für Betroffene haben kann.

b ■ Diskutiert, wie man mit Betroffenen im Alltag umgehen sollte.

c ☑ Ordne die Aussagen in Bild 3 in einer Tabelle nach „naturwissenschaftlich" (sachlich) und „ethisch" (bewertend). ↗3

Trisomie 21 ist eine genetisch bedingte Erkrankung.

Ein Leben mit Down-Syndrom ist nicht lebenswert.

Ein Bluttest bei der Mutter kann Auskunft darüber geben, ob ein ungeborenes Kind das Down-Syndrom hat.

Der Bluttest ist diskriminierend, denn er kann dazu führen, dass behinderte Leben „aussortiert" werden.

90 % aller vorgeburtlich mit Down-Syndrom diagnostizierten Kinder werden Abgetrieben.

Die Gesellschaft sollte Menschen mit Behinderungen als Bereicherung und nicht als Last empfinden.

3 *Verschiedene Aussagen*

d ■ Diskutiert, ob die Diagnose Down-Syndrom einen Schwangerschaftsabbruch rechtfertigt. Bedenkt auch die Folgen der Entscheidung für das weitere Leben.

8 Umwelteinflüsse

a ☐ Vergleiche die Wuchsform des Löwenzahns auf einer saftigen Wiese und in einer kargen Bergregion. ↗4

b ■ Umwelteinflüsse können die Ausprägung von Merkmalen beeinflussen. Erkläre dies am Beispiel des Löwenzahns. ↗4

Wiese   Berg

4 *Verschiedene Wuchsformen des Löwenzahns*

9 Mutationen

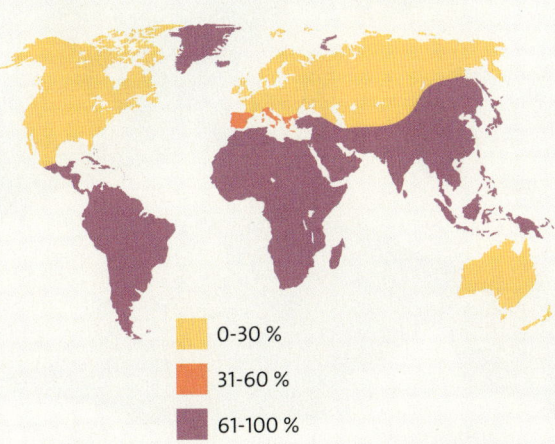

🟨	0-30 %
🟧	31-60 %
🟪	61-100 %

5 *Laktose-Unverträglichkeit in der Bevölkerung*

a ☐ Beschreibe für verschiedene Gebiete der Erde jeweils die Laktose-Unverträglichkeit der Bewohner. ↗5

b ☑ Begründe, warum die meisten Erwachsenen in Europa keine Laktose-Unverträglichkeit haben.

c ■ Entscheide, ob die Laktose-Verträglichkeit eine Mutation mit positiven oder negativen Auswirkungen für die Betroffenen ist. Begründe deine Entscheidung.

d ■ Erläutere, warum es verwundert, dass in China Milchprodukte im Trend liegen. ↗5

e ☑ Recherchiere im Internet, welche Milchprodukte bei Laktoseintoleranz trotzdem vertragen werden und warum.

f ■ „Mutationen verändern die Erbinformation. Schreibfehler verändern den Sinn eines Textes." Erkläre mithilfe dieser Aussage und dem Beispiel in Bild 6, welche Auswirkungen Mutationen haben können. ↗6

Im Garten steht eine Tanne, sie spendet Schatten.

Im Garten steht eine Tonne, sie spendet Schatten.

Im Garten steht eine Sonne, sie spendet Schatten.

6 *Drei Sätze - unterschiedliche Aussagen*

5

Angewandte Genetik

Für seine Forschungen zu den Mechanismen der Vererbung untersuchte Gregor Mendel über **achtundzwanzigtausend** Erbsenpflanzen.

28 000

96

Weltweit werden **sechsundneunzig Prozent** der landwirtschaftlichen Nutzfläche gentechnikfrei bewirtschaftet.

13 200

Britische Gentechniker sind in der Lage, an einer einzigen Zelle **dreizehntausendzweihundert** genetische Veränderungen vorzunehmen.

In diesem Kapitel ...

- lernst du Züchtungsverfahren kennen.
- erfährst du, wie Anlagen zur Ausprägung von Merkmalen vererbt werden.
- lernst du Ziele von Züchtung kennen.
- bekommst du Einblicke in die Gesetzmäßigkeiten der Vererbung.
- informierst du dich über Methoden der Gentechnik.
- lernst du auch Risiken von Gentechnik kennen.
- hinterfragst du Methoden der Gentechnik.

Angewandte Genetik

Farbenforschung

1 *Mönch und Forscher: Gregor Mendel*

3 *Tubenfarben*

Der naturbegeisterte Mönch Gregor Mendel arbeitete im Garten seines Klosters. ↗1 Dabei fiel ihm auf, dass Wunderblumen rote, weiße oder rosa Blüten haben konnten. ↗2

Das weckte seinen Forscherdrang und er begann, mit den Pflanzen zu experimentieren. Durch Bestäubungsversuche wollte er dem Geheimnis der verschiedenen Blütenfarben auf den Grund gehen. Nach vielen Versuchen konnte er gesicherte Erkenntnisse sammeln und stellte Vererbungsregeln auf.

Bestäubungsversuche dauern sehr lange. Ein einfacher Modellversuch kann dir jedoch helfen, die Erkenntnisse des Mönchs nachzuvollziehen. Im Modell werden die Blütenfarben durch Tubenfarben dargestellt. ↗3

Du brauchst: Farben aus der Tube oder andere breiige Farben, Mischpalette, Wasserglas, Pinsel, Wasser

- Überlege, wie du mit den Farben eine gleichmäßige rosa Farbe herstellen kannst. Im Ergebnis darf keine der Farben herausstechen.
- Formuliere daraus eine Regel. Verwende eine „Wenn ..., dann ..."-Formulierung. Gehe dabei auf die gewählten Farben und die Farbmenge ein.
- Schließe von deinem Versuchsergebnis auf die Erkenntnisse des Mönchs.

2 *Weiße, rosa und rote Blüte der Wunderblume*

Kartoffeln kennt jeder: Sie haben eine runde oder längliche Form und sind immer gelb — oder doch nicht? Es gibt über 5000 verschiedene Kartoffelsorten. Auch bei uns kann man zum Beispiel blaue oder lila Kartoffeln kaufen. Wie kommt es zu dieser Vielfalt?

5.1 Pflanzen- und Tierzucht

Der Anfang der Züchtung

Unsere Vorfahren waren Jäger und Sammler: Sie jagten **Wildtiere** und sammelten **Wildpflanzen**. Vor etwa 12 000 Jahren
5 wurden die Menschen sesshaft: Sie zähmten Wildtiere und hielten sie als **Nutztiere** in der Nähe ihrer Siedlungen. Dadurch wurde die Jagd überflüssig. Zudem bauten die Menschen die Wildpflanzen in ihrer Nähe an, von denen sie sich ernährten. So wurden sie zu **Nutzpflanzen**. Diese von Menschen kontrollierte
10 Vermehrung von Tieren und Pflanzen wird **Züchtung** genannt.

Auslesezüchtung bei Pflanzen

Die Menschen beobachteten, dass unterschiedliche Pflanzen verschieden große Früchte oder Körner hervorbringen. Für den Anbau verwendeten sie deshalb nur Samen von ertragreichen
15 Pflanzen. Diese Züchtungsmethode wird **Auslesezüchtung** genannt. Unser heutiger Weizen ist auf diese Weise aus dem Wildgras Einkorn entstanden. ↗1 Dabei spielten auch Mutationen eine Rolle. Diese Veränderungen der Erbinformation waren zufällig oder wurden durch Umwelteinflüsse verursacht.

1 *Körner und Ähren von Einkorn (links) und Weizen (rechts)*

Züchtung durch Kombination
20
Durch Auslesezüchtung stellen sich Erfolge nur langsam ein. Daher kombinierte man gezielt verschiedene Pflanzen mit gewünschten Merkmalen. Weizen bringt viele große Körner hervor, Roggen hat nur geringe Ansprüche an Klima und Boden.
25 Bei der **Kombinationszüchtung** wurden Weizenpflanzen mit dem Pollen von Roggenpflanzen bestäubt. So entstand die ertragreiche und robuste neue Getreidesorte Triticale. ↗2

2 *Triticale, eine Kreuzung aus Weizen und Roggen*

Zuchtziele bei Pflanzen

Ziele der Züchtung sind der Erhalt und die Verbesserung von erwünschten Eigenschaften. Bei Pflanzen sind dies vor allem Ertrag, Geschmack und Nährstoffgehalt. Auch eine gute Lagerfähigkeit der Ernteerträge sowie eine große Widerstandskraft gegen Krankheiten, Schädlinge und Umwelteinflüsse spielen eine große Rolle. ↗3

3 *Ertragreiche Kartoffelpflanze*

Auslesezüchtung bei Tieren

Früher wählte man die kräftigsten Stiere, Böcke und Eber für die Zucht aus, um starke und ausdauernde Arbeitstiere zu erhalten. Auch Tiere, von denen man viel Fleisch, Milch und Eier erhält, werden seit jeher bevorzugt verpaart. ↗4

4 *Bei der Schweinezucht geht es vor allem um den Fleischertrag.*

Zuchtziele bei Tieren

Der Ertrag an Lebensmitteln wie Fleisch, Milch und Eier steht im Mittelpunkt. Um die Stallhaltung zu erleichtern, sollten Nutztiere zudem zahm und fortpflanzungsbereit sein. Bei Milchkühen achtet man besonders auf die Fruchtbarkeit, denn Kühe bilden nach der Geburt eines Kälbchens nur etwa 10 Monate Milch in ihrem Euter. Um weiter Milch geben zu können, muss die Kuh erneut trächtig werden. ↗5

5 *Eine Milchkuh mit ihrem Kalb*

Rolle der Erbinformation bei der Züchtung

Durch Züchtung werden gewünschte Merkmale an die Nachkommen weitergegeben. **Gregor Mendel** erkannte 1865 durch Kreuzungsversuche mit der Gartenerbse, dass Merkmale wie Blüten- oder Samenfarbe nach bestimmten Regeln an die Nachkommen vererbt werden. ↗6 Er wusste aber nicht, dass solche Merkmale von Lebewesen auf den Erbinformationen beruhen. Heute weiß man, dass die Gene des Lebewesens, der **Genotyp**, seine Merkmale und damit sein Erscheinungsbild bestimmen, den **Phänotyp**. Durch Züchtung wird also gezielt die Erbinformation von Lebewesen verändert.

6 *Gregor Mendel, der Entdecker der Vererbungsregeln*

- Bei der Auslesezüchtung werden Lebewesen mit den gewünschten Eigenschaften für die Zucht ausgewählt.
- Bei der Kombinationszüchtung werden Lebewesen mit gewünschten Merkmalen miteinander gekreuzt.
- Das Erscheinungsbild eines Lebewesens wird Phänotyp genannt, die Gene eines Lebewesens sind der Genotyp.
- Zuchtziele sind hohe Erträge und ihre sichere Lagerung sowie Eigenschaften, die zu leichterer Tierhaltung führen.

AUFGABEN

1 Beschreibe, wie man bei der Auslesezüchtung vorgeht.
2 Beschreibe, wie die Kombinationszüchtung funktioniert.
3 Erkläre, was man unter Genotyp und Phänotyp versteht.
4 Nenne je zwei Zuchtziele bei Pflanzen und Tieren.

An manchen Erbsenpflanzen sieht man rote Blüten, an anderen Erbsenpflanzen weiße. Wie kommt es zu diesem Unterschied? Wachsen aus dem Samen wieder Pflanzen mit der gleichen Blütenfarbe?

5.2 Mendel'sche Regeln

Gregor Mendel

Die verschiedenen Blütenfarben der Erbsenpflanzen fielen auch dem Mönch Gregor Mendel auf. ↗1 Er baute über viele
5 Jahre Erbsenpflanzen an. Mendel beobachtete, dass sich aus den Erbsen von Pflanzen mit roten Blüten stets Pflanzen entwickelten, deren Blüten auch rot waren. Genauso war es bei Pflanzen mit weißen Blüten. Mendel erklärte diese Beobachtung damit, dass die Blüten der Erbsenpflanzen von ihren eige-
10 nen Pollen bestäubt werden.

Was Mendel nicht wusste

Merkmale von Lebewesen beruhen auf Erbinformationen. Die meisten Zellen enthalten einen doppelten Chromosomensatz und daher zwei Gene für jedes Merkmal: Ein Gen stammt von
15 der Mutter, das andere vom Vater. Die Erbinformation kann in den beiden Genen unterschiedlich sein. Von dem Gen, das die Blütenfarbe bestimmt, gibt es beispielsweise zwei Varianten: eine Genvariante lässt die Blüten rot sein, die andere lässt die Blüten weiß sein. Solche unterschiedlichen Varianten eines
20 Gens werden als **Allele** bezeichnet. Ist die Erbinformation in zwei Allelen für ein Merkmal gleich, ist das Lebewesen für dieses Merkmal **reinerbig**. Diese Merkmalsvariante tritt in Erscheinung. Ist die Erbinformation verschieden, ist das Lebewesen für dieses Merkmal **mischerbig**. Setzt sich ein Allel gegen
25 das andere durch, ist es merkmalsbestimmend oder **dominant**. Allele, die nicht in Erscheinung treten, sind merkmalsunterlegen oder **rezessiv**. Ist kein Allel dominant, treten beide Merkmalsvarianten als Mischform in Erscheinung. ↗2

1 *Gregor Mendel*

Allele	Bedeutung
RR	2 dominante Allele: R reinerbig rote Blütenfarbe
ww	2 rezessive Allele: w reinerbig weiße Blütenfarbe
Rw	1 dominantes Allel: R 1 rezessives Allel: w mischerbig rote Blütenfarbe
rw	2 rezessive Allele: r w mischerbig rosa Blütenfarbe

2 *Allel-Kombinationen für die Blütenfarbe*

Mendels Experimente

30 Gregor Mendel begann 1856 mit gezielten Kreuzungsexperimenten. Er bestäubte die Blüten einer Erbsenpflanze mit den Pollen einer anderen Pflanze. ↗3 Dann verglich er die Merkmale der **Elterngeneration P** mit denen der Nachkommen, den sogenannten **Tochtergenerationen F**. Mendel konzentrierte
35 sich jeweils auf ein Merkmal, zum Beispiel auf die Farbe oder Form der Erbsensamen. Bald konnte er Gesetzmäßigkeiten erkennen und daraus die Regeln der Vererbung formulieren.

Erste Mendel'sche Regel

Mendel bestäubte die Blüten von Pflanzen mit gelben Samen
40 mit dem Pollen von Pflanzen mit grünen Samen. ↗3 Aus allen entstandenen Erbsenamen entwickelten sich Pflanzen mit gelben Samen. ↗4 Die erste Tochtergeneration F_1 ist also in ihrem Erscheinungsbild immer gleich. Mendel formulierte daraufhin die **Uniformitätsregel**: Kreuzt man Individuen, die sich
45 in einem Merkmal reinerbig unterscheiden, sind alle Nachkommen der ersten Tochtergeneration F_1 untereinander gleich.

Zweite Mendel'sche Regel

Mendel kreuzte die Pflanzen der ersten Tochtergeneration F_1 untereinander. In der zweiten Tochtergeneration F_2 traten die
50 Samenfarben gelb und grün immer in einem bestimmten Verhältnis auf. ↗5 Mendel formulierte daraufhin die **Spaltungsregel**: Kreuzt man Individuen der F_1-Generation untereinander, dann spalten sich in der zweiten F_2-Generation die Merkmale nach einem bestimmten Zahlenverhältnis auf.

Dritte Mendel'sche Regel
55 Mendel kreuzte auch reinerbige Erbsenpflanzen, die sich in zwei Merkmalen unterschieden, zum Beispiel gelbe, runde Samen und grüne, runzelige Samen. In der F_2-Generation gab es dann auch gelbe, runzelige oder grüne, glatte Samen. ↗6 Mendel
60 formulierte die **Unabhängigkeitsregel**: Kreuzt man Individuen, die sich in mehreren Merkmalen reinerbig unterscheiden, werden die Merkmale unabhängig voneinander vererbt.

- **Unterschiedliche Varianten eines Gens heißen Allele.**
- **Reinerbige Lebewesen besitzen gleiche Allele, mischerbige Lebewesen besitzen verschiedene Allele.**
- **Allele können dominant oder rezessiv sein.**
- **Mendel fand drei grundlegende Regeln der Vererbung.**

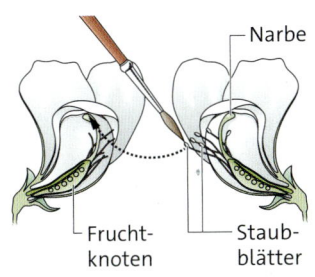

3 *Bestäubung einer Erbsenblüte*

Elterngeneration P ×

1. Tochtergeneration F_1

4 *Erste Mendel'sche Regel*

1. Tochtergeneration F_1 ×

2. Tochtergeneration F_2

5 *Zweite Mendel'sche Regel*

Elterngeneration P ×

1. Tochtergeneration F_1

2. Tochtergeneration F_2

9 : 3 : 3 : 1

6 *Dritte Mendel'sche Regel*

AUFGABEN

1 Beschreibe, was man unter einem Allel versteht.
2 Erkläre, was mit den Begriffen reinerbig und mischerbig gemeint ist.
3 Erläutere mithilfe von Bild 5 die Spaltungsregel.

Die Gentechnik ist ein faszinierendes Gebiet der Wissenschaft mit vielen Einsatzmöglichkeiten. Doch einige Menschen sind besorgt, weil noch zu wenig über die Folgen bekannt ist. Dürfen wir Gentechnik überall einsetzen?

5.3 Gentechnik – Chancen und Risiken

Was verstehen wir unter Gentechnik?

Die gezielte Veränderung der Erbsubstanz wird als **Gentechnik** bezeichnet. Wissenschaftler haben herausgefunden, welche

5 Gene an der Ausprägung bestimmter Merkmale beteiligt sind. Mit speziell entwickelten Werkzeugen können Gentechniker unter Laborbedingungen Gene aus einem DNA-Strang schneiden und in einen anderen DNA-Strang einsetzen. So entstehen **gentechnisch veränderte Organismen**. ↗1

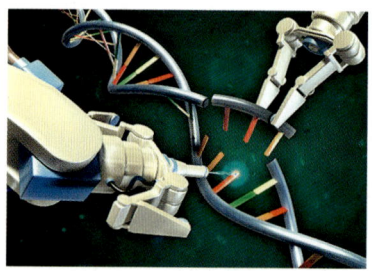

1 *Modellvorstellung zur Gentechnik*

10 ### Übertragung von Genen

Durch Gentechnik ist es sogar möglich, Gene von einer Art auf eine andere Art zu übertragen. Dadurch entstehen **transgene Lebewesen**. Diese Übertragung einzelner Gene wird als **Gentransfer** bezeichnet. Dieser Gentransfer gelingt, weil die Erb-

15 substanz aller Lebewesen aus dem gleichen Baustein besteht: der DNA. Gentechnik wird bei Pflanzen und Tieren, vor allem aber bei Bakterien und Viren angewandt.

2 *Transgener und herkömmlicher Atlantischer Lachs*

Gentechnik bei Tieren

Nutztiere könnten gentechnisch so verändert werden, dass sie

20 weniger krankheits- und stressanfällig sind, schneller wachsen und ihr Futter besser verwerten. Dem transgenen Atlantischen Lachs wurden zum Beispiel zwei fremde Gene eingesetzt. ↗2 Dadurch wächst er das ganze Jahr über und wird deutlich größer und schwerer als der unveränderte Lachs. Den

25 leuchtenden Zierfischen in Bild 3 wurde ein Gen von einer Qualle eingesetzt. Das Gen sorgt für die Produktion von Proteinen, die leuchten, wenn sie angestrahlt werden. ↗3

3 *Gentechnisch veränderte Zierfische*

Gentechnik bei Pflanzen

Nutzpflanzen werden gentechnisch verändert, um höhere Erträge und eine verbesserte Widerstandsfähigkeit zu erreichen. Dazu wird aus einem Lebewesen mit einer gewünschten Eigenschaft das entsprechende Gen entnommen und in die Erbsubstanz von Nutzpflanzenzellen eingebaut. Diese Zellen werden auf speziellen Nährböden vermehrt, es wachsen kleine Pflanzen mit dem gewünschten Merkmal heran. ↗4 So wurde beispielsweise Raps widerstandsfähiger gegenüber Pilzbefall und Mais widerstandsfähiger gegenüber Schadinsekten gemacht.

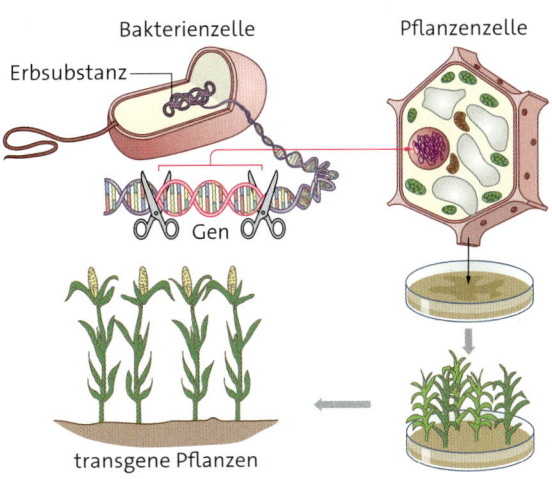

4 *Herstellung transgener Pflanzen*

Gentechnik für die Medizin

Für den medizinischen Bereich werden Bakterien und Pilze gentechnisch verändert, um Wirkstoffe zu produzieren. Das für Diabetiker lebensnotwendige Insulin wird mithilfe transgener Bakterien hergestellt. Dazu wird das menschliche Gen für die Insulinproduktion in die Erbsubstanz der Bakterien eingebaut. ↗5 Auch Impfstoffe können auf diese Weise hergestellt werden, zum Beispiel gegen Hepatitis B oder Gebärmutterhalskrebs.

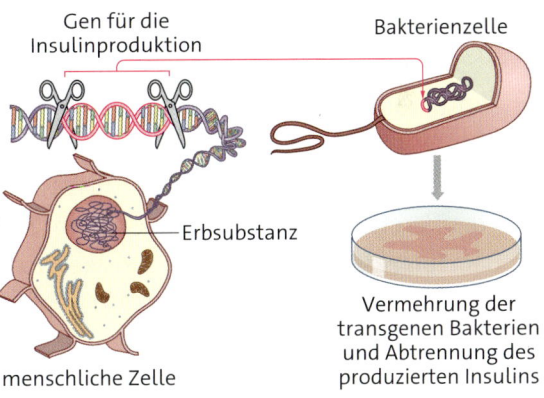

5 *Gentechnische Herstellung von Insulin*

Risiken der Gentechnik

Gegner haben vor allem Sicherheitsbedenken, weil über die Auswirkungen der Gentechnik zu wenig bekannt ist. Zahlreiche Fragen sind nicht ausreichend geklärt. Gefährdet die Gentechnik die natürliche Vielfalt, weil die eingebauten Gene auf Wildpflanzen übertragen werden können und diese dann andere Arten verdrängen? Haben Lebensmittel aus transgenen Lebewesen schädliche Langzeitwirkungen auf den Menschen? Schafft die Gentechnik Arbeitsplätze oder gefährdet sie diese? Wird immer nur wohlwollend im Sinne des Fortschritts geforscht oder stecken auch andere Interessen dahinter?

- **Gentechnik ist die gezielte Veränderung der Erbsubstanz.**
- **Transgene Lebewesen enthalten Gene einer anderen Art.**
- **Die Langzeitfolgen der Gentechnik sind noch nicht ausreichend bekannt und stellen ein Risiko dar.**

AUFGABEN

1 Beschreibe, was man unter Gentechnik versteht.
2 Nenne den Fachbegriff für ein gentechnisch verändertes Lebewesen.
3 Diskutiert in der Gruppe, warum Gentechnik auch eine Gefahr sein kann.
4 Recherchiere im Internet weitere Anwendungsmöglichkeiten der Gentechnik bei Tieren und Pflanzen.

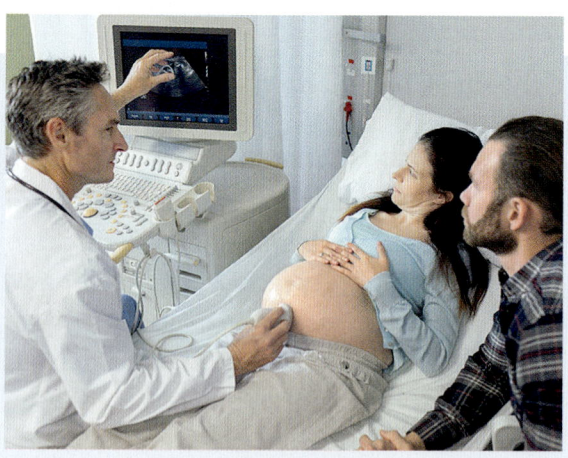

Die jungen Eltern sind glücklich, denn sie erwarten ein Kind. Bei der Vorsorgeuntersuchung sehen sie ihr Baby im Ultraschall. Daneben gibt es noch andere Untersuchungen mit denen man feststellen kann, ob das Kind gesund ist.

5.4 Angewandte Genetik beim Menschen

Genetische Beratung

Genetisch bedingte Krankheiten werden auch Erbkrankheiten genannt. Wollen Paare wissen, ob bei ihnen ein erhöhtes Risiko dafür besteht, können sie sich an eine Beratungsstelle wenden. ↗1   Dort werden die Erkenntnisse der **Humangenetik** über die Vererbung von Merkmalen beim Menschen genutzt. Die Beratung kann Paaren helfen, Risiken zu erkennen und bei ihrer Familienplanung zu berücksichtigen.

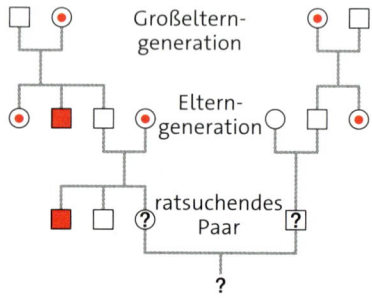

1 *Beratungsgespräch*

Stammbaumanalyse

Vor einer Schwangerschaft kann eine **Stammbaumanalyse** durchgeführt werden. Dazu werden Erkrankungen im Stammbaum beider Eltern eingetragen. ↗2   So kann man ermitteln, ob und wie Krankheiten vererbt werden und berechnen, mit welcher Wahrscheinlichkeit ein geplantes Kind betroffen wäre.

Präimplantationsdiagnostik - PID

Eizellen können im Labor mit Spermien **künstlich befruchtet** werden. Nach fünf Tagen kann der entstandene Bläschenkeim in die Gebärmutter eingesetzt werden. In Deutschland darf die Erbinformation des Bläschenkeims nur dann auf Mutationen untersucht werden, wenn das Risiko besteht, ein Kind mit einer schweren Erbkrankheit zu bekommen. Nur gesunde Embryonen werden in die Gebärmutter eingepflanzt. Embryonen mit Mutationen werden aussortiert und sterben ab. Der Fachbegriff für Einpflanzung heißt Implantation. Da die Embryonen vor der Implantation untersucht werden, spricht man von **Präimplantationsdiagnostik**, kurz **PID**. ↗3

⊙ Überträgerin   ■ kranker Mann
○ gesunde Frau   □ gesunder Mann

2 *Stammbaum zur Vererbung einer Krankheit in den Familien eines Paares*

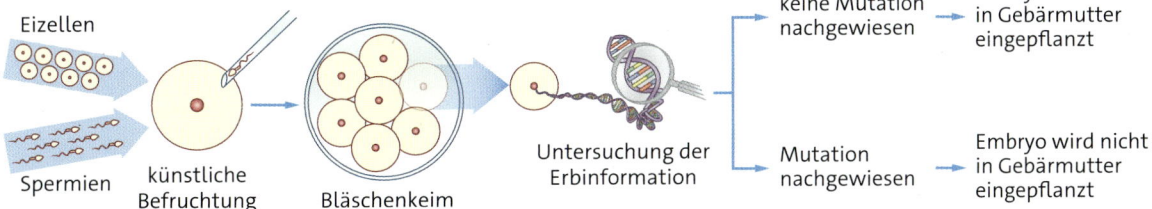

3 *Ablauf der Präimplantationsdiagnostik*

Fruchtwasseruntersuchung

Ab der 15. Schwangerschaftswoche kann eine Fruchtwasseruntersuchung durchgeführt werden. Dazu wird eine dünne Nadel
durch die Bauchdecke bis in die Fruchtblase geführt und etwas
Fruchtwasser mit Zellen des ungeborenen Kindes entnommen.
Die Erbinformation wird auf Mutationen untersucht. ↗4 Wird
eine schwere Erkrankung des Fetus festgestellt, können die Eltern entscheiden, die Schwangerschaft abzubrechen.

Embryonenschutzgesetz

Das Gesetz soll menschliches Leben von Anfang an schützen.
Es regelt auch die künstliche Befruchtung und den Umgang
mit Embryonen in der Fortpflanzungsmedizin. Als Embryo gilt
bereits die befruchtete, entwicklungsfähige Eizelle.

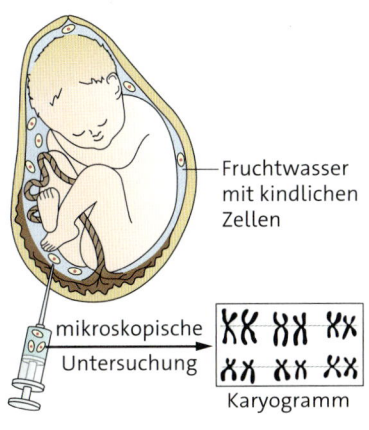

4 *Fruchtwasseruntersuchung*

Berücksichtigung ethischer und gesellschaftlicher Werte

Es gibt rechtliche, ethische und religiöse Bedenken gegen die
genetische Untersuchung von Embryonen und ungeborenen
Kindern. Denn daraus folgen Entscheidungen über den Wert
menschlichen Lebens: Gesunde Embryonen dürfen weiterle-
ben, eine Schwangerschaft mit einem schwer kranken Kind darf
abgebrochen werden. Aber haben kranke Ungeborene nicht
auch ein Recht auf Leben? Bedroht die Anwendung der Genetik
also den Grundsatz der Gleichheit aller Menschen? Doch Befürworter sagen, ein Verbot von humangenetischen Methoden
schränkt die Entscheidungsfreiheit des Menschen ein.

- **Die Humangenetik beschäftigt sich mit der Vererbung von Merkmalen beim Menschen.**
- **Durch eine Stammbaumanalyse kann man erkennen, wie genetisch bedingte Erkrankungen vererbt werden.**
- **Präimplantationsdiagnostik und Fruchtwasseruntersuchung sind Methoden der Humangenetik.**
- **Ethische und gesellschaftliche Werte spielen eine große Rolle beim Einsatz humangenetischer Methoden.**

AUFGABEN

1 Nenne zwei Anwendungen der Genetik beim Menschen.
2 Beschreibe, wozu eine Stammbaumanalyse gemacht wird.
3 Beschreibe das Vorgehen bei der PID.
4 Diskutiert im Ethik- oder Religionsunterricht über die Frage „Darf man über das Leben von Ungeborenen entscheiden?" Berücksichtigt dabei auch verschiedene Wertvorstellungen.

Genetik

1 Genfood?

Als Genfood bezeichnet man Lebensmittel, die aus gentechnisch veränderten Pflanzen oder Tieren hergestellt werden. Vielleicht kann man bald Pflanzen gentechnisch so verändern, dass ihre Inhaltsstoffe den Lernerfolg steigern. Super-Brain dank Power-Riegel. Was meinst du?

Aufgaben

1 Überlege, ob du für oder gegen Genfood bist. Begründe deine Meinung. Nutze dazu auch die Argumente in Bild 1. ↗1

2 Diskutiert in der Klasse, ob Genfood extra gekennzeichnet werden soll. Ihr könnt auch im Deutschunterricht darüber debattieren.

Gentechnik kann den Hunger in der Welt besiegen.

Auch mit anderen Zuchtmethoden kann man die Erträge von Nutzpflanzen steigern.

Mithilfe der Gentechnik kann man die Ernteerträge deutlich steigern.

Mit genetisch veränderten Pflanzen in der Nahrung nehmen wir Gene und Proteine auf, die unser Körper bisher nicht kennt. Sie könnten Lebensmittelallergien auslösen.

Gentechnisch veränderte Pflanzen haben eine höhere Widerstandsfähigkeit gegen Schadinsekten und Unkrautvernichtungsmittel.

Welche Folgen das Ausbringen von transgenen Lebewesen in die Umwelt hat, z.B. für Wildpflanzen, Bienen und Schmetterlinge, ist bisher nicht ausreichend bekannt.

Weltweit werden jedes Jahr 1,3 Milliarden Tonnen Lebensmittel weggeworfen. Das ist genug, um den Welthunger viermal zu beenden.

Der Klimawandel verursacht Wassermangel und Dürre. Durch Gentechnik könnte man Nutzpflanzen züchten, die trotzdem wachsen können.

Die Auswirkungen von Genfood auf den Menschen sind noch nicht bekannt.

Die Auswirkungen des Verzehrs von gentechnisch veränderten Pflanzen werden an Mäusen und Ratten getestet.

Nahrungsmittel aus gentechnisch veränderten Pflanzen müssen in Deutschland gekennzeichnet werden.

Aus den Samen von gentechnisch veränderten Pflanzen können Landwirte keine neuen Pflanzen ziehen. Sie müssen jedes Jahr neuen und teuren Samen bei den Gentechnik-Firmen kaufen.

1 *Argumente für und gegen Genfood*

2 Kreuzungsschema erstellen

Alice wünscht sich ein weißes Kaninchen. Sie weiß, dass bei Kaninchen das Merkmal „weiße Fellfarbe" rezessiv ist. Ein Züchter zeigt Alice am Kreuzungsschema für zwei reinerbige Kaninchen, warum er nur braune mischerbige Jungtiere hat. ↗2 Alice überlegt, ob bei der Verpaarung der Jungtiere ein weißes Kaninchen geboren werden kann.

P: BB × ww

F$_1$: Bw Bw Bw Bw

2 *Kreuzungsschema für zwei reinerbige Kaninchen*

Aufgabe

1 Erstelle ein Kreuzungsschema für die Verpaarung von zwei mischerbigen Kaninchen. Nutze dabei dein Wissen über die Vererbung von Merkmalen nach den Mendel'schen Regeln.

Angewandte Genetik

Tier- und Pflanzenzucht

Bei der Auslesezüchtung werden Lebewesen mit gewünschten Merkmalen ausgewählt. Bei der Kombinationszüchtung werden Lebewesen mit gewünschten Merkmalen miteinander gekreuzt.

Das Erscheinungsbild eines Lebewesens wird Phänotyp genannt. Die Gene eines Lebewesens werden als Genotyp bezeichnet. Zuchtziele bei Nutzpflanzen sind hohe Erträge, guter Geschmack, gute Lagerfähigkeit sowie Widerstandsfähigkeit gegen Krankheiten. Zuchtziele bei Nutztieren sind hohe Erträge, große Fruchtbarkeit und Zahmheit.

Mendel'sche Regeln

Merkmale von Lebewesen beruhen auf Erbinformationen. Viele Lebewesen enthalten in ihren Körperzellen zwei Gene für jedes Merkmal. Die Erbinformation kann in den beiden Genen unterschiedlich sein. Diese Varianten eines Gens heißen Allele. Reinerbige Lebewesen besitzen gleiche Allele. Mischerbige Lebewesen besitzen verschiedene Allele. Allele können dominant oder rezessiv sein.

Gregor Mendel fand mithilfe von Kreuzungsexperimenten heraus, dass Merkmale nach bestimmten Regeln vererbt werden. ↗1 Er formulierte die Uniformitätsregel, die Spaltungsregel und die Unabhängigkeitsregel.

Eltern-generation P

1. Tochter-generation F$_1$

1 *Erste Mendel'sche Regel*

Gentechnik – Chancen und Risiken

Gentechnik ist die gezielte Veränderung der Erbsubstanz. Lebewesen, denen ein oder mehrere Gene einer anderen Art übertragen wurden, heißen transgene Lebewesen. Die Übertragung von Genen von einem Lebewesen auf ein anderes wird Gentransfer genannt. Die Gentechnik birgt sowohl Chancen als auch Risiken, denn die Langzeitfolgen sind noch nicht ausreichend bekannt.

Angewandte Genetik beim Menschen

Die Humangenetik beschäftigt sich mit der Vererbung von Merkmalen beim Menschen. Durch eine Stammbaumanalyse kann man erkennen, wie genetisch bedingte Erkrankungen vererbt werden.

Bei der Präimplantationsdiagnostik werden Embryonen durch künstliche Befruchtung erzeugt und auf genetisch bedingte Erkrankungen untersucht. Nur gesunde Embryonen werden in die Gebärmutter eingepflanzt. ↗2

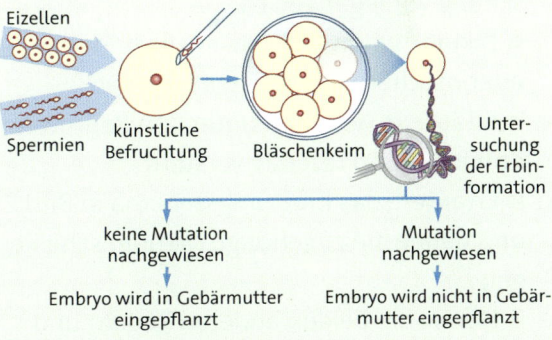

2 *Präimplantationsdiagnostik*

Eine Fruchtwasseruntersuchung kann zeigen, ob das ungeborene Kind eine genetisch bedingte Erkrankung hat. Ethische und gesellschaftliche Werte spielen eine große Rolle bei genetischen Untersuchungen, denn die Ergebnisse können zu Entscheidungen über den Wert eines menschlichen Lebens führen.

Texte in oranger Schrift sind Lernstoff für Schülerinnen und Schüler von Mittlere-Reife-Klassen.

1 Tier- und Pflanzenzucht

a ☑ Erkläre, was man unter Züchtung versteht.

b ■ Nenne die älteste Züchtungsmethode und erläutere sie an einem Beispiel.

c ■ Beschreibe, wie das Getreide Triticale entstanden ist.

d ☐ Nenne drei Zuchtziele bei Nutztieren.

e ■ Erkläre, was man unter Genotyp und Phänotyp eines Lebewesens versteht.

1 *Getreidesorten sind durch Züchtung entstanden*

2 Mendel'sche Regeln

a ☑ Beschreibe, wie Mendel bei seiner Forschung vorgegangen ist.

b ■ Erkläre, wann Lebewesen als reinerbig oder mischerbig bezeichnet werden.

c ■ Erläutere, was man unter den Begriffen dominant und rezessiv versteht.

d ■ Erläutere das Kreuzungsschema in Bild 2 und nenne die zugehörige Mendel'sche Regel. ↗2

e ■ Nenne die beiden anderen Regeln und beschreibe kurz, was sie besagen.

Eltern-
generation P
 ✕

1. Tochter-
generation F_1

2 *Ein Kreuzungsschema*

3 Gentechnik – Chancen und Risiken

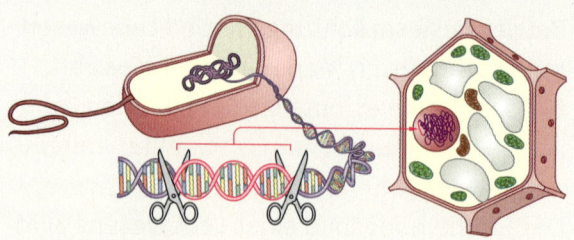

3 *Gentechnik*

a ☑ Erkläre, was man unter dem Begriff Gentechnik versteht.

b ☑ Beschreibe an einem Beispiel, wie Gentechnik funktioniert. ↗3

c ■ Erläutere die Rolle der Gentechnik in der Medizin an einem Beispiel.

d ☐ Nenne zwei Risiken der Gentechnik.

4 Angewandte Genetik beim Menschen

a ☐ Nenne eine andere Bezeichnung für Erbkrankheiten.

b ☑ Nenne zwei Möglichkeiten, wie die Erkenntnisse über die Vererbung von Merkmalen in der Humangenetik angewendet werden.

c ☐ Begründe, wozu eine Stammbaumanalyse gemacht wird.

d ■ Erläutere, was das Embryonenschutzgesetz bewirken soll.

e ■ Beschreibe die Aussage von Bild 4. ↗4

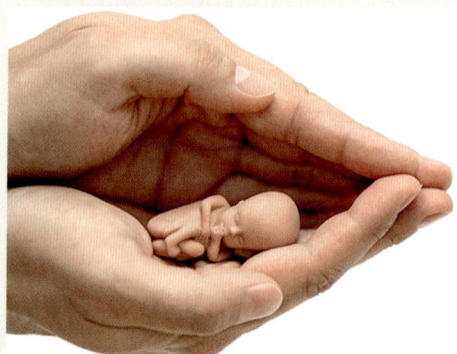

4 *Bild zu Aufgabe 4e*

5 Züchtung von Paprika

a ■ Erläutere die Bedeutung von Mutationen bei der Auslesezüchtung.

b ◪ Reife Paprikafrüchte können rot oder gelb, groß oder klein sein. Die Kreuzung zweier reinerbiger Pflanzen ergibt in der ersten Tochtergeneration F_1 nur große rote Schoten. Zeichne das Kreuzungsschema in Bild 5 ab und vervollständige es. ↗5

	kg (klein/gelb)	kg (klein/gelb)
GR (groß/rot)	???	???
GR (groß/rot)	???	???

5 *Schema zur Kreuzung von Paprika*

c ■ Nun werden die Pflanzen der ersten Tochtergeneration miteinander gekreuzt. Zeichne das Kreuzungsschema in Bild 6 ab und vervollständige es. ↗6

	GR	Gg	kR	kg
GR	???	???	???	???
Gg	???	???	???	???
kR	???	???	???	???
kg	???	???	???	???

6 *Schema zur Kreuzung der F_1-Generation*

d ◪ Gib an, wie die Früchte der F_2-Generation aussehen können.

e ◪ Nenne die Mendel'sche Regel, die in Bild 6 Anwendung findet. ↗6

f ☐ Gib das Zahlenverhältnis in der F_2-Generation an.

g ■ Unterscheide herkömmliche Züchtung und gentechnische Veränderung von Gemüse. Verwende dabei die Begriffe Erbinformation und Merkmale.

h ◪ Recherchiert, warum man grüne Paprika-Früchte nicht extra züchten muss.

6 Humangenetik und Gentechnik

a ☐ Nenne den Grund, aus dem werdende Eltern ihr ungeborenes Kind genetisch untersuchen lassen.

b ■ Diskutiert über die Folgen, die die Untersuchungsergebnisse haben können.

Darf der Mensch Gott spielen?

In China sind im Jahr 2018 zwei Mädchen zur Welt gekommen, deren Erbgut von Wissenschaftlern so verändert wurde, dass sie vor einer Ansteckung mit HIV geschützt sind. Mithilfe der Gentechnik könnten viele Menschen vor Krankheiten geschützt oder von Erbkrankheiten geheilt werden. Doch die gentechnische Veränderung von menschlicher DNA in Spermien, Eizellen oder Embryonen ist verboten. Der deutsche Ethikrat spricht von unverantwortlichen Menschenversuchen. Ein Eingriff in die DNA kann weitere, unbeabsichtigte Mutationen verursachen und so zu schweren gesundheitlichen Problemen führen.

7 *Ausschnitt aus einem Zeitungsartikel*

c ◪ Lies den Text in Bild 7. Notiere Argumente für und gegen die Anwendung von Gentechnik beim Menschen. ↗7

d ■ Diskutiert in der Klasse über das Verhalten der Wissenschaftler.

e ■ Entscheide, ob du für oder gegen die gentechnische Veränderung von Menschen bist. Begründe deine Meinung. ↗8

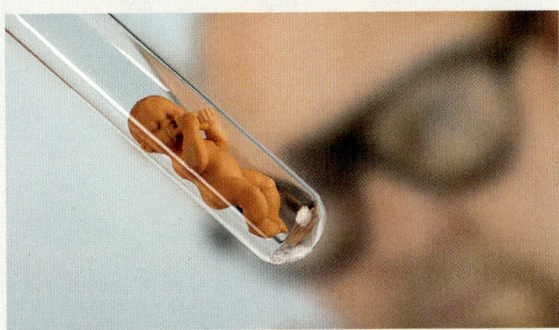

8 *Gentechnik beim Menschen?*

6

Radioaktivität

320

In der Internationalen Raumstation ISS ist die tägliche Belastung der Besatzung durch Radioaktivität rund **dreihundertzwanzig Mal** höher als auf dem Boden.

14

Das radioaktive Atom C-14 hat **vierzehn Kernbausteine** anstelle von zwölf. Es wird zur Altersbestimmung organischer Funde wie diesem 1100 Jahre alten Wikingerschiff benutzt.

30

1986 wurde beim Reaktorunfall von Tschernobyl radioaktives Cäsium-137 auch über Bayern verteilt. Es dauert **dreißig Jahre**, bis die Hälfte dieses radioaktiven Stoffes verschwunden ist.

In diesem Kapitel …

- lernst du die Entdecker der Radioaktivität kennen.
- erforschst du Nachweismöglichkeiten von Radioaktivität.
- beschreibst du verschiedene radioaktive Strahlen und wie du dich vor ihnen schützen kannst.
- lernst du, was man unter den Begriffen Halbwertszeit und Isotop versteht.
- erfährst du, woher natürliche und künstliche Radioaktivität kommen.
- beschreibst du Nutzen und Risiken von Radioaktivität.

Eigenschaften von Radioaktivität

1 Münzwurf

Du brauchst: 100 1-Cent Münzen, Würfelbecher

- Legt eine Tabelle mit 7 Spalten und 5 Zeilen an. ↗1
- Gebt alle Münzen in den Becher und schüttelt ihn kräftig. Kippt dann die Münzen auf den Tisch.
- Jede Münze steht für ein radioaktives Atom. Münzen, bei denen „Kopf" oben liegt, werden aussortiert. Sie stehen für Atomkerne, die zerfallen sind.
- Münzen, bei denen „Zahl" oben liegt, stehen für nicht zerfallene Atomkerne. Zählt, wie viele es sind, und tragt diese Zahl in die Tabelle ein.
- Gebt nun diese Münzen wieder in den Becher und werft erneut. Verfahrt dann wie beim 1. Wurf.
- Führt insgesamt 7 Würfe aus.
- Wiederholt den Versuch dann noch zweimal.
- Notiert die Wertepaare in einem Koordinatensystem.
- Versucht, eine Gesetzmäßigkeit aus den Zahlenwerten herauszulesen.

	Start	1. Wurf	2. Wurf	...
	Münzen mit Zahl	Münzen mit Zahl		
1. Runde	100			
2. Runde	100			
3. Runde	100			

1 *Tabelle für Versuch 1*

2 Bierschaum

Du brauchst: Messzylinder 250 ml, alkoholfreies Bier, Stoppuhr, Lineal

- Füllt den Messzylinder mit Bier, bis sich die Schaumoberfläche am oberen Rand des Zylinders befindet. Startet sofort die Stoppuhr und messt gleichzeitig die Höhe der Schaumkrone (nur den Schaum, nicht das Bier!)
- Tragt den Wert in eine Tabelle ein.
- Wiederholt die Messung alle 30 Sekunden. Messt dabei so genau wie möglich.
- Notiert die Wertepaare in einem Koordinatensystem.
- Lest die Zeiten ab, nach denen sich die Schaumhöhe jedes Mal halbiert hat.
- Berechnet den Mittelwert. Er entspricht der Halbwertszeit eures Bierschaums.

2 *Messung der Halbwertszeit von Bierschaum*

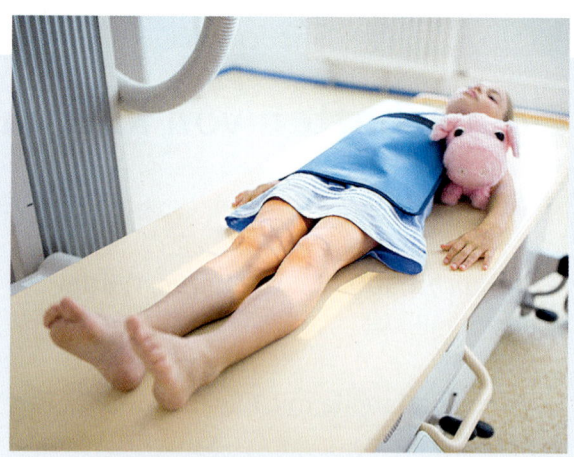

Ärzte müssen manchmal in den Körper schauen. Bei Knochenbrüchen verwenden sie Röntgenstrahlen. Wollen sie den Stoffwechsel in Organen untersuchen, brauchen sie eine andere Art von Strahlung.

6.1 Entdeckung der Radioaktivität

Fotoplatten werden schwarz

Die Entdeckung der Radioaktivität ist die Geschichte eines Zufalls. Sie beginnt im Jahr 1895, als der Würzburger Physik-Professor **Wilhelm Conrad Röntgen** die später nach ihm benannten Röntgenstrahlen beschrieb. Damals wurden Fotos noch mithilfe lichtempfindlicher Platten gemacht. Röntgenstrahlen konnten diese Platten schwärzen. Auch der französische Physiker **Henri Becquerel** beschäftigte sich mit Röntgenstrahlen. ↗1 Er nahm an, dass sie entstehen, wenn Gegenstände fluoreszieren, also nach der Bestrahlung mit Sonnenlicht weiter leuchten. Um das zu beweisen, setzte er 1896 in schwarzes Papier eingepackte Fotoplatten dem Sonnenlicht aus. Er stellte fest, dass die Platten nur dann schwarz wurden, wenn auf der Verpackung ein Stück Uranerz lag, das in der Sonne fluoreszierte. Seine Hypothese schien damit bestätigt.

Schlechtes Wetter macht Geschichte

Einmal ließ Becquerel eine eingepackte Fotoplatte mit einem Brocken Uranerz darauf mehrere Tage im Labor liegen. ↗2 Er wartete auf Sonnenschein für sein Experiment. Das schlechte Wetter änderte sich aber nicht. Schließlich entwickelte er die Platte, weil er nicht wusste, ob sie noch brauchbar war. Zu seiner Überraschung fand er die Umrisse des Uranstückes auf der Platte abgebildet, obwohl kein Sonnenlicht darauf gelangt sein konnte. ↗3 Becquerel hatte durch Zufall eine neue Strahlung entdeckt, die ähnlich wirkte wie die Röntgenstrahlung. Weitere Forschungen identifizierten das Metall **Uran** als Ursache dieser neuen Strahlung.

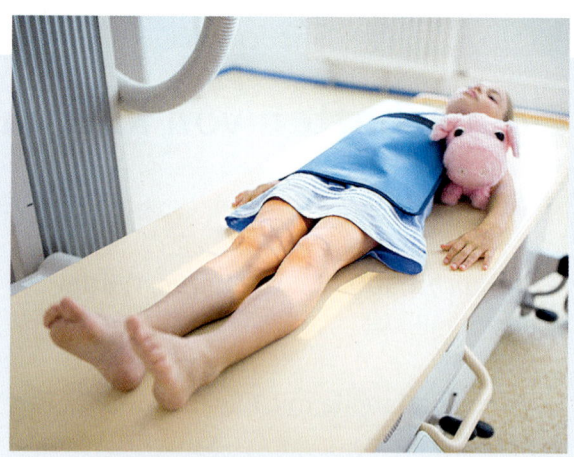

1 *Henri Becquerel (1852–1908)*

in Papier eingepackte Fotoplatte
Uranerz

2 *Uranerz auf Fotoplatte*

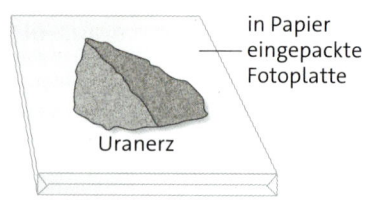

Fotoplatte

3 *Fotoplatte mit dunklem Fleck*

Claude Niépce de Saint-Victor

Becquerel war nicht der Erste, dessen Fotoplatten durch unbekannte Strahlung verdorben wurden. Zwischen 1857 und 1861 hatte der französische Fotograf Niépce de Saint-Victor entdeckt, dass Uransalze eine unsichtbare Strahlung aussenden. Sie verursachte Flecken auf seinen Fotoplatten. Die Bedeutung seiner Entdeckung erkannte er jedoch nicht und so geriet sie in Vergessenheit.

Radioaktivität

Der französische Physiker **Pierre Curie** und seine Frau, die Physikerin und Chemikerin **Marie Curie**, beschäftigten sich ab 1897 ebenfalls mit der von Becquerel entdeckten neuen Strahlung. Sie nannten sie **Radioaktivität**. Das Wort setzt sich zusammen aus den lateinischen Wörtern „radiare" für strahlen und „activus" für tätig.

4 *Claude Niépce de Saint-Victor (1805–1870)*

Das Ehepaar Curie

Marie und Pierre Curie suchten nach weiteren radioaktiven Elementen. ↗5 Mühsam zerkleinerten sie Tonnen von Gestein und untersuchten es. Schließlich konnten sie zwei neue strahlende Elemente isolieren. Sie nannten sie **Radium** und **Polonium**, letzteres als Andenken an Maries Heimatland Polen.

Nobelpreise

Henri Becquerel und das Ehepaar Marie und Pierre Curie wurden 1903 für ihre bahnbrechenden Forschungen mit dem Nobelpreis für Physik ausgezeichnet. Marie Curie war die erste Frau, die diesen Preis erhielt. Diese Ehre ist umso bedeutsamer, da sie nach Frankreich auswandern musste, weil es Frauen in Polen damals verboten war, an Universitäten zu studieren. 1911 erhielt Marie Curie sogar noch einen zweiten Nobelpreis, den für Chemie.

5 *Marie Curie (1867–1934) und Pierre Curie (1859–1906)*

- Henri Becquerel erkannte, dass Uran eine unbekannte Strahlung aussendet.
- Marie und Pierre Curie nannten die unbekannte Strahlung Radioaktivität.
- Radioaktivität schwärzt Fotoplatten.
- Uran ist ein radioaktives Metall.
- Das Ehepaar Curie entdeckte mit Radium und Polonium zwei weitere radioaktive Elemente.

AUFGABEN

1 Beschreibe, welche Rolle die Fotoplatte bei Becquerels Versuch spielt.
2 Nenne ein radioaktives Element.
3 Begründe, weshalb es falsch ist, von „radioaktiver Strahlung" zu sprechen.
4 Nenne zwei weitere radioaktive Elemente.
5 Nenne zwei Gründe dafür, warum die Nobelpreise für Marie Curie besonders waren.

Radioaktivität nachweisen

Vor der Entdeckung der Radioaktivität durch Becquerel wusste man nichts von der Existenz dieser Strahlung. Grund dafür ist, dass Menschen keine Sinnesorgane für dieses physikalische Phänomen besitzen. Deshalb sind wir auf technische Erfindungen angewiesen, die uns anzeigen, wieviel Radioaktivität vorhanden ist.

Die Fotoplatte

Die **Fotoplatte** und ihr Nachfolger, der lichtempfindliche **Film**, sind die ältesten Möglichkeiten, Radioaktivität nachzuweisen. ↗6, 7 Trifft Radioaktivität auf einen unbelichteten Film, ist dieser nach dem Entwickeln schwarz gefärbt. Stellen ohne radioaktive Bestrahlung bleiben dagegen weiß. In Dosimetern werden heute noch lichtempfindliche Filme verwendet. Röntgenassistenten müssen sie zur Überwachung ihrer Strahlenbelastung tragen.

Der Geigerzähler

Ein Gerät, mit dem man Radioaktivität messen kann, ist das **Geiger-Müller-Zählrohr**. ↗8 Im Alltag nennt man es meist nur Geigerzähler. Er besteht im Wesentlichen aus einem Metallrohr, in dem sich ein dünner Metalldraht und ein Gas befinden. Zwischen Draht und Rohr herrscht eine Spannung von etwa 100 Volt.

Gelangt Strahlung von radioaktiven Stoffen durch die vordere Scheibe in das Rohr, wird das Gas leitfähig: Es fließt kurzzeitig ein elektrischer Strom. Die Stromimpulse werden von einem Lautsprecher als Knacken wiedergegeben. Schließt man ein Zählgerät an, kann man sogar feststellen, wie viel Radioaktivität in das Zählgerät hineingelangt ist.

Nebelkammer

Auch eine **Nebelkammer** kann Radioaktivität anzeigen. ↗9 Sie besteht aus einem Glaskasten, in dem sich ein Alkoholnebel befindet. Die Strahlung radioaktiver Stoffe hinterlässt in diesem Nebel eine deutlich sichtbare Spur. Dieser Kondensstreifen ist aber nur für wenige Sekunden sichtbar. ↗9

- **Der Mensch hat keine Sinnesorgane für Radioaktivität.**
- **Die Strahlung radioaktiver Stoffe lässt sich durch Fotoplatten, Filme, Geigerzähler oder Nebelkammern nachweisen.**

6 Autoradiogramm: ein „Selfie" von Uranerz auf einer Fotoplatte

7 Lichtempfindlicher Film, aus einer Filmrolle herausgezogen

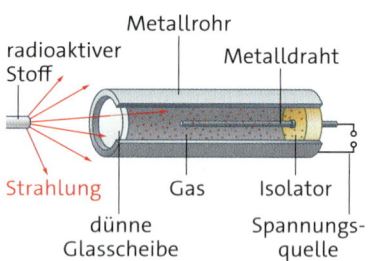

Metallrohr · radioaktiver Stoff · Metalldraht · Strahlung · Gas · Isolator · dünne Glasscheibe · Spannungsquelle

8 Geigerzähler

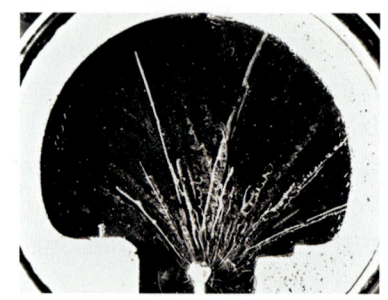

9 Spuren in einer Nebelkammer

AUFGABEN

6 Zähle eine (drei) Nachweismethoden für Radioaktivität auf.

7 Erkläre, wie ein Geigerzähler funktioniert.

8 Beurteile die Nützlichkeit der drei Nachweismethoden bei ihrem Einsatz in der Praxis.

Radioaktivität und Halbwertszeit

1 Nullrate

Material: Geigerzähler, Stoppuhr

Durchführung:
- Stellt den Geigerzähler im Klassenzimmer oder im Freien auf und schaltet ihn ein.
- Messt 5 Minuten lang parallel zum Boden.
- Notiert nach jeder Minute die Zerfälle.
- Messt dann senkrecht in Richtung Himmel und anschließend senkrecht zum Boden.

Auswertung:
- Vergleicht die Messwerte.
- Berechnet für jede Richtung den Durchschnitt der Zerfälle pro Minute.
- Mit eurer Messung habt ihr die Nullrate bestimmt. Stellt Vermutungen auf, was mit diesem Begriff gemeint sein könnte.

2 Reichweite von Radioaktivität

Material: Geigerzähler, leicht radioaktives Präparat (von Lehrmittelfirmen), Lineal

Durchführung:
- Bringt das radioaktive Präparat etwa 1 cm vor den Geigerzähler. ↗1
- Notiert die Anzahl der Zerfälle pro Minute.
- Entfernt das Präparat in 1 cm-Schritten vom Geigerzähler und notiert jeweils wieder die Zerfälle pro Minute.

Auswertung:
- Vergleicht eure Ergebnisse mit der in Versuch 1 gemessenen Nullrate.
- Tragt die Messwerte in ein Koordinatensystem ein. (y-Achse: Zerfälle pro Minute, x-Achse: Abstand zum Geigerzähler in cm)

3 Abschirmung

Material: Geigerzähler, leicht radioaktives Präparat (von Lehrmittelfirmen), Papier, Holz, Blech, Fliese, ...

Durchführung:
- Messt zunächst die Nullrate wie in Versuch 1 beschrieben.
- Bringt das radioaktive Präparat etwa 1 cm vor den Geigerzähler. ↗1
- Lest die Anzahl der Zerfälle in einer Minute ab.
- Bringt nun nacheinander verschiedene Materialien zwischen das Präparat und den Geigerzähler und wiederholt jeweils die Messung.

Auswertung:
- Erstellt ein Versuchsprotokoll.
- Vergleicht die Ergebnisse mit der zuvor gemessenen Nullrate.
- Ordnet die Gegenstände nach der Stärke ihrer Abschirmwirkung.

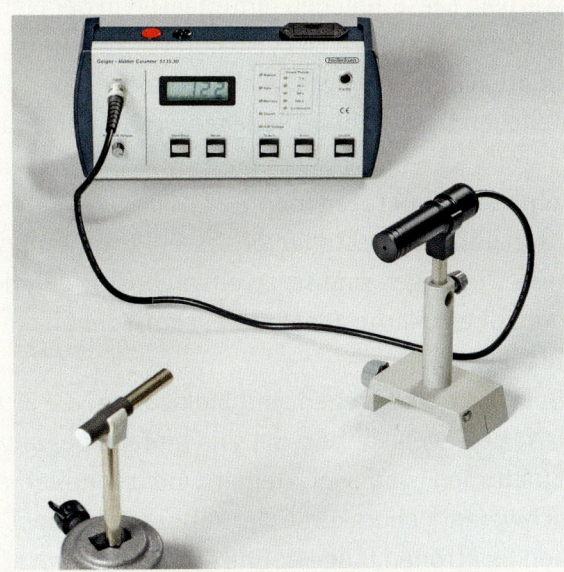

1 *Ein Geigerzähler und ein radioaktives Präparat*

Im Science Center Spectrum in Berlin kannst du die Spuren der Radioaktivität in einer Nebelkammer betrachten. Du siehst, dass es zwei verschiedene Arten von Spuren gibt: kurze dicke und lange dünne Spuren.

6.2 Strahlungsarten

Alpha- und Betastrahlung

Die unterschiedlichen Spuren in der Nebelkammer stammen von zwei verschiedenen Strahlungsarten. Die kurzen dicken
5 Spuren bezeichnet man als **Alphastrahlung**, die langen dünnen als **Betastrahlung**.

Oft kürzt man sie mit den griechischen Buchstaben α und β ab. Alphastrahlung wird dann als **α-Strahlung** und Betastrahlung als **β-Strahlung** geschrieben.

10 ### Teilchenstrahlung

Genauere Untersuchungen ergaben, dass die beiden Strahlungen von zwei verschiedenen Arten von **Teilchen** hervorgerufen werden. Diese Teilchen hinterlassen in der Nebelkammer eine sichtbare Spur. ↗1 Die Teilchen werden entsprechend als **Al-**
15 **phateilchen** und **Betateilchen** bezeichnet. Strahlung, die aus Teilchen besteht, wird **Teilchenstrahlung** genannt.

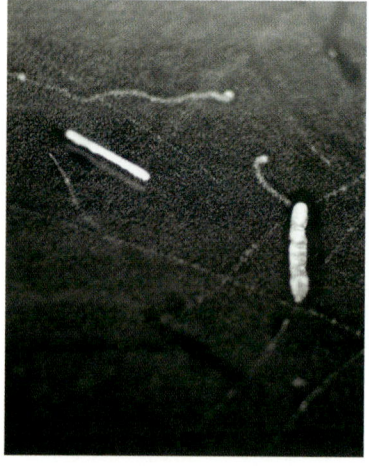

1 *Spuren in der Nebelkammer*

Alpha- und Betateilchen

Alphateilchen bestehen aus zwei **Protonen** und zwei **Neutronen**. Deswegen sind sie zweifach positiv geladen. Sie sind auf
20 gebaut wie **Kerne des Heliumatoms**, denen die Elektronenhülle fehlt. ↗2

Betateilchen dagegen sind **Elektronen**, die sich frei durch die Luft bewegen können. Sie sind einfach negativ geladen. ↗3 Elektronen sind viel kleiner und schneller als die großen,
25 schweren Heliumkerne der Alphastrahlung. Daher hinterlassen Elektronen lange dünne Spuren in der Nebelkammer, Heliumkerne verursachen kurze dicke Spuren. ↗1

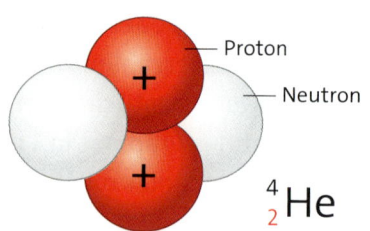

Proton
Neutron

$^{4}_{2}\mathrm{He}$

2 *Ein Alphateilchen*

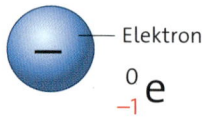

Elektron

$^{0}_{-1}e$

3 *Ein Betateilchen*

Energiestrahlung

Durch weitere Forschungen wurde schließlich noch eine dritte Strahlungsart entdeckt: die **Gammastrahlung**. Sie wird mit dem griechischen Buchstaben γ abgekürzt. Gammastrahlung wird daher auch als **γ-Strahlung** geschrieben. Gammastrahlen sind keine Teilchen, sondern reine **Energiestrahlung**. ↗4 Gammastrahlen hinterlassen in der Nebelkammer keine Spuren, sind aber mithilfe eines Geigerzählers nachweisbar.

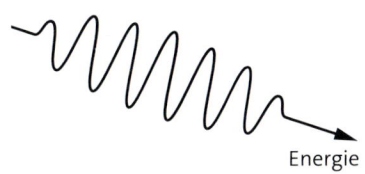

4 *Gammastrahlung*

Alphazerfall

Radioaktivität entsteht, wenn Atomkerne zerfallen. Sie kommt also immer aus dem Atomkern. Beim **Alphazerfall** verlässt ein Heliumkern einen radioaktiven Atomkern. Diesem fehlen jetzt zwei Protonen und zwei Neutronen. Dadurch verändert sich der Atomkern: Es entsteht ein neues Element mit zwei Protonen und zwei Neutronen weniger im Atomkern. Aus Uran wird beispielsweise Thorium. ↗5

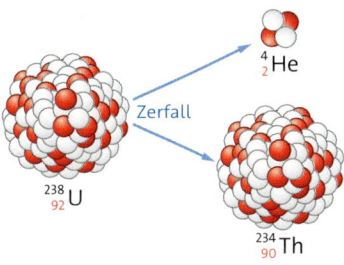

5 *Alphazerfall von Uran-238*

Betazerfall

Beim **Betazerfall** verlässt ein Elektron den radioaktiven Atomkern. Da ein Atomkern keine Elektronen enthält, stellt sich die Frage, woher dieses Elektron kommt. Das Elektron entsteht durch den Zerfall eines Neutrons in ein Proton, das im Kern verbleibt und ein Elektron, das den Kern als Betastrahlung verlässt. Dadurch verändert sich der Atomkern. Er hat jetzt ein Proton mehr. Die Kernladungszahl steigt also um 1. Ein neues Element ist entstanden. Aus Kohlenstoff wird beispielsweise Stickstoff. ↗6

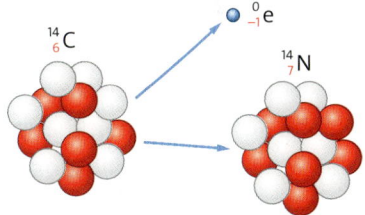

6 *Betazerfall von Kohlenstoff-14*

Gammastrahlung

Gammastrahlung ist reine Energiestrahlung. Sie entsteht meist als Nebenprodukt bei Alpha- und Betazerfällen. Der Atomkern verändert sich dabei nicht. Er sendet lediglich eine Portion Energie aus. ↗7 Reine Gammastrahler sind sehr selten.

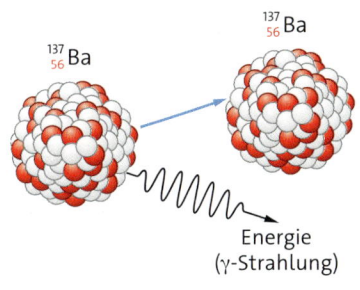

7 *Gammastrahlung*

- **Alphastrahlung besteht aus Alphateilchen.**
- **Alphateilchen bestehen aus zwei Protonen und zwei Neutronen. Sie sind zweifach positiv geladene Heliumkerne.**
- **Betastrahlung besteht aus Betateilchen.**
- **Betateilchen sind einfach negativ geladene Elektronen.**
- **Gammastrahlung ist reine Energiestrahlung.**
- **Beim Alpha- und Betazerfall verändert sich der Atomkern. Es entsteht ein neues Element.**

AUFGABEN

1 Ordne den Spuren in Bild 1 die Strahlungsart zu, durch die sie entstehen.

2 Beschreibe, wie α-Strahlung, β-Strahlung und γ-Strahlung beschaffen ist.

3 Beschreibe die Veränderungen im Atomkern beim α-, β- und γ-Zerfall.

In Berichten über radioaktive Stoffe oder Kern-kraftwerke siehst du oft Menschen in Schutz-anzügen. Die radioaktiven Stoffe werden nie direkt gezeigt. Man sieht nur die Behälter, in denen sie aufbewahrt werden. Kannst du dir denken, warum das so ist?

6.3 Eigenschaften von Radioaktivität

Abschirmung der Strahlung

Radioaktivität kann Menschen schädigen, deshalb muss man sich vor ihr schützen. Alphastrahlung kann Papier, Haut oder
5 Kleidung nicht durchdringen. ↗1 Man kann sie leicht aufhalten. Betastrahlung besteht aus Elektronen, die durch Metallbleche aufgefangen und abgeleitet werden können. ↗1 Energiereiche Gammastrahlung dagegen durchdringt diese Stoffe sehr leicht. Sie kann nur durch dicke Bleiplatten oder sehr di-
10 cken Beton aufgehalten werden. ↗1

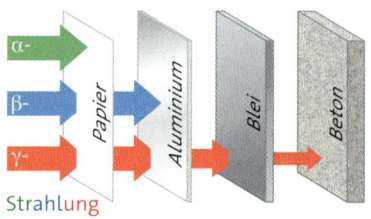

1 *Abschirmung von Strahlung*

Isotope

Elemente unterscheiden sich voneinander durch die Anzahl der Protonen im Kern: Der Kern des Wasserstoffatoms enthält nur ein Proton, der Atomkern des Heliums enthält zwei Proto-
15 nen, der des Lithiums drei Protonen. ↗2

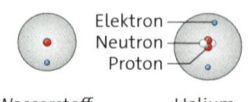

2 *Verschiedene Elemente*

Radioaktive Atome unterscheiden sich von stabilen Atomen durch die Anzahl der Neutronen im Kern. Atome mit gleicher Protonenzahl, aber unterschiedlicher Neutronenzahl nennt man **Isotope**. Ein Beispiel sind die drei Isotope des Wasser-
20 stoffs. ↗3 Stabiler Wasserstoff hat kein oder ein Neutron im Kern. Wasserstoffatome mit zwei Neutronen sind radioaktiv.

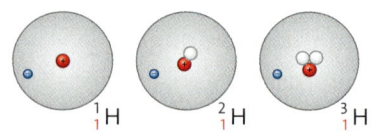

3 *Verschiedene Isotope des Wasserstoffs*

Halbwertszeit

Wann ein einzelner radioaktiver Atomkern zerfällt, kann man nicht vorhersagen. Hat man aber viele radioaktive Kerne eines
25 Stoffes, ist die Hälfte der Atomkerne immer nach der gleichen Zeitdauer zerfallen. Diese Zeit nennt man **Halbwertszeit**. ↗4 Sie dauert für jede Halbierung gleich lang.

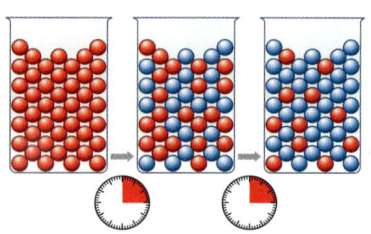

4 *Halbwertszeit (rot: radioakti-ver Kern, blau: zerfallener Kern)*

Zerfallskurven

Zeichnet man die Anzahl der radioaktiven Atomkerne eines Isotops über die Zeit auf, während der sie zerfallen, so entstehen **Zerfallskurven**. Bild 5 zeigt die Zerfallskurve von Kohlenstoff-14. ↗5 Nach jeder Halbwertszeit ist die Hälfte der Atomkerne zerfallen. Hier sind es 5730 Jahre. Zerfallskurven zeigen, welche Menge eines radioaktiven Stoffes nach einer bestimmten Zeit noch vorhanden ist. Beim Reaktorunfall von Tschernobyl 1986 wurde Cäsium-137 freigesetzt. Bild 6 zeigt, wie viel davon heute noch vorhanden ist. ↗6

Reaktionsgleichungen des α- und β-Zerfalls

Radioaktive Zerfälle werden mit Reaktionsgleichungen dargestellt. Die Symbolschreibweise gibt an, aus welchen Elementarteilchen ein Element aufgebaut ist. Anzahl der Masseteilchen und Ladungen müssen links und rechts vom Reaktionspfeil immer gleich sein. ↗7

Alphazerfall von Uran:

$$^{238}_{92}\text{U} \longrightarrow {}^{234}_{90}\text{Th} + {}^{4}_{2}\text{He}$$

Betazerfall von Kohlenstoff:

$$^{14}_{6}\text{C} \longrightarrow {}^{14}_{7}\text{N} + {}^{0}_{-1}\text{e}$$

Aktivität

Mit einem Geigerzähler kann man bestimmen, wie viele radioaktive Teilchen ein Stoff in einem Zeitraum aussendet. Teilt man diese Zahl durch die Zeitdauer, erhält man die Anzahl der Zerfälle pro Sekunde. Diese Anzahl bezeichnet man als **Aktivität A**. Sie wird in der Einheit Becquerel gemessen, abgekürzt **1 Bq**. Ein Becquerel ist also ein Zerfall pro Sekunde. ↗8

- **Radioaktivität kann man abschirmen.**
- **Alle Isotope eines Elements haben die gleiche Protonenzahl, aber unterschiedliche Neutronenzahlen.**
- **Die Halbwertszeit ist die Zeitdauer, nach der die Hälfte der anfänglich vorhandenen Atomkerne eines radioaktiven Isotops zerfallen ist.**
- **Zerfallskurven zeigen, wie viele radioaktive Kerne nach einer Zeit noch vorhanden sind.**
- **Radioaktive Zerfälle können mit Reaktionsgleichungen dargestellt werden.**
- **Die Aktivität gibt die Anzahl der Zerfälle pro Sekunde an.**
- **Die Einheit der Aktivität ist Becquerel.**

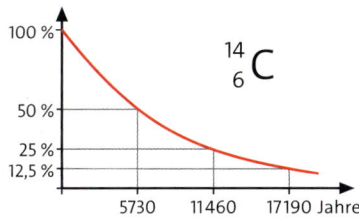

5 *Zerfallskurve von Kohlenstoff-14*

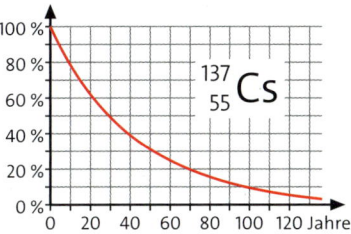

6 *Zerfallskurve von Cäsium-137*

Massenzahl
↓ = Protonenzahl + Neutronenzahl

$^{12}_{6}\text{C}$ ← **Elementsymbol**

Ordnungszahl
= Protonenzahl
= Elektronenzahl

7 *Symbolschreibweise*

$$\text{Aktivität } A = \frac{\text{Anzahl an Zerfällen}}{\text{Zeitdauer}}$$

$$1\,\text{Bq} = \frac{1\,\text{Zerfall}}{1\,\text{Sekunde}}$$

8 *Berechnung der Aktivität*

AUFGABEN

1 Nenne je eine Möglichkeit, sich vor α-, β- und γ-Strahlung zu schützen.

2 Beschreibe, was man unter einem Isotop versteht.

3 Erkläre, was mit der Halbwertszeit gemeint ist.

4 Lies aus Bild 6 ab, wie viel Prozent des radioaktiven Cäsiums heute noch strahlen.

5 Ein Uranerzbrocken strahlt mit 200 Bq. Erkläre die Bedeutung dieser Zahl.

Manche Menschen in Bayern essen keine Wildpilze. Ist das Übervorsichtigkeit oder berechtigte Sorge?

6.4 Natürliche und künstliche Radioaktivität

Bodenradioaktivität

Unsere Erde enthält viele verschiedene Elemente. Die meisten sind stabil, einige aber nicht: Uran, Thorium und Kalium sind
5 radioaktiv. Je nach Beschaffenheit enthält der Erdboden mehr oder weniger davon. Vor allem der Granit des bayerischen Waldes und des Fichtelgebirges besitzt einen hohen Gehalt an radioaktiven Elementen. Dort ist die Bodenradioaktivität höher als im Rest Deutschlands. ↗1

10 ### Radon in Kellern

Zerfallen radioaktive Elemente, entstehen neue Elemente, die auch radioaktiv sein können. Ein Beispiel ist das Gas **Radon**, das beim Zerfall von Uran entsteht. Radongas entweicht aus dem Boden und kann sich in Kellerräumen ansammeln. Das farb-
15 und geruchlose Gas selbst ist nicht gefährlich. Es wird einfach wieder ausgeatmet. Gefährlich sind jedoch die Zerfallsprodukte von Radon, vor allem Polonium. Es kann sich in der Lunge ablagern und dort Krebs verursachen. In manchen Gebieten gibt es Kellerwohnungen mit hoher Radonkonzentration, die
20 nicht durchgehend bewohnt werden dürfen. ↗2

Kosmische Strahlung

Aus dem All und von der Sonne gelangt ständig Teilchenstrahlung zur Erde. Sie wird zum größten Teil vom Magnetfeld der Erde und von der Atmosphäre abgeschirmt. Nur ein geringer
25 Teil der **kosmischen Strahlung** gelangt bis zur Erdoberfläche. Die Einwirkung von Strahlung auf Lebewesen wird als **Strahlenbelastung** bezeichnet.

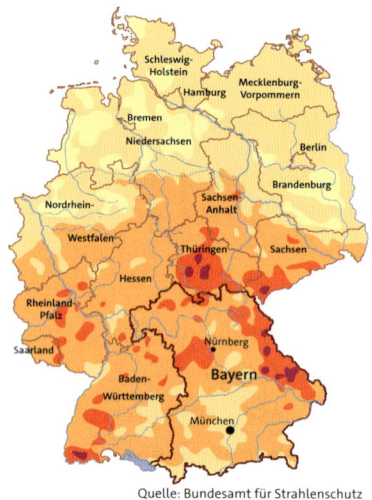

Quelle: Bundesamt für Strahlenschutz

1 *Bodenradioaktivität in Deutschland*

Quelle: Bundesamt für Strahlenschutz

2 *Radonkonzentration in der Bodenluft in Bayern*

Natürliche Radioaktivität

Auf Bergen ist die Strahlenbelastung deutlich höher. ↗3 Die Radioaktivität aus dem Boden sowie von Sonne und All gelangt in Wasser, Pflanzen und Tiere. Dabei hat Radon den größten Anteil am gesamten Strahlungsaufkommen auf der Erdoberfläche. Wir nehmen mit der Nahrung und über die Atemluft radioaktive Stoffe aus der Umwelt auf. Aktuell kann man davon ausgehen, dass die **Strahlenbelastung aus natürlichen Quellen** nicht schädlich für uns ist.

Künstliche Radioaktivität

Durch Bergbau und Kohleverbrennung wird seit Jahrhunderten Radioaktivität aus Boden und Gestein freigesetzt. Die Menschen wussten meist nichts davon. Radioaktivität, die von Menschen freigesetzt wird, nennen wir **künstliche Radioaktivität**. Sie kann schädlich oder nützlich sein.

Kernenergie und Kernwaffen

Oberirdische Atombombenexplosionen sowie Reaktorunfälle sind ebenfalls künstliche Quellen von Strahlenbelastung. ↗4 Das durch die Reaktorkatastrophe von Tschernobyl 1986 verbreitete radioaktive Cäsium-137 findet man heute noch in Bayern. Es reichert sich in Wildpilzen und dem Fleisch von Jagdwild an. Man sollte deshalb deren Verzehr weitestgehend einschränken.

Radioaktivität in der Medizin

Bei medizinischen Untersuchungen nutzt man sowohl Röntgenstrahlen als auch Radioaktivität. Beide Strahlenarten belasten den Körper. Mit Röntgenstrahlen wird der Körper durchleuchtet. So kann man Knochen und Organe sichtbar machen. Untersuchungen der Funktion der inneren Organe sowie der Durchblutung von Blutgefäßen werden mit radioaktiven Kontrastmitteln durchgeführt. Diese reichern sich in Organen mit hohem Stoffwechsel an und können fotografiert werden. ↗5

- **Boden und Gestein, Radongas sowie die Sonne und das All sind Quellen natürlicher Radioaktivität.**
- **Die aktuelle, natürliche Strahlenbelastung gilt für uns als unschädlich.**
- **Atombomben, Reaktorunfälle und medizinische Anwendungen sind Quellen künstlicher Strahlenbelastung.**

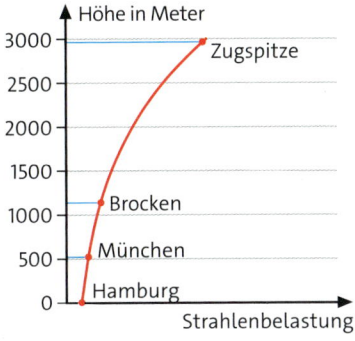

3 *Höhenabhängigkeit der kosmischen Strahlung*

4 *Atombombenexplosion*

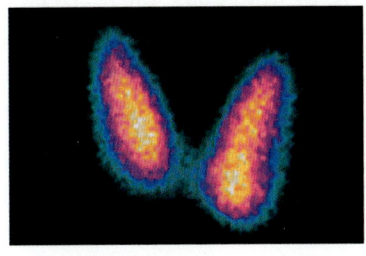

5 *Aufnahme einer Schilddrüse mit Kontrastmittel*

AUFGABEN

1 Nenne je drei Quellen natürlicher und künstlicher Strahlenbelastung.
2 Begründe, warum Kellerräume öfter gelüftet werden sollten.
3 Erkläre, weshalb man in Bayern auf den Verzehr von Wildpilzen und Jagdwild verzichten sollte.

In Ägypten werden immer wieder Mumien in Holzsarkophagen gefunden. Wie kann man das Alter dieser Funde bestimmen?

6.5 Nutzen und Risiko von Radioaktivität

Wirkung von Strahlung

Radioaktivität kann von außen auf die Haut treffen oder in Form von radioaktiven Stoffen über die Nahrung oder Atem-
luft in den Körper gelangen. Trifft die Strahlung im Körper auf Moleküle, können Zellen geschädigt oder zerstört werden. Da-durch kann es zu Verbrennungen oder Haarausfall kommen. ↗1
Die Strahlung kann auch die DNA verändern. Aus Kapitel 4 weißt du, dass diese DNA-Veränderungen als Mutationen
bezeichnet werden (↗ Seite 92). Die Mutationen werden bei der Zellteilung an die Tochterzellen weitergegeben. So kann Krebs entstehen. Wird die DNA in menschlichen Keimzellen verändert, können diese Mutationen an die Nachkommen ver-erbt werden: Sie können genetisch bedingte Erkrankungen
aufweisen.
Strahlenart und Bestrahlungsdauer bestimmen, wie stark die Schädigung ist. Die 5-A-Regel nennt die wichtigsten Maßnah-men zum **Strahlenschutz**. ↗2

1 *Haarausfall nach starker radio-aktiver Belastung*

- Abstand erhöhen!
- Aufenthaltsdauer ver-kürzen!
- Aktivität vermindern!
- Abschirmung verstärken!
- Aufnahme in den Körper vermeiden!

2 *Die 5-A-Regel*

Anwendungen in Medizin und Technik

In der Strahlentherapie werden Krebszellen oft einer Beta-strahlung ausgesetzt, um ihre Erbsubstanz zu schädigen. ↗3
Dadurch sterben die Krebszellen ab. Allerdings können dabei auch gesunde Zellen zwischen Strahlenquelle und Tumor ge-schädigt oder abgetötet werden.

Mit Radioaktivität kann auch die Dicke von Bauteilen gemes-sen und das Material auf Risse oder Lufteinschlüsse unter-sucht werden. Auch Schweißnähte und Lötpunkte werden mit Gammastrahlen geprüft, um Schwachstellen zu erkennen.

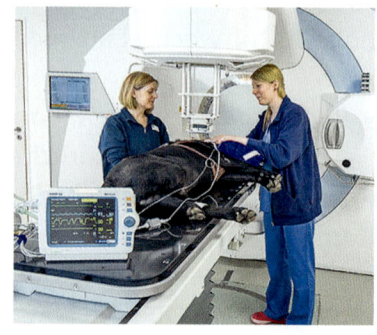

3 *Bestrahlung von Krebszellen*

Die C-14-Methode

30 Durch kosmische Strahlung entsteht in der Atmosphäre aus Kohlenstoff-12 das radioaktive Isotop **Kohlenstoff-14**, abgekürzt **C-14**. Es verbindet sich mit Sauerstoff zu CO_2, das durch Fotosynthese in die Pflanzen gelangt. Tiere und Menschen nehmen so C-14 mit der Nahrung auf. Solange ein Organismus 35 lebt, nimmt er C-14 auf. Diese Aufnahme gleicht den C-14-Zerfall im Körper aus, der C-14-Gehalt bleibt konstant. Stirbt das Lebewesen, wird kein weiteres C-14 aufgenommen. Das vorhandene C-14 zerfällt mit einer Halbwertszeit von 5730 Jahren. ↗4 Dieses Wissen nutzt man, um das Alter organischer 40 Funde zu bestimmen. Bei der sogenannten **C-14-Methode** misst man den restlichen C-14-Gehalt eines abgestorbenen Lebewesens. Aus der Zerfallskurve von C-14 kann man dann das Alter des Fundes ablesen. So wurde zum Beispiel das Alter von Mumien und auch von Ötzi bestimmt. ↗5

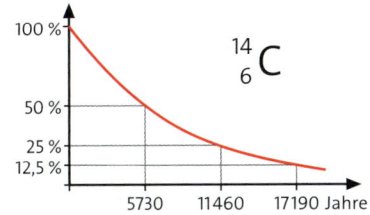

4 *Zerfallskurve von C-14*

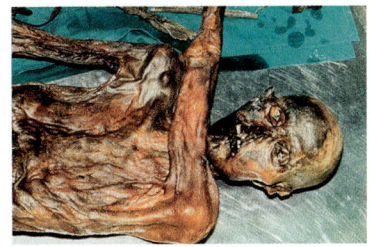

5 *Die Eismumie Ötzi*

Biologische Wirksamkeit

45 Alphastrahlung besteht aus schweren, langsamen Heliumkernen. Betastrahlung besteht aus schnellen Elektronen. Diese können aufgrund ihrer hohen Geschwindigkeit tiefer in den Körper eindringen als Alphastrahlung. Wird Alphastrahlung 50 allerdings über Nahrung oder Atmung in den Körper aufgenommen, richtet sie größere Schäden an als Betastrahlung. Alphastrahlung hat also eine stärkere **biologische Wirksamkeit** als Betastrahlung.

Strahlenbelastung messen

55 Der schwedische Physiker **Rolf Sievert** hat erforscht, wie man sich vor Strahlung schützen kann. ↗6 Ihm zu Ehren wird die Strahlenbelastung von Organismen in der Einheit **Sievert** gemessen, abgekürzt **Sv**. Sie berücksichtigt die Art, Stärke und Dauer der Strahlung sowie die Art des Gewebes. Die natürliche 60 Strahlenbelastung liegt bei uns zwischen 0,001 und 0,005 Sv pro Jahr. Der **Grenzwert** zum Schutz von Menschen beträgt 0,020 Sv pro Jahr.

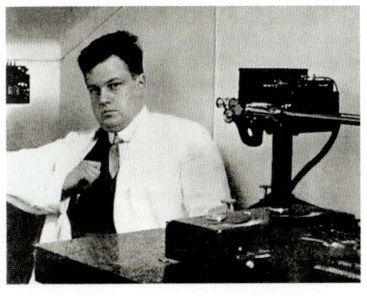

6 *Rolf Sievert (1896–1966)*

AUFGABEN

1 Nenne zwei schädliche Wirkungen von Radioaktivität.
2 Nenne zwei nützliche Anwendungen von Radioaktivität.
3 Die Eismumie Ötzi hatte einen C-14-Restgehalt von 53 %. Lies aus Bild 4 ab, wie alt Ötzi etwa ist. ↗4
4 Vergleiche die biologische Wirksamkeit von α- und β-Strahlung.

- Radioaktivität kann Zellen schädigen und DNA verändern.
- Anwendungsbereiche der Radioaktivität sind Strahlentherapie sowie Dickenmessung und Materialprüfung.
- Mit der C-14-Methode kann das Alter von Organismen bestimmt werden.
- Die Strahlenbelastung wird in Sievert gemessen.

Natürliche und künstliche Radioaktivität

1 Radioaktive Stoffe im Alltag

Material: Geigerzähler, Banane, Paranüsse, Waldpilze, alte Uhr mit Leuchtzifferblatt oder Glühstrumpf einer Gaslampe

Durchführung:

- Messt zunächst die Nullrate im Klassenzimmer, wie in Versuch 1 auf Seite 123 beschrieben. (↗ Seite 123)
- Untersucht dann verschiedene Stoffe auf Radioaktivität.

Auswertung:

- Erstellt ein Versuchsprotokoll.
- Vergleicht die Messwerte und ordnet die Stoffe nach ihrer Radioaktivität.
- Recherchiert im Internet, welche Alltagsstoffe und Lebensmittel radioaktiv sein können und welche Aktivität man bei ihnen messen könnte.

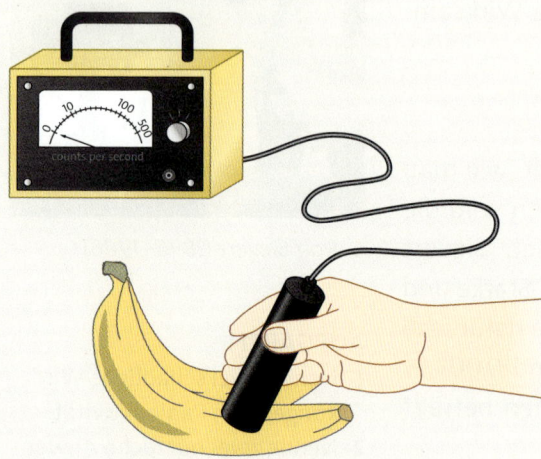

1 *Messung der Radioaktivität von Bananen*

2 Radioaktivität im Keller

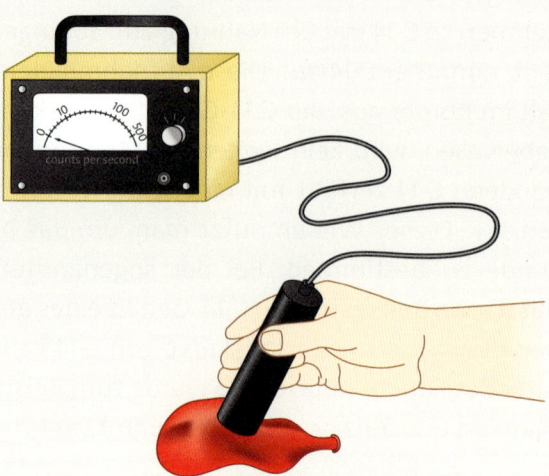

2 *Messung der Aktivität eines Luftballons*

Material: Geigerzähler, Luftballon, Stoppuhr

Durchführung:

- Bringt den noch nicht aufgepusteten Luftballon vor den Geigerzähler.
- Messt dessen Nullrate 5 Minuten lang, wie in Versuch 1 auf Seite 123. (↗ Seite 123)
- Blast den Luftballon auf und reibt ihn kräftig an einem Pullover oder einem Stück Fell, um ihn elektrostatisch aufzuladen.
- Legt den Ballon nun für 25 bis 30 Minuten in einen selten gelüfteten Raum im Keller.
- Lasst die Luft aus dem Luftballon und messt erneut 5 Minuten lang mit dem Geigerzähler.

Auswertung:

- Vergleicht die beiden Messergebnisse.
- Berechnet die Aktivität.

Radioaktivität

Entdeckung der Radioaktivität

Henri Becquerel erkannte 1896, dass Uran eine unbekannte Strahlung aussendet, die Fotoplatten schwärzt. Diese unbekannte Strahlung wurde Radioaktivität genannt.

Das Ehepaar Curie entdeckte mit Radium und Polonium zwei weitere radioaktive Elemente.

Die Strahlung radioaktiver Stoffe lässt sich durch Fotoplatten, Filme, Geigerzähler oder eine Nebelkammer nachweisen. ↗1

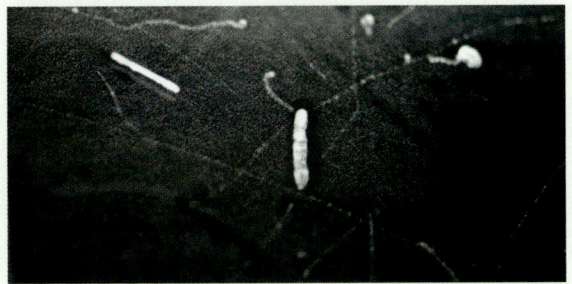

1 Nebelkammerbild von Alpha- und Betastrahlung

Strahlungsarten

Name	Beschaffen-heit	Ladung	Änderung der Proto-nenzahl im Atomkern
Alpha-strahlung	Proton Neu-tron (α-Teilchen)	zwei-fach positiv	+2
Beta-strahlung	Elektron (β-Teilchen)	einfach negativ	-1
Gamma-strahlung	Energie (Energie-strahlung)	keine Ladung	bleibt gleich

2 Vergleich von Alpha-, Beta- und Gammastrahlung

Eigenschaften von Radioaktivität

Radioaktivität kann man abschirmen. ↗3
Atome mit gleicher Protonenzahl, aber unterschiedlicher Neutronenzahl nennt man Isotope. Radioaktive Isotope unterscheiden sich von stabilen Isotopen des gleichen Elements durch die Anzahl der Neutronen im Kern.
Die Halbwertszeit ist die Zeitdauer, nach der die Hälfte der anfänglich vorhandenen radioaktiven Atomkerne zerfallen sind.

Zerfallskurven zeigen, wie viele radioaktive Kerne nach einer Zeit noch vorhanden sind. Radioaktive Zerfälle können mit Reaktionsgleichungen dargestellt werden. Die Aktivität gibt die Anzahl der Zerfälle pro Sekunde an. Die Einheit der Aktivität ist Becquerel.

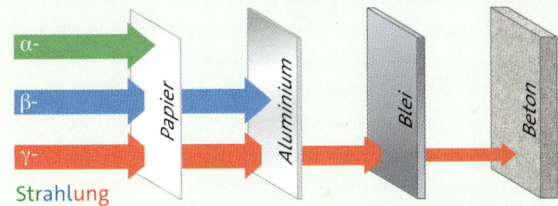

3 Abschirmung von α-, β- und γ-Strahlung

Natürliche und künstliche Radioaktivität

Boden und Gestein, Radongas sowie die Sonne und das All sind Quellen natürlicher Radioaktivität. Wir sind ihr täglich ausgesetzt. Die aktuelle, natürliche Strahlenbelastung gilt für uns als unschädlich. Quellen künstlicher Radioaktivität sind Atombomben, Reaktorunfälle und medizinische Anwendungen.

Nutzen und Risiko von Kernenergie

Radioaktivität kann Zellen schädigen und DNA verändern. Anwendungen sind Strahlentherapie, Dickenmessung, Materialprüfung und die C-14-Methode. Die Strahlenbelastung von Lebewesen wird in Sievert gemessen.

1 Entdeckung der Radioaktivität

a ☐ Nenne den Entdecker der Radioaktivität.

b ☐ Beschreibe, wie er das Vorhandensein der Radioaktivität erkannte.

c ☐ Nenne drei radioaktive Elemente.

d ☐ Nenne eine (zwei) Möglichkeiten, wie Radioaktivität nachgewiesen werden kann.

2 Strahlungsarten

a ☐ Nenne die drei Strahlungsarten, die bei radioaktiven Kernzerfällen auftreten können.

b ☐ Ordne den Bildern jeweils zwei Begriffe zu: α-Strahlung, β-Strahlung, γ-Strahlung, Elektron, Energie, Heliumkern. ↗1

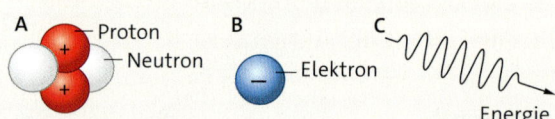

1 *Strahlungsarten*

c ☑ Gib die elektrische Ladung eines α-Teilchens an.

d ■ Beschreibe die Entstehung der β-Strahlung und gib an, welche Konsequenzen der Betazerfall für den Atomkern hat.

3 Eigenschaften von Radioaktivität

a ☐ Bild 2 zeigt drei Strahlungsarten sowie drei Stoffe, die die jeweilige Strahlung aufhalten. Gib an, um welche Strahlen (1, 2, 3) und Stoffe (a, b, c) es sich handeln muss. ↗2

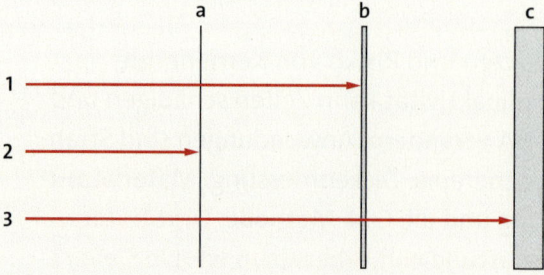

2 *Abschirmung von Radioaktivität*

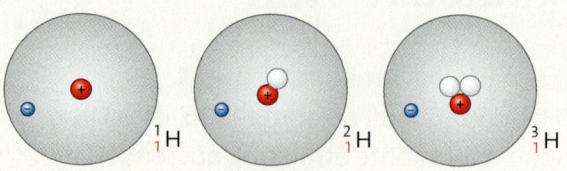

3 *Gleich und doch nicht gleich*

b ☑ Nenne den Fachbegriff, der durch Bild 3 veranschaulicht wird. ↗3

c ☑ Vergleiche die drei Atome. ↗3

d ☑ Die Halbwertszeit von Cäsium-137 beträgt 30 Jahre. Erkläre, was das bedeutet.

e ☑ Ein Geigerzähler misst in einer Minute 450 Zerfälle eines radioaktiven Stoffes. Gib seine Aktivität an.

4 Natürliche und künstliche Radioaktivität

a ☐ Nenne jeweils drei Quellen natürlicher und künstlicher Radioaktivität.

b ☑ Erkläre den Unterschied zwischen natürlicher und künstlicher Radioaktivität.

c ☐ Gib zwei Nahrungsmittel an, die durch den Reaktorunfall von Tschernobyl immer noch radioaktiv belastet sind.

d ☐ Beschreibe, was Bild 4 zeigt. ↗4

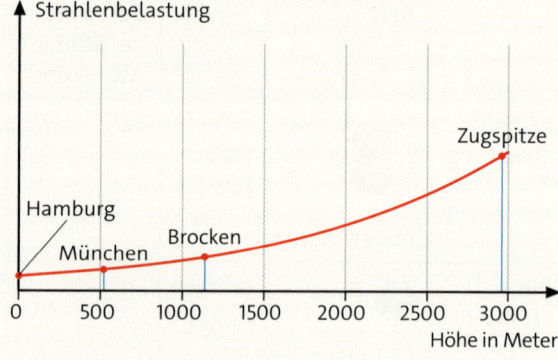

4 *Grafik zu Aufgabe 4d*

5 Nutzen und Risiko von Radioaktivität

a ☐ Nenne drei Schäden, die Radioaktivität am und im Körper verursachen kann.

b ☐ Gib drei technische Anwendungen von Radioaktivität an.

6 Sicher verstaut

Drei radioaktive Elemente sollen sicher verstaut werden. Über sie gibt es folgende Informationen. ↗5 Es stehen Behälter aus Blei, Plastik und Aluminium zur Verfügung.

Element	Halbwertszeit	Strahlenart
A	5000 Jahre	Alpha
B	4 Jahre	Beta
C	156 Jahre	Gamma

5 *Informationen über die Elemente*

a ☑ Begründe, welches Element in welchem Behälter sicher gelagert werden kann.

b ■ Von den drei Elementen wurden je 8 kg eingelagert. Berechne, wie viele Halbwertszeiten vergehen müssen, bis nur noch 500 g der Ausgangselemente vorhanden sind.

7 Marie Curie

6 *Der Sarg von Marie Curie steht im Pantheon in Paris, der nationalen Ruhmeshalle Frankreichs*

Marie Curie starb vor über 80 Jahren an Leukämie. Die Krankheit war eine Folge ihrer Forschung an radioaktiven Elementen. Sie arbeitete ohne Sicherheitsvorkehrungen mit Radium, das eine Halbwertszeit von 1600 Jahren hat.

☑ Erkläre, weshalb der Sarg von Marie Curie innen mit Blei ausgekleidet wurde und immer geschlossen sein muss. ↗6

8 Isotope

a ■ Cäsium-137 hat eine Halbwertszeit von 30 Jahren, Uran-238 dagegen von 4,5 Milliarden Jahren. Begründe, welcher der beiden Stoffe stärker strahlt.

b ■ Bild 7 zeigt ein stabiles Berylliumatom. Zeichne das Atom neu. Verändere es dabei so, dass ein anderes Berylliumisotop entsteht. ↗7

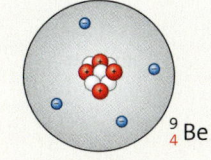

7 *Berylliumatom*

c ☑ Recherchiere die Halbwertszeit und den Zerfallstyp deines Isotops.

9 Radioaktiver Zerfall

Nutze für die folgenden Aufgaben das Periodensystem der Elemente. (↗ Seite 206/207)

a ☑ C-14 ist ein Betastrahler. Begründe, welches Atom nach dem Zerfall entsteht.

b ☑ Jod-131 ist ein Betastrahler. Gib die Reaktionsgleichung seines Zerfalls an.

c ☑ Radium-224 ist ein Alphastrahler. Gib die Reaktionsgleichung seines Zerfalls an.

10 C-14-Methode

a ☑ Die Gletschermumie Ötzi hat einen C-14-Gehalt von 53 %. Berechne mithilfe von Bild 8 sein ungefähres Sterbejahr. ↗8

b ☐ Gib an, welchen C-14-Gehalt eine 10 000 Jahre alte Gewebeprobe aus einem sibirischen Mammut haben müsste. ↗8

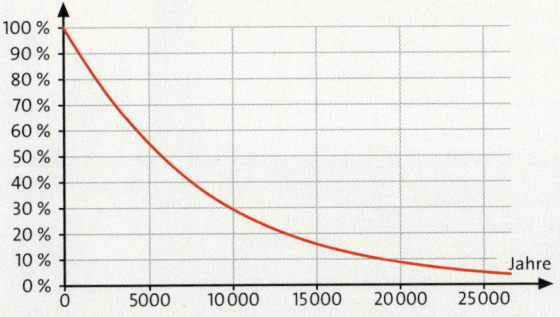

8 *Zerfallskurve von Kohlenstoff-14*

7

Energieversorgung im Wandel

4 468 000 000

Uran-238 hat eine Halbwertszeit von **vier Milliarden vierhundertachtundsechzig Millionen Jahren**. Das entspricht fast dem Alter der Erde mit viereinhalb Milliarden Jahren. Die Brennstäbe von Atomkraftwerken enthalten zu 95 Prozent Uran-238.

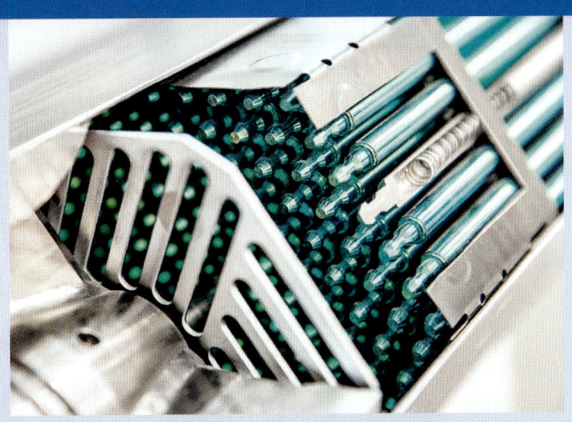

100 000

Die Katastrophenregion um Fukushima ist auf Jahrzehnte oder noch länger unbewohnbar. Mehr als **einhunderttausend** Menschen mussten ihre Heimat verlassen.

50,5

Im Jahr 2020 wurden zum ersten Mal **über fünfzig Prozent** des Stroms aus regenerativen Energieträgern gewonnen.

In diesem Kapitel ...

- erfährst du, woher die elektrische Energie in Atomkraftwerken kommt.
- erforschst du, was eine atomare Kettenreaktion ist.
- lernst du Nutzen und Risiken von Kernenergie kennen.
- vergleichst du verschiedene Energieträger und deren Vor- und Nachteile.
- beschreibst du, wie sich der Energiebedarf in Deutschland entwickelt und wie er gedeckt wird.

Kernenergie

1 Kettenreaktion Nr. 1

Du brauchst: Dominosteine

Durchführung:

- Stellt die Dominosteine so hintereinander auf, dass in jeder Reihe immer ein Stein mehr steht als in der davor. Der Abstand zwischen den Reihen sollte ungefähr eine halbe Steinlänge betragen.
- Stoßt nun den einzelnen Stein in der ersten Reihe an.

1 *Aufstellung der Dominosteine für den Kettenreaktionsversuch*

Auswertung:

- Beschreibt eure Beobachtung.
- Erläutert mithilfe eurer Beobachtung, was man unter einer Kettenreaktion versteht.
- Stellt man die Steine einzeln hintereinander auf und stößt dann den ersten um, findet auch eine Kettenreaktion statt. Worin unterscheidet sich diese von dem 1. Versuch?

2 Kettenreaktion Nr. 2

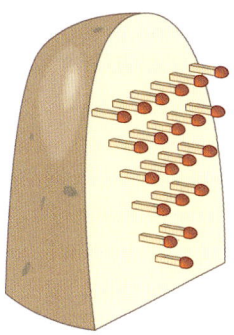

2 *Kartoffel mit Streichhölzern*

Du brauchst: 1 Schachtel Streichhölzer, 1 große, längliche Kartoffel, feuerfeste Unterlage, 1 Messer, Nagel oder Stricknadel, Schutzbrille

Achtung: Verbrennungsgefahr! Setzt die Schutzbrillen auf und haltet Sicherheitsabstand.

- Halbiert die Kartoffel der Länge nach.
- Schneidet unten die Spitze ab, sodass die Kartoffel steht.
- Bohrt mit einer dicken Stricknadel oder einem Nagel Löcher in die Schnittfläche der Kartoffel. Die Abstände zwischen den Reihen sollen jeweils etwa 1 cm betragen. In jeder Reihe soll sich ein Loch mehr als in der Reihe davor befinden.
- Steckt die Streichhölzer von unten nach oben in die vorgebohrten Löcher.
- Zündet das unterste Streichholz an.
- Notiert eure Beobachtung.
- Erläutert mithilfe eurer Beobachtung, was eine Kettenreaktion ist.
- Überlegt wie man erreichen kann, dass nicht alle Streichhölzer gleichzeitig abbrennen. (Hilfe: Alufolienstreifen)

Wasserkraftwerke wandeln die Bewegungs-energie von Wasser in elektrische Energie um. Windkraftwerke machen das Gleiche mit Wind. Doch wie wird in Atomkraftwerken Energie aus Atomen gewonnen?

7.1 Energie aus dem Atomkern

Suche nach schweren Elementen

Die Physiker **Lise Meitner** und **Otto Hahn** forschten ab 1907 zusammen in Berlin. ↗1 Uran war bis dahin das schwerste be-
5 kannte Element. Meitner und Hahn wollten herausfinden, ob sie noch schwerere Elemente als Uran künstlich herstellen können. Dazu bestrahlten sie Uran mit Neutronen. ↗2 Sie hofften, die Neutronen würden im Atomkern landen und so die Massenzahl erhöhen. Falls dann im Atomkern ein Beta-
10 zerfall stattfände, würde sich dadurch die Protonenzahl erhö-hen und ein neues Element wäre entstanden.

1 *Otto Hahn und Lise Meitner*

Die erste Kernspaltung

Die Jüdin Lise Meitner musste 1938 wegen der nationalsozia-listischen Rassenverfolgung von Deutschland nach Schweden
15 auswandern. Otto Hahn und sein Assistent **Fritz Straßmann** führten die Experimente fort. ↗3 Sie bestrahlten Uran mit Neutronen und untersuchten die entstandenen Stoffe. Doch ein schwereres Element als Uran konnten sie nicht nachwei-sen. Sie fanden aber Barium, das vor der Bestrahlung nicht ent-
20 halten war. Hahn und Straßmann wiederholten die Versuche und konnten danach immer wieder Barium nachweisen. Das war seltsam, denn Uran enthält 92 Protonen, Barium dagegen nur 56. Otto Hahn fragte Lise Meitner in einem Brief, ob sie es für möglich halte, dass der Urankern durch die Bestrahlung
25 zerplatzt. Lise Meitner verfasste daraufhin 1939 einen Aufsatz über Hahns Theorie. Darin wurde das Zerplatzen des Atom-kerns zum ersten Mal als **Kernspaltung** bezeichnet. Otto Hahn erhielt für seine Entdeckung 1945 den Nobelpreis für Chemie.

2 *Bestrahlung eines Uranatoms mit einem Neutron*

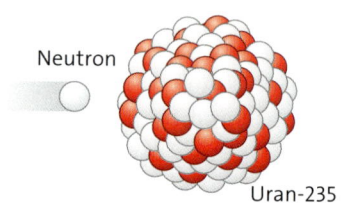

3 *Fritz Straßmann*

Neutronen spalten Kerne

30 Bei der Spaltung von Uran-235 wird der Urankern meist in zwei neue, kleinere Atomkerne gespalten, häufig in Barium und Krypton. ↗4 Dabei werden Wärmeenergie und zwei oder drei Neutronen frei.

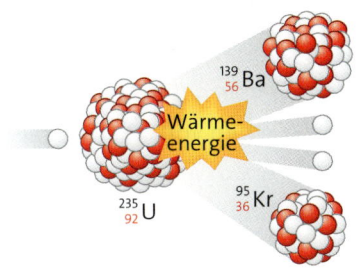

4 *Kernspaltung*

Kettenreaktion

35 Die bei der Kernspaltung frei werdenden Neutronen können weitere Atomkerne spalten und setzen dabei wieder Wärmeenergie frei. Sind genügend weitere spaltbare Uranatome vorhanden, kann die rasch anwachsende An-
40 zahl der Neutronen immer mehr Atomkerne spalten: Es kommt zu einer **Kettenreaktion**. ↗5 Auf diese Weise wird sehr schnell eine ungeheure Menge an Wärmeenergie frei.

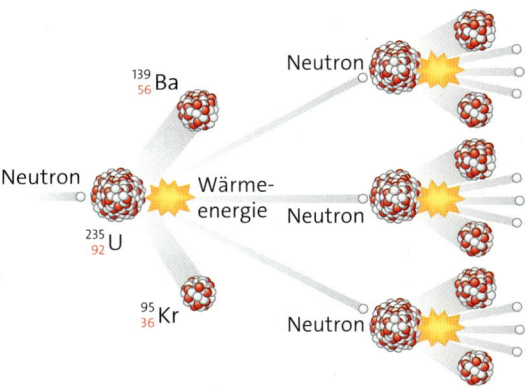

5 *Kettenreaktion von Uran-235*

Atombombe und Atomkraftwerk

45 In Atombomben läuft die Kernspaltung explosionsartig als **unkontrollierte Kettenreaktion** ab. Alle Urankerne werden fast gleichzeitig gespalten. Über den japanischen Städten Hiroshima und Nagasaki wurde 1945 je eine Atombombe ab-
50 geworfen. Hunderttausende Menschen wurden getötet. Die Explosion setzte radioaktive Stoffe frei und erzeugte eine gewaltige Druckwelle von mehreren 100 Stundenkilometern Geschwindigkeit sowie eine extreme Hitze von über 6000 Grad Celsius. ↗6
55 Auch in **Atomkraftwerken** werden Uranatome gespalten. Hier wird allerdings geregelt, wie viele Neutronen für Kernspaltungen zur Verfügung stehen. Es findet also eine **kontrollierte Kettenreaktion** statt, die Jahre andauern kann und kontinuierlich Wärmeenergie freisetzt.

6 *Hiroshima in Trümmern – eine Folge des Atombombenabwurfs*

- **Otto Hahn, Lise Meitner und Fritz Straßmann entdeckten 1939 die Kernspaltung von Uran durch Neutronen.**
- **Bei der Kernspaltung entstehen zwei neue, kleinere Atomkerne und es werden Wärmeenergie und zwei bis drei Neutronen frei.**
- **Zu einer Kettenreaktion kommt es, wenn die frei werdenden Neutronen weitere Atomkerne spalten können.**
- **In Atombomben finden unkontrollierte Kettenreaktionen statt, in Kernkraftwerken dagegen werden sie kontrolliert.**

AUFGABEN
1 Nenne die drei Forscher, die zusammen die Kernspaltung entdeckten.
2 Beschreibe den Vorgang der Kernspaltung.
3 Beschreibe, was bei einer Kettenreaktion vor sich geht.
4 Erkläre den Unterschied zwischen einer kontrollierten und unkontrollierten Kettenreaktion.

Kernenergie gilt als „saubere Energie". Aber aus den Türmen von Atomkraftwerken steigen oft große Abgaswolken auf. Woraus bestehen sie – und sind sie ungefährlich?

7.2 Kernenergie nutzen

Atomkraftwerke in Deutschland und weltweit

Weltweit gibt es etwa 400 **Atomkraftwerke (AKW)**. Im März 2011 waren in Deutschland 17 Atomkraftwerke in Betrieb, im
5 Jahr 2020 noch sechs. ↗1 Bis Ende 2022 werden alle deutschen Atomkraftwerke abgeschaltet.

Atomkraftwerke sind Wärmekraftwerke

Es gibt verschiedene Typen von Atomkraftwerken, die alle ähnlich funktionieren. In einem wassergefüllten **Reaktor-**
10 **druckbehälter** befinden sich **Brennelemente** mit Uran oder Plutonium. ↗2 Die Kettenreaktion läuft in den Brennelementen ab. Zwischen ihnen befinden sich **Steuerstäbe**, mit denen Neutronen eingefangen und so die Kettenreaktion kontrolliert werden kann. Die bei der Kernspaltung freigesetzte Wärme-
15 energie erhitzt das Wasser im Druckbehälter sehr stark. In Atomkraftwerken wird also **Kernenergie** in Wärmeenergie umgewandelt.

1 *Standorte der 6 AKW, die 2020 in Deutschland noch in Betrieb waren.*

Der Siedewasserreaktor

Im Reaktordruckbehälter verdampft das Was-
20 ser durch die Hitze der Brennelemente. ↗2 Der Wasserdampf erhöht den Druck im Leitungssystem, wodurch Turbinen angetrieben werden können. Ein Generator wandelt die Bewegungsenergie der Turbine in
25 elektrische Energie um. Der Wasserdampf wird in einem Kondensator abgekühlt und als Wasser erneut dem Reaktor zugeführt.

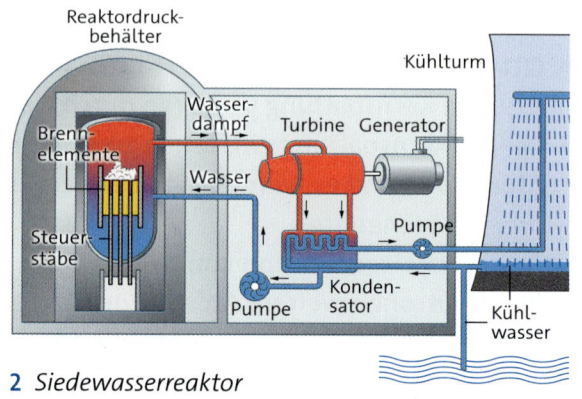

2 *Siedewasserreaktor*

Der Druckwasserreaktor

Bei diesem Reaktortyp verlässt das Wasser den Reaktordruckbehälter nicht. Es gibt seine Wärmeenergie in einem **Wärmetauscher** an einen zweiten Wasserkreislauf ab, in dem der Dampf entsteht. ↗3 Ein Druckwasserreaktor besitzt also einen Wasserkreislauf mehr als ein Siedewasserreaktor. So kann kein radioaktiv belastetes Wasser aus dem Reaktor heraus gelangen.

Der Dampf im zweiten Wasserkreislauf treibt wieder Turbinen an. Wie beim Siedewasserreaktor sind auch diese mit einem Generator verbunden und der Wasserdampf wird in einem Kondensator abgekühlt. ↗3

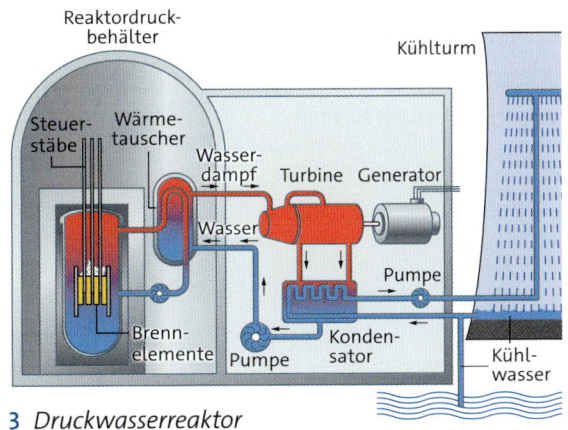

3 *Druckwasserreaktor*

Wasserkühlung

Die Kondensatoren von Atomkraftwerken werden mit Flusswasser gekühlt. Das erhitzte Flusswasser kühlt anschließend in großen **Kühltürmen** ab, dabei entstehen große Wolken aus Wasserdampf. Das abgekühlte Flusswasser wird dann wieder dem Fluss zugeführt.

Vorteile der Kernenergie

Bei der Kernspaltung werden riesige Mengen Energie frei. Bei der Spaltung von einem Gramm Uran-235 wird etwa genauso viel Energie frei wie in 2500 Kilogramm Steinkohle enthalten ist. Daher benötigt man nur sehr wenig Uran. ↗4

Während des Kraftwerkbetriebs werden außerdem keine Treibhausgase freigesetzt. Kernkraftwerke laufen zudem geräuscharm und benötigen nur wenig Fläche in der Landschaft. Sie sind auch nicht von Wind oder Tageslicht abhängig wie Wind- oder Solarkraftwerke. Kernenergie ist immer verfügbar.

- In Atomkraftwerken (AKW) wird Kernenergie über Wärmeenergie und Bewegungsenergie in elektrische Energie umgewandelt.
- Atomkraftwerke bestehen aus einem Reaktordruckbehälter mit Brennelementen und Steuerstäben, Turbinen, Generatoren und Kondensatoren.
- Atomkraftwerke benötigen wenig Brennstoff und nur geringe Flächen, sie setzen keine Treibhausgase frei, sind geräuscharm und von Wind und Licht unabhängig.

■ 1 g Uran ≙

2500 kg Steinkohle

4 *Vergleich des Energiegehalts von Uran und Steinkohle*

AUFGABEN

1 Beschreibe den Aufbau eines Atomkraftwerks.
2 Nenne den Unterschied zwischen Siedewasser- und Druckwasserreaktor.
3 Notiere die Energieumwandlungskette, die in einem Atomkraftwerk stattfindet.
4 Zähle vier Vorteile der Kernenergie auf.

*Kernenergie hat viele Vorteile.
Warum demonstrieren dann viele Menschen
gegen Atomkraftwerke?*

7.3 Risiken der Kernenergie

Reaktorkatastrophen

Die Unfälle in den Atomkraftwerken von Tschernobyl 1986 und Fukushima 2011 zeigen, dass die Nutzung der Kernenergie
5 durchaus Risiken birgt. In beiden Fällen gelangten radioaktive Stoffe aus den Kraftwerken in die Umwelt und machten die Gegend unbewohnbar. Beim Reaktorunfall von Tschernobyl starben auch etliche Menschen. ↗1

Ursachen von Reaktorkatastrophen können technisches oder
10 menschliches Versagen oder Naturkatastrophen wie Erdbeben sein. In allen Fällen kommt es zu einer unkontrollierten Kettenreaktion, die Brennelemente überhitzen und schmelzen. Dabei kann gasförmiger Wasserstoff entstehen, der explodiert und den Reaktor zerstört. Dadurch gelangen große
15 Mengen radioaktiver Stoffe in die Umgebung und die Atmosphäre. Sie belasten große Flächen für Jahrtausende. ↗2

1 *Der zerstörte Reaktor 4 in Tschernobyl*

Abgebrannte Brennelemente

Brennelemente werden ausgetauscht, wenn sie nicht mehr genug spaltbares Material enthalten. Sie sind dann immer noch
20 radioaktiv und werden daher zunächst in einem wassergefüllten Becken gelagert. In diesem **Abklingbecken** sinken Strahlungsaktivität und Temperatur. Nach zwei Jahren sind die Brennelemente noch etwa 250 Grad heiß. Nun werden sie möglichst strahlungsdicht verpackt und in speziellen Containern,
25 den Castorbehältern, ins **Zwischenlager** oder zur **Wiederaufbereitungsanlage** gebracht. ↗3 In der Wiederaufbereitungsanlage in La Hague in Frankreich werden auch Brennelemente aus Deutschland wieder mit Uran angereichert.

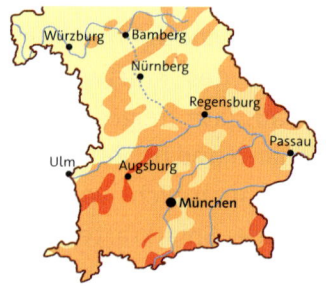

2 *Strahlenbelastung in Bayern nach dem Unfall in Tschernobyl*

3 *Zug mit Castorbehältern*

Lagerung von Atommüll

30 Brennelemente sowie defekte Bauteile von Kraftwerken wie Filter und Rohre sind **radioaktiver Abfall**, der noch viele hunderttausend Jahre lang strahlt. Dieser Atommüll muss so gelagert werden, dass heute und in Zukunft alle Lebewesen vor Radioaktivität geschützt sind. Deutschland plant mit einem

35 Lagerzeitraum von mindestens einer Million Jahren. Zurzeit wird geprüft, ob sehr tiefe Bohrlöcher oder tiefe Bergwerke als Endlager geeignet sein könnten. ↗4 Bis dahin wird der Atommüll in Stahlfässer verpackt und entweder oberirdisch in Hallen auf den Kraftwerksgeländen oder in stillgelegten Berg-

40 werken zwischengelagert. ↗5 Die deutsche Bundesregierung hat beschlossen, dass bis zum Jahr 2031 der Standort für ein **Endlager** in Deutschland feststehen soll. Ab 2050 soll der Atommüll dort eingelagert werden.

In Finnland soll im Jahr 2025 das weltweit erste Endlager in

45 Betrieb genommen werden. Dort werden jedoch nur die hochradioaktiven Abfälle der beiden benachbarten finnischen Kernkraftwerke gelagert.

4 *Stillgelegte Salzbergwerke könnten als Endlager geeignet sein.*

5 *Oberirdisches Zwischenlager mit Atommüll im Atomkraftwerk Philippsburg*

Position von Kernkraftgegnern

Kernkraftgegner bewerten die Risiken der Kernenergie höher

50 als ihren Nutzen. Zu den Risiken zählt die Gefahr, dass Radioaktivität durch Unfälle, Naturkatastrophen oder Terroranschläge auf Atomkraftwerke freigesetzt wird. Außerdem könnte das Uran zum Bau von Atombomben verwendet werden. Auch gibt es bis heute keine Endlager für Atommüll.

55 Überdies sind die Uranvorkommen der Erde endlich und Deutschland besitzt keine nennenswerten Vorräte.

Position von Kernkraftbefürwortern

Befürworter der Kernenergie bewerten den Nutzen höher als die Risiken. Unsere moderne Welt hängt stark von elektrischer

60 Energie ab, daher ist eine wetter- und lichtunabhängige Versorgungssicherheit wichtig. Kernenergie ist immer verfügbar. Zudem stoßen Atomkraftwerke keine Treibhausgase aus, laufen geräuscharm und benötigen nur wenig Fläche.

- **Risiken der Kernenergie sind die Freisetzung von Radioaktivität aus Atomkraftwerken und die Endlagerung des radioaktiven Abfalls.**
- **Gegner und Befürworter gewichten Argumente für und gegen die Nutzung der Kernenergie unterschiedlich.**

AUFGABEN

1 Nenne drei Probleme, die mit der Nutzung der Kernkraft verbunden sind.

2 Beschreibe die Probleme bei der Endlagerung von radioaktivem Abfall.

3 Recherchiere im Internet weitere Ideen für die Endlagerung von radioaktivem Abfall.

4 Nenne je drei Argumente, die für und gegen die Nutzung der Kernenergie sprechen.

5 Entscheide, ob du für oder gegen die Nutzung der Kernenergie bist. Begründe deine Entscheidung.

6 Debattiert im Deutschunterricht über die Nutzung von Kernenergie.

Im Rahmen der fortlaufenden Energie-diskussion geraten Windräder immer wieder in die Kritik. Warum eigentlich?

7.4 Regenerative Energieträger

Primärenergiebedarf

Alle Länder in Europa sind sehr „energiehungrig". ↗1 Als Energiequellen werden fossile und regenerative Energieträger genutzt. **Fossile Energieträger** sind Stein- und Braunkohle, Erdgas, Mineralöl und Uran. **Regenerative Energieträger** sind Wind, Sonne, Wasser, Biomasse und Erdwärme.

Die in den Energieträgern enthaltene Energie wird **Primärenergie** genannt. Die Gesamtenergiemenge der eingesetzten Energieträger bezeichnet man als den **Primärenergiebedarf** eines Landes.

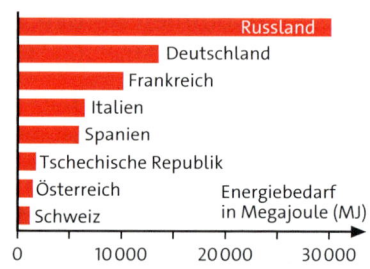

1 *Energiebedarf einiger europäischer Länder im Jahr 2018*

Deckung des Energiebedarfs

Der Primärenergiebedarf in Deutschland sinkt seit Beginn der 1990er Jahre. Bis auf Erdgas ist seither der Einsatz fossiler Energieträger zur Deckung des Bedarfs ebenfalls zurückgegangen. Dagegen nimmt der Anteil der erneuerbaren Energieträger deutlich zu. ↗2

Verfügbarkeit

Fossile Energieträger sind auf der Erde nur in begrenzter Menge vorhanden. Wasser, Sonne, Wind, Erdwärme und Biomasse sind dagegen **unerschöpfliche Energiequellen**. Allerdings stehen Sonne und Wind nicht immer zur Verfügung. Durch die überregionale Vernetzung der Kraftwerke kann trotzdem eine **Versorgungssicherheit** erreicht werden.

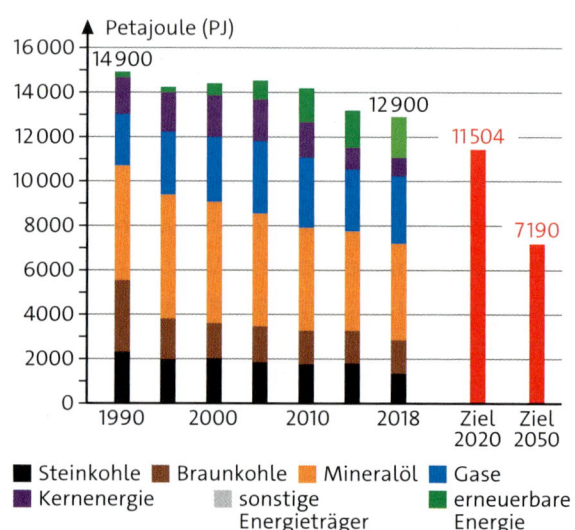

2 *Entwicklung des Primärenergiebedarfs in Deutschland nach Energieträgern in Petajoule (1 Petajoule = 1 000 000 000 000 000 J = 278 GWh)*

Anlagensicherheit

Im Gegensatz zu AKW gelten Solar- und Windkraftwerke als **risikoarm**. Die Staudämme von Wasserkraftwerken können allerdings zur Gefahr werden: Wenn die Staumauern brechen, fließen riesige Wassermassen ins Tal und gefährden die dort Lebenden. Windkraftanlagen erzeugen beim Betrieb **Lärm**, der Lebewesen in der Umgebung stören kann. Die Rotorblätter von Windrädern können Vögel erschlagen. Im Straßenverkehr und an Glasscheiben sterben jedoch 1700mal so viele Vögel. ↗3

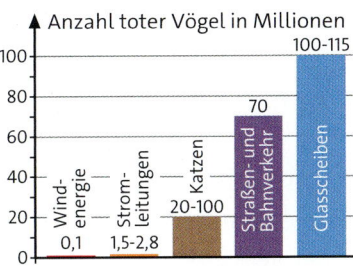

3 *Ursachen für Vogelsterben*

Flächenbedarf

Bei der Energiegewinnung aus regenerativen Energieträgern ist der Flächenbedarf viel höher als bei der Energiegewinnung aus fossilen Energieträgern. Windkraft- und Fotovoltaikanlagen benötigen viel **mehr Fläche** als ein Braunkohletagebau mit Kraftwerk mit vergleichbarer Leistung. ↗4 Montiert man die Solarzellen aber auf Dächern, geht keine Nutzfläche verloren.

4 *Eine riesige Fotovoltaikanlage*

Gefahrstoffe

Beim Betrieb von Solar-, Wind- und Wasserkraftwerken entstehen keine schädlichen Abgase, Radioaktivität oder strahlender Abfall. Für den Bau von Batterien werden aber Lithium und Kobalt benötigt. Minenarbeiter bauen diese giftigen und teuren Stoffe unter hohem **Gesundheitsrisiko** ab. ↗5 Auch das Recycling der Materialien ist aufwändig und schwierig.

5 *Mit bloßen Händen holt ein Arbeiter das Kobalt aus einer ungesicherten Mine.*

Klimaauswirkungen

Bei der Verbrennung fossiler Energieträger werden Treibhausgase freigesetzt. Solar-, Wind- und Wasserkraftwerke setzen dagegen beim Betrieb keine Treibhausgase frei, sie sind **klimaneutral**. Die Verbrennung von Pflanzen zur Energiegewinnung gilt ebenfalls als klimaneutral: Es wird nur das Kohlendioxid freigesetzt, das die Pflanze während ihres Wachstums aus der Atmosphäre aufgenommen hat. Es dauert jedoch viele Jahrzehnte, bis ein neu gepflanzter Wald das Kohlenstoffdioxid aufgenommen hat, das bei der Verbrennung des Holzbestandes eines Waldes freigesetzt wurde.

- **Der Primärenergiebedarf in Deutschland sinkt seit 1990.**
- **Der Anteil der erneuerbaren Energieträger steigt.**
- **Regenerative Energieträger besitzen Vorteile und Nachteile bei den Aspekten Verfügbarkeit, Flächenbedarf, Sicherheit und Klimaauswirkungen.**

AUFGABEN

1 Erstelle eine Tabelle. Notiere darin je vier fossile und vier regenerative Energieträger.
2 Vergleiche die Vor- und Nachteile von Windkraftanlagen und Solaranlagen.
3 Ordne den farbigen Balken in Bild 2 die entsprechenden Energieträger zu.
4 Beschreibe die Veränderung der Anteile der einzelnen Energieträger in Bild 2. Verwende dabei die Worte „... nahm leicht/stark zu/ab".

Kernfusion und Wasserstoff

1 Kernfusion - Energie der Zukunft

In **Fusionsreaktoren** sollen die gleichen Vorgänge ablaufen wie in unserer Sonne. Dazu muss Wasserstoffgas auf über 100 Millionen Grad Celsius erhitzt werden. Bei diesen Temperaturen sind Elektronen und Atomkerne voneinander getrennt. Stoßen dann zwei Protonen, die Atomkerne des Wasserstoffs, zusammen, verschmelzen sie zu Helium. Bei dieser Kernfusion werden energiereiche Neutronen frei. ↗1

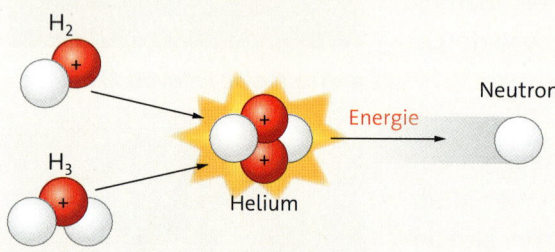

1 Kernfusion

Ein Gramm Wasserstoff könnte so viel Energie freisetzen wie elf Tonnen Kohle. Kernfusion hat einige Vorteile: Es entstehen keine klimaschädlichen Gase, der Reaktorbetrieb ist ungefährlich und Wasserstoff steht unbegrenzt zur Verfügung.
Fusionsreaktoren sind im Versuchsstadium. Hauptproblem ist, das heiße Gas von den Wänden des Reaktors fernzuhalten, denn dort kühlt es ab und der Fusionsprozess stoppt. Trotz der immensen Kosten von über 22 Milliarden Euro soll der erste Fusionsreaktor ab 2050 Energie liefern.

Aufgaben:
- Beschreibe, was bei der Kernfusion geschieht.
- Notiere Vorteile und Nachteile von Fusionsreaktoren.

2 Wasserstoff - Kraftstoff der Zukunft

Wasserstoff kann durch Elektrolyse aus Wasser gewonnen werden. An Tankstellen wird das Gas in hochdrucksichere Fahrzeugtanks gefüllt. ↗2 In der **Brennstoffzelle** reagiert der Wasserstoff mit Luftsauerstoff. Dabei wird Energie frei, die einen Elektromotor antreibt.
Für die Wasserstoffherstellung wird viel Strom benötigt. Wird dieser aus regenerativen Energiequellen gewonnen, ist der Prozess klimaneutral. Bei Verwendung fossiler Energieträger werden Treibhausgase frei. Bei der Synthese von Wasserstoff und Sauerstoff entsteht Wasser, aber keine klimaschädlichen Gase.
Der Tankvorgang geht sehr schnell, allerdings gibt es bisher nur gut 100 Tankstellen in Deutschland. Die Energieumwandlungskette elektrische Energie → Wasserstoff → elektrische Energie ist umständlich und mit Verlusten verbunden. Wasserstoff-Autos sind leichter als Elektroautos. Für ihre Herstellung werden kaum seltene Metalle benötigt.

Aufgaben:
- Notiere Vorteile und Nachteile von Wasserstoff-Autos.
- Begründe, ob du dir bei gleichem Kaufpreis ein Wasserstoff-Auto oder ein Auto mit Verbrennungsmotor kaufen würdest.

2 Eine Wasserstofftankstelle

Energieversorgung im Wandel

Energie aus dem Atomkern

Otto Hahn, Lise Meitner und Fritz Straßmann entdeckten 1939, dass die Spaltung eines Uranatomkerns durch Neutronen möglich ist. Bei dieser Kernspaltung entstehen zwei neue, kleinere Atomkerne und es werden Wärmeenergie und zwei bis drei Neutronen frei. Die frei werdenden Neutronen können weitere Uranatomkerne spalten: Es kommt zu einer Kettenreaktion. ↗1

In Atombomben finden unkontrollierte Kettenreaktionen statt, in Kernkraftwerken werden sie dagegen kontrolliert.

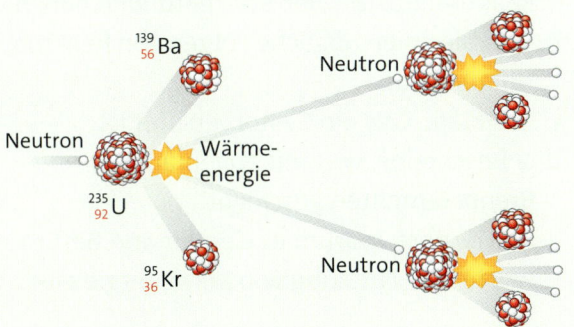

1 *Kettenreaktion von Uran*

Kernenergie nutzen

Atomkraftwerke bestehen aus einem Reaktordruckbehälter mit Steuerstäben und Brennelementen aus Uran, in denen die Kernspaltungen kontrolliert ablaufen. Es gibt Siedewasserreaktoren und Druckwasserreaktoren. ↗2

In beiden Reaktortypen wird die Kernenergie in Wärmeenergie und Bewegungsenergie umgewandelt. Über Turbinen und Generatoren wird die Bewegungsenergie in elektrische Energie umgewandelt.

Atomkraftwerke benötigen wenig Brennstoff und nur geringe Flächen, sie setzen keine Treibhausgase frei, sind geräuscharm und von Wind und Tageslicht unabhängig.

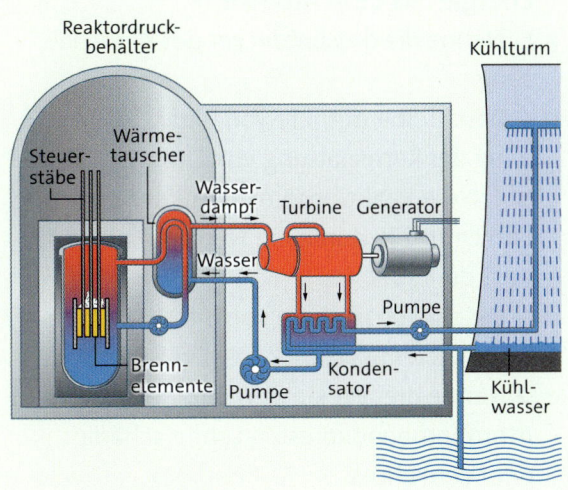

2 *Druckwasserreaktor*

Risiken der Kernenergie

Risiken der Kernenergie sind die Freisetzung von Radioaktivität aus Atomkraftwerken, Reaktorunfälle sowie die sichere Lagerung des radioaktiven Abfalls über tausende Jahre.

Regenerative Energieträger

Regenerative Energieträger sind Wind, Sonne, Wasser, Biomasse und Erdwärme. Ihr Anteil an der Primärenergieerzeugung steigt in Deutschland stetig an. Der Primärenergiebedarf dagegen sinkt in Deutschland seit 1990. Regenerative Energieträger haben Vor- und Nachteile. Es sind zwar unerschöpfliche Energiequellen, Sonne und Wind stehen aber nicht immer zur Verfügung. Solar- und Windkraftwerke gelten als risikoarm, benötigen aber viel mehr Fläche als ein Kohletagebau. Solar-, Wind- und Wasserkraftwerke erzeugen keinen Abfall und keine Abgase, sie sind klimaneutral. Für den Bau von Batterien werden aber die giftigen Stoffe Lithium und Kobalt benötigt, die unter hohem Gesundheitsrisiko für die Minenarbeiter abgebaut werden. Auch das Recycling dieser Materialien ist aufwändig und schwierig.

1 Energie aus dem Atomkern

a ☐ Nenne die drei Entdecker der Kernspaltung.

b ☑ Beschreibe mithilfe von Bild 1 den Vorgang der Kernspaltung von Uran-235. ↗1

c ☑ Gib die Reaktionsgleichung der Spaltung von Uran-235 durch ein Neutron an. Bild 1 hilft dir dabei. ↗1

d ☑ Beschreibe mithilfe von Bild 1, wie es zu einer Kettenreaktion kommen kann. ↗1

e ☑ Nenne drei Wirkungen, mit denen eine Atombombenexplosion Leben schädigt oder vernichtet.

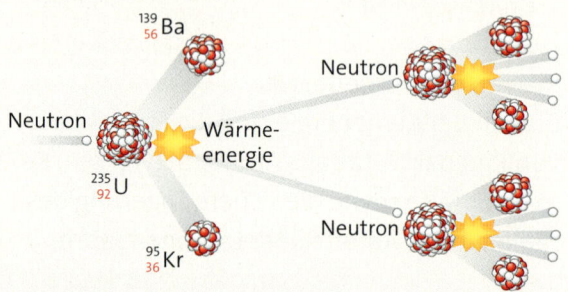

1 Kernspaltung und Kettenreaktion

2 Kernenergie nutzen

a ☑ Notiere die Energieumwandlungskette, die in einem Atomkraftwerk abläuft.

b ■ Beschreibe mithilfe von Bild 2 die Funktionsweise eines Atomkraftwerks. ↗2

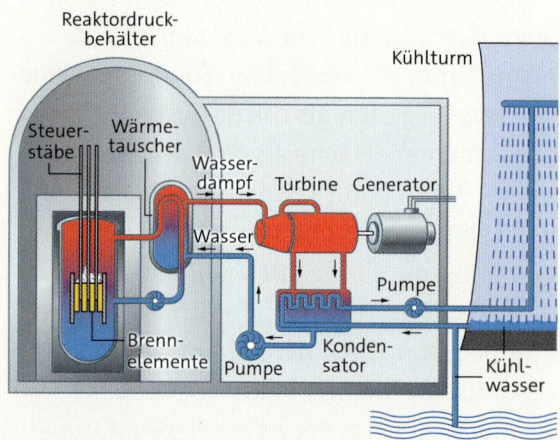

2 Atomkraftwerk mit Druckwasserreaktor

3 Risiken der Kernenergie

3 Behälter mit radioaktivem Abfall

a ☐ Nenne die beiden Orte, an denen bisher Reaktorkatastrophen stattgefunden haben.

b ☐ Zähle zwei mögliche Folgen von Reaktorunfällen auf.

c ☐ Erkläre, was ein Castorbehälter ist.

d ☑ Beschreibe, was mit abgebrannten Brennelementen geschieht.

e ■ Erläutere, warum es Gegner und Befürworter der Nutzung von Kernenergie gibt.

4 Regenerative Energieträger

a ☐ Nenne fünf regenerative Energieträger und fünf fossile Energieträger.

b ☐ Wind und Sonne stehen nicht immer zur Verfügung. Erkläre, wie trotzdem eine hohe Versorgungssicherheit mit elektrischer Energie erreicht werden kann.

c ☑ Ordne die zehn Energieträger aus Aufgabe a den Energieformen in Bild 4 zu. ↗4

Bewegungsenergie	???
Strahlungsenergie	???
Chemische Energie	???
Wärmeenergie	???
Kernenergie	???

4 Tabelle für Aufgabe 4c

5 Atomkraftwerke

Von den 47 Ländern in Europa betreiben nur 17 Länder Atomkraftwerke.

a ☐ Nenne zwei Möglichkeiten, wie die anderen Länder ihren Energiebedarf decken.

b ■ Erläutere, was Politiker meinen, wenn sie sagen, dass der Atomausstieg „europäisch" gelöst werden muss.

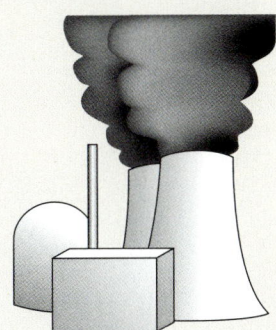

5 *AKW mit Kühltürmen*

c ◪ Begründe, warum die Darstellung in Bild 5 falsch ist. ↗5

d ◪ Die Karte zeigt, welche Gebiete in Bayern durch den Reaktorunfall von Tschernobyl besonders belastet sind. Gib die besonders belasteten Regierungsbezirke an. ↗6

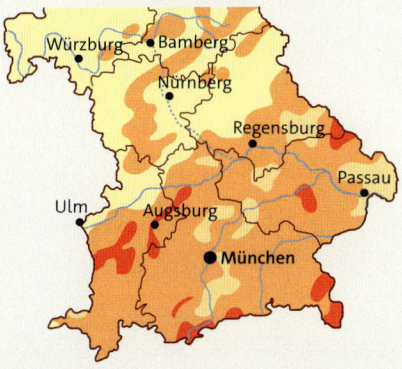

6 *Belastung mit radioaktiven Elementen durch den Reaktorunfall von Tschernobyl in Bayern*

e ■ Bewerte die folgenden Ideen zur langfristigen Lagerung von Atommüll: in die Sonne schießen; über große Flächen verteilen, um den Müll zu „verdünnen"; in einen aktiven Vulkan werfen; in alten Bergwerken mit Beton eingießen; in den Castorbehältern lassen. Nenne zu jedem Vorschlag Pro- und Kontra-Argumente.

6 Atomwaffen

a Lest den folgenden Text:

Auf Befehl des US-Präsidenten Truman wurde am 6. und 9. August 1945 über Hiroshima und Nagasaki je eine Atombombe abgeworfen. Es waren bisher die einzigen Einsätze von Atombomben in einem Krieg. Durch die beiden Explosionen wurden etwa 100.000 Menschen sofort getötet. Bis zum Jahresende starben weitere 130.000 Menschen qualvoll an Verbrennungen oder an den Folgen der Radioaktivität. Sechs Tage nach den Bombenabwürfen kapitulierte der japanische Kaiser. Damit endete der 2. Weltkrieg in Asien.

b Diskutiert im Ethik- oder Religionsunterricht den Einsatz von Atombomben im Krieg. Nutzt dazu auch den obenstehenden Text.

7 Regenerative Energieträger

a ☐ Addiere jeweils die Anteile der regenerativen und fossilen Energieträger in Bild 7. ↗7

b ◪ Formuliere die Ergebnisse in einem Satz.

c ◪ Recherchiere den aktuellen Energiemix.

d ◪ Beschreibe die Veränderung der Anteile.

e ■ Bis Ende 2022 werden in Deutschland alle Atomkraftwerke und bis Ende 2038 alle Kohlekraftwerke abgeschaltet. Bewerte diese Entscheidung.

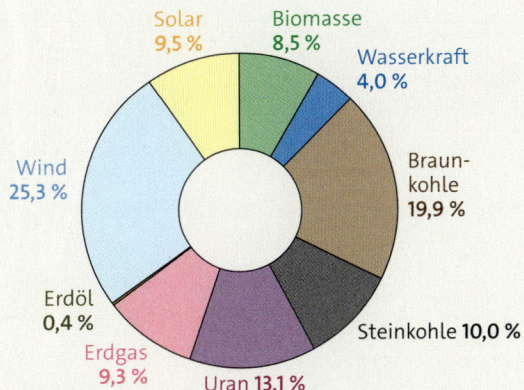

7 *Energiemix in Deutschland im Jahr 2019 (Quelle: Fraunhofer ISE)*

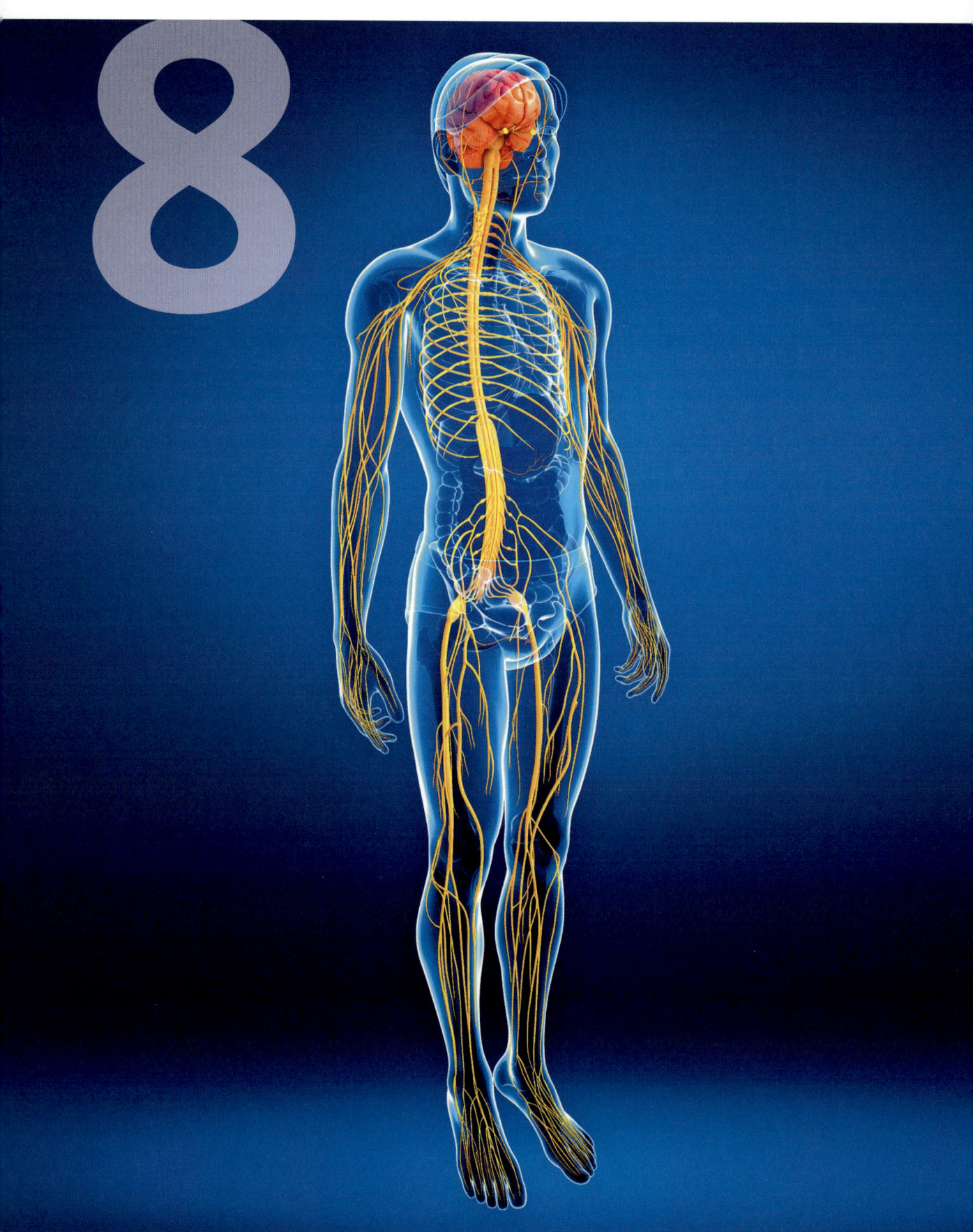

8

Informationsaufnahme und -verarbeitung beim Menschen

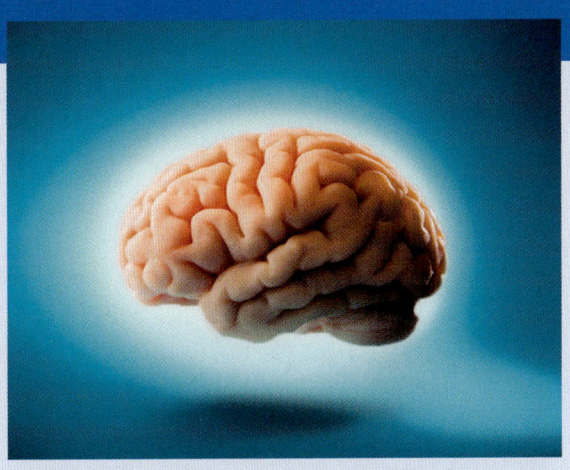

100 000 000 000

In einem menschlichen Gehirn befinden sich etwa **einhundert Milliarden** Nervenzellen.

1

Die Nervenfasern in unserem Körper können bis zu **einem Meter** lang werden. Die dünnsten Nervenfasern haben einen Durchmesser von nur **einem Mikrometer**, das ist ein Tausendstel Millimeter. Zum Vergleich: das menschliche Haar ist 40-mal dicker.

432

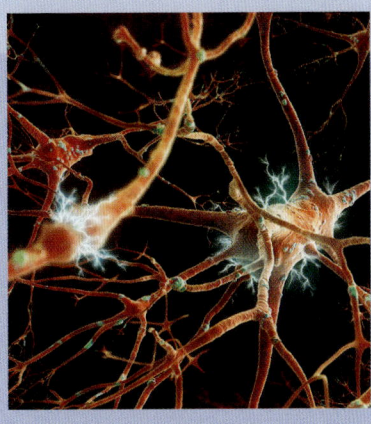

Nerven leiten Signale mit einer Geschwindigkeit von bis zu **vierhundertzweiunddreißig Kilometern pro Stunde** durch unseren Körper. Ein Signal braucht dadurch nur etwa eine hundertstel Sekunde, um vom Gehirn zum großen Zeh zu gelangen.

In diesem Kapitel …

- lernst du, wie das Nervensystem des Menschen aufgebaut ist.
- erfährst du, wie Informationen in unserem Gedächtnis gespeichert und verarbeitet werden.
- erforschst du, unter welchen Bedingungen du erfolgreich lernen kannst.
- lernst du, dass du dein Nervensystem schonen und schützen kannst.

Nervensystem

1 Was kannst du bewusst steuern?

Versuch A:

- Notiere, wie lange du für diese Bewegungsabfolge brauchst: Lege deinen rechten Arm auf den Tisch. Hebe ihn dann über deinen Kopf, sodass dein Unterarm darauf liegt. Fasse an dein Ohr. Wenn du es berührt hast, sage laut: „Guten Morgen!" ↗1
- Wiederhole den Ablauf mit der halben Geschwindigkeit. Sieh dabei auf die Uhr.
- Kannst du das Experiment durchführen? Ist jeder Schritt möglich? Begründe.

Versuch B:

- Miss 10 Sekunden lang deinen Puls am Hals oder Handgelenk. ↗1 Multipliziere die Zahl mit 6, so erhältst du die Pulsfrequenz. Notiere diesen Wert.
- Konzentriere dich jetzt darauf, deinen Puls zu verlangsamen. Wenn du der Meinung bist, deinen Puls um zehn Schläge gesenkt zu haben, miss deine Pulsfrequenz erneut.
- Kannst du deinen Puls senken? Begründe.

Vergleiche die beiden Experimente.

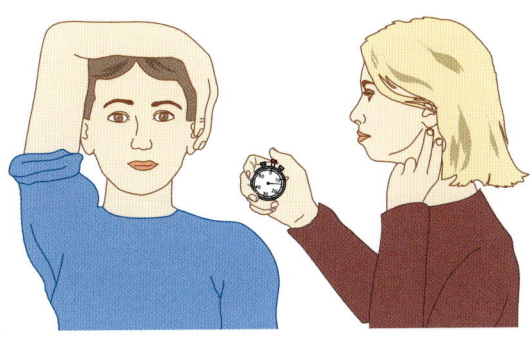

1 *Versuch A und Versuch B*

2 Wir messen die Reaktionszeit

Du brauchst: 30 cm langes Lineal, Stift, Papier

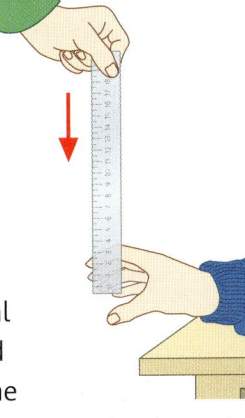

- Dein Partner hält das Ende des Lineals so in der Hand wie in Bild 2 gezeigt. ↗2
- Du umfasst das Lineal locker mit einer Hand in Höhe der Null, ohne es festzuhalten. ↗2

2 *Linealversuch*

- Ohne Ankündigung lässt dein Partner das Lineal nun los. Du greifst schnell zu und hältst es fest.
- Lies die Zahl auf der Skala ab, bei der du das Lineal fassen konntest. Je schneller du bist, desto weniger Zeit hat das Lineal zum Fallen und desto geringer ist die Zentimeterzahl.
- Führt den Test abwechselnd durch.
- Erstellt ein Klassenranking. Die Tabelle hilft dir bei der Auswertung. ↗3

Weglänge in Zentimetern	Durchschnittliche Reaktionszeit in Millisekunden
9	135
11	150
14	170
16	180
20	200
24	220
30	250

3 *Reaktionszeit entsprechend der Weglänge*

Beim Hausaufgaben machen nimmst du dir beiläufig einen Keks. Doch woher weiß deine Hand, wie sie sich bewegen soll, um den Keks zu ergreifen? Woher weiß sie, wie fest die Finger zudrücken dürfen, um den Keks zu halten, aber nicht zu zerbröseln?

8.1 Das Nervensystem

Steuerungssystem des Körpers

Beim Gehen denkst du nicht darüber nach, einen Fuß vor den anderen zu setzen. Du hältst das Gleichgewicht, nimmst deine Umgebung wahr und atmest, dein Herz schlägt und dein Verdauungssystem arbeitet. Diese Abläufe geschehen einfach. Alle bewussten und unbewussten Vorgänge in deinem Körper werden von einem System aus Nervenzellen, dem **Nervensystem** gesteuert. ↗1

Bestandteile des Nervensystems

Das **Zentralnervensystem**, kurz **ZNS**, besteht aus Gehirn und Rückenmark. ↗1 Das **Gehirn** ist die Steuerzentrale, hier finden Wahrnehmung, Erinnerung und Planung statt. Das **Rückenmark** verläuft als dickes Nervenbündel geschützt in der Wirbelsäule und verbindet das Gehirn mit dem restlichen Körper. Das **periphere Nervensystem**, kurz **PNS**, besteht aus Nervenzellen und deren Verbindungen. Die Nervenzellen leiten Informationen von den Sinnesorganen zum ZNS sowie vom ZNS an Muskeln und Organe. ↗1

Die Nervenzellen

Nervenzellen werden auch **Neuronen** genannt. Sie sind sternförmig und besitzen unterschiedlich lange Fortsätze. ↗2 Die kurzen Fortsätze heißen **Dendriten**, sie ragen wie die Äste eines Baumes aus dem Zellkörper und empfangen Impulse von anderen Zellen. Der lange Fortsatz wird als **Axon** bezeichnet, er erinnert an ein Stromkabel. Das Axon leitet elektrische Impulse weiter. An seinem Ende verzweigt es sich, jede

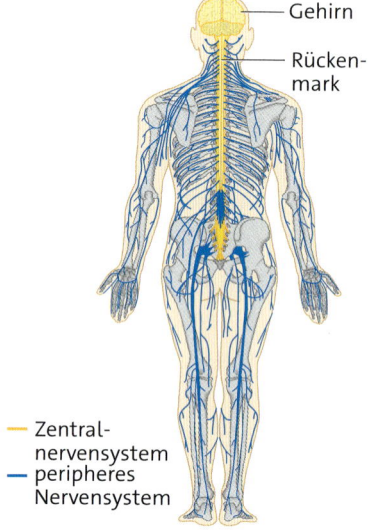

1 *Das Nervensystem des Menschen*

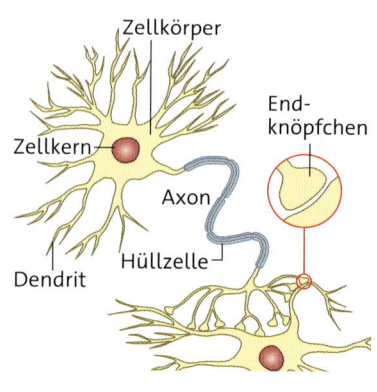

2 *Eine Nervenzelle*

Verzweigung endet in einer kleinen Verdickung, dem **End-knöpfchen**. Die Kontaktstelle einer Nervenzelle mit einer anderen Zelle nennt man **Synapse**. ↗3 Das Axon ist von Hüllzellen umgeben, zusammen bilden sie eine **Nervenfaser**. Ein Bündel von Nervenfasern wird **Nerv** genannt.

Weiterleitung von elektrischen Impulsen

Die Sinnesorgane nehmen Reize aus der Umwelt auf. Diese werden in ihren Sinneszellen in **elektrische Impulse** umgewandelt. Diese werden von den Dendriten aufgenommen und über das Axon weitergeleitet. Zwischen zwei Nervenzellen liegt ein schmaler Spalt, den die elektrischen Impulse nicht überspringen können. Stattdessen wird ein chemischer **Botenstoff** aus dem Endknöpfchen in den synaptischen Spalt ausgeschüttet. ↗3 Er dockt an der Nachbarzelle an und löst dadurch einen elektrischen Impuls aus, der weitergeleitet wird. Die Übertragung erfolgt in Sekundenbruchteilen. Die Geschwindigkeit der Signalweiterleitung kann bis zu 120 Meter pro Sekunde betragen.

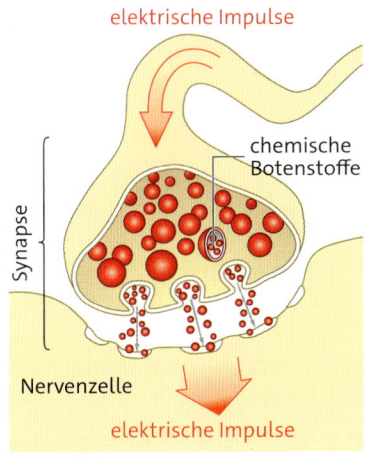

3 Synapsen übertragen elektrische Impulse

Gehirn als Steuerzentrale

Die Informationen aus den Sinnesorganen, den Muskeln und den inneren Organen laufen im Gehirn zusammen und werden dort ausgewertet. Das Gehirn besteht aus verschiedenen Teilen. ↗4

Im **Großhirn** finden Wahrnehmung, logisches Denken und Lernen statt. Hier sitzt das Gedächtnis und unsere Gefühle entstehen dort. Das **Kleinhirn** sorgt für das Gleichgewicht und die richtige Ausführung von Bewegungen. Das **Zwischenhirn** steuert den Schlaf-Wach-Rhythmus und reguliert die Körpertemperatur. Der **Hirnstamm** besteht aus Mittel- und Nachhirn, sie regeln Atmung, Herzschlag und Stoffwechsel. Auch Husten- und Schluckreflex werden hier ausgelöst.

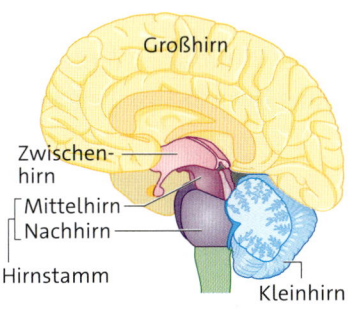

4 Das menschliche Gehirn

- Das Nervensystem besteht aus dem Zentralnervensystem mit Gehirn und Rückenmark sowie dem peripheren Nervensystem mit den Nervenzellen. Sie heißen Neuronen.
- Neuronen haben kurze Dendriten und ein langes Axon, sie nehmen elektrische Impulse auf und leiten sie weiter.
- Der synaptische Spalt wird durch einen chemischen Botenstoff überwunden.
- Im Gehirn finden Wahrnehmung, Denken und Planen sowie die Steuerung vieler Körperfunktionen statt.

AUFGABEN

1 Nenne die Bestandteile des Nervensystems.
2 Beschreibe, wie eine Nervenzelle aufgebaut ist.
3 Erkläre, wie ein Reiz von einer Nervenzelle auf eine andere übertragen wird.
4 Zähle vier Aufgaben des Gehirns auf.

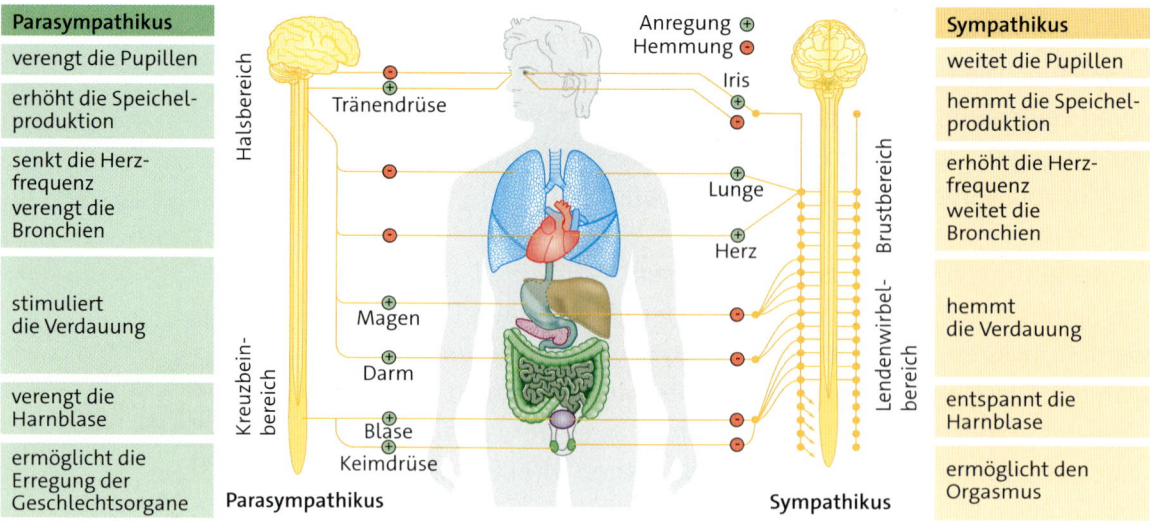

Parasympathikus		Sympathikus
verengt die Pupillen		weitet die Pupillen
erhöht die Speichel-produktion		hemmt die Speichel-produktion
senkt die Herz-frequenz verengt die Bronchien		erhöht die Herz-frequenz weitet die Bronchien
stimuliert die Verdauung		hemmt die Verdauung
verengt die Harnblase		entspannt die Harnblase
ermöglicht die Erregung der Geschlechtsorgane		ermöglicht den Orgasmus

Anregung ⊕
Hemmung ⊖

Halsbereich
Tränendrüse
Iris
Lunge
Herz
Brustbereich
Magen
Darm
Lendenwirbel-bereich
Blase
Keimdrüse
Kreuzbein-bereich
Parasympathikus
Sympathikus

5 *Das vegetative Nervensystem*

Das vegetative Nervensystem

60 Bestimmt hattest du schon einmal Herzklopfen und schwit-zende Hände während einer Probearbeit. Die Bewegung dei-ner Hände beim Schreiben kannst du ganz bewusst steuern, aber das Herzklopfen und Schwitzen lässt sich nicht abstellen. Diese Vorgänge werden durch das **vegetative Nervensystem**
65 gesteuert. ↗5 Es passt die Tätigkeit der inneren Organe und damit Blutdruck, Verdauung, Körpertemperatur und Herz-schlag je nach Situation an. Es arbeitet sogar im Schlaf weiter.

Gegenspieler

Zum vegetativen Nervensystem gehören **Sympathikus** und
70 **Parasympathikus**. Sie arbeiten als Gegenspieler zusammen. Was der eine antreibt, wird vom anderen gehemmt. Der Sym-pathikus besteht aus zwei Reihen von Nervenknoten. Sie ver-laufen links und rechts entlang der Wirbelsäule. ↗5 Er wird auch **Leistungsnerv** genannt, denn er sorgt für Höchstleistung:
75 Bei Anstrengung werden Atem- und Herzfrequenz gesteigert und die Durchblutung von Muskeln und Gehirn erhöht. Die Nervenknoten des Parasympathikus liegen bei den Orga-nen. ↗5 Er wird auch **Erholungsnerv** genannt, denn er sorgt für Erholung, Aufbau von Energiereserven und er aktiviert die
80 Verdauung. Deshalb bist du nach dem Essen müde.

- **Das vegetative Nervensystem steuert die Tätigkeit der inneren Organe.**
- **Sympathikus als Leistungsnerv und Parasympathikus als Erholungsnerv arbeiten als Gegenspieler zusammen.**

AUFGABEN

5 Nenne die beiden Begriffe, mit denen Sympathikus und Parasympathikus auch bezeichnet werden.

6 Beschreibe eine Situation, in der der Sympathikus wirkt.

Erste Hilfe

1 Fall Tommy: Er war den ganzen Nachmittag in der Sonne auf dem Sportplatz. Abends ist sein Kopf rot und heiß, der Rest des Körpers fühlt sich aber kalt an. Ihm ist schwindelig und er muss sich übergeben. Sein Nacken ist unbeweglich und sein Kopf schmerzt.

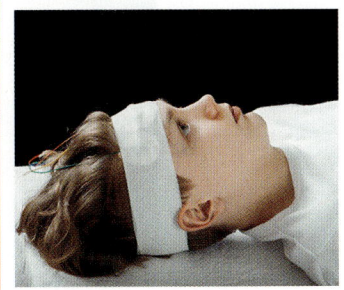

2 Fall Emre: Er wollte ein Kopfballtor machen – an mehr kann er sich nicht erinnern. Erst im Krankenhaus kommt er wieder zu sich. Er hat starke Kopfschmerzen, ist lichtempfindlich und ihm ist schlecht.

3 Fall Maxi: Sie ist mit Freunden unterwegs. Plötzlich stürzt sie und liegt verkrampft auf dem Boden, ihr Gesicht ist verzerrt. Nach einer Weile entspannt sich der Körper, sie bleibt bewusstlos. Die Freunde stehen ratlos um sie herum.

4 Ein **Krampfanfall** ist die Folge einer gleichzeitigen elektrischen Entladung von Nervenzellen im Gehirn. Signale werden unkontrolliert weitergeleitet. Betroffene verlieren die Kontrolle über ihren Körper.

5 Ein **Sonnenstich** entsteht durch lange, starke Sonneneinstrahlung auf Kopf und Nacken. Dadurch werden Gehirn und Hirnhäute gereizt und schwellen an. Kleinkinder und kahlköpfige Menschen sind besonders gefährdet.

6 Eine **Gehirnerschütterung** kann durch einen starken Schlag gegen den Kopf verursacht werden. Das weiche Gehirngewebe stößt dabei gegen den harten Schädelknochen. Dadurch werden die Nerven in ihrer Funktion beeinträchtigt. Betroffene können kurz bewusstlos sein, sie haben Erinnerungslücken und ihnen ist übel.

7 *Bringe den Betroffenen an einen kühlen Ort und lass ihn viel Flüssigkeit trinken. Kühle den Kopf mit nassen Tüchern und lagere den Oberkörper hoch. Wähle bei Bewusstlosigkeit den Notruf 112 und bringe den Betroffenen in die stabile Seitenlage.*

8 *Halte den Betroffenen während des Anfalls nicht fest. Entferne gefährliche Gegenstände aus der Nähe. Wähle in jedem Fall den Notruf 112. Bringe bei Bewusstlosigkeit nach dem Anfall den Betroffenen in die stabile Seitenlage.*

9 *Wähle bei Bewusstlosigkeit den Notruf 112. Lagere den Betroffenen so, dass der Kopf höher liegt als der Körper. Verabreiche keine Medikamente.*

Aufgaben

- Ordnet den Symptomen der drei Jugendlichen (rot) jeweils die passende Diagnose (grün) und die richtige Erste Hilfe-Maßnahme (blau) zu.

- Jeder sucht sich einen Fall aus. Spielt dann nacheinander die beschriebenen Symptome. Eure Mitschüler diagnostizieren, was ihr habt und geben Empfehlungen für Erste Hilfe-Maßnahmen.

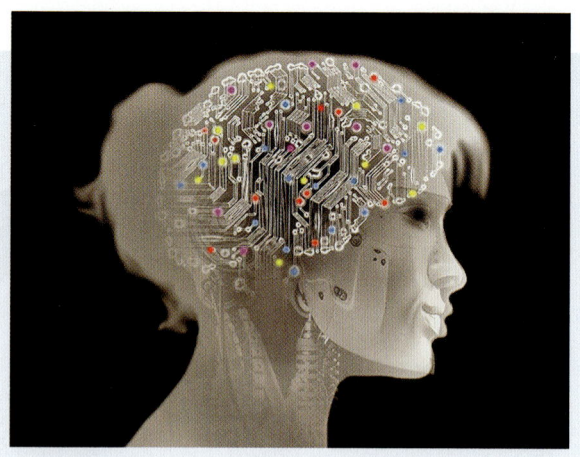

Wer viel weiß oder sich viel merken kann, dem wird gern ein Computerhirn bescheinigt. Funktioniert unser Gehirn tatsächlich wie ein Computer?

8.2 Das Gehirn – ein Informationsspeicher

Felder im Gehirn

Das Gehirn liegt gut geschützt im Schädel. Es hat ein Volumen von über einem Liter. Das **Großhirn** ist mit etwa 80 Prozent der
5 größte Teil des Gehirns. Es besteht aus zwei Hälften und hat eine stark gefaltete Oberfläche. Dadurch sieht es wie eine Walnuss aus. ↗1 Im Großhirn findet die Wahrnehmung unserer Umwelt statt. Es ist der Sitz unseres Bewusstseins und unserer Persönlichkeit. Den äußerlich sichtbaren Teil des Groß-
10 hirns nennt man **Großhirnrinde**. Dort gibt es über 200 verschiedene **Rindenfelder**, die ganz bestimmte Aufgaben erfüllen und miteinander zusammenarbeiten. Man unterscheidet vier Hauptgruppen, die zuständig sind für die Ver-
15 arbeitung von Sinneseindrücken, für Denken und Gedächtnis, für die Planung von Handlungen sowie für die Regulation der Organe und der Körperbewegungen. ↗2

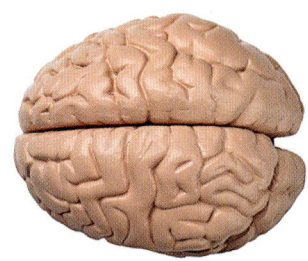

1 Das Großhirn *(von oben)*

2 Rindenfelder des Großhirns *(seitliche Ansicht)*

Drei-Speicher-Modell

20 Alle Informationen aus der Umwelt und dem Körper laufen im Gehirn zusammen. Hier müssen wichtige und unwichtige Informationen unterschieden werden. Das **Drei-Speicher-Modell** hilft zu verstehen, wie das Gedächtnis
25 funktioniert. ↗3 Man stellt sich vor, dass das Gehirn drei miteinander verbundene Speicher hat: das **sensorische Gedächtnis**, das **Kurzzeitgedächtnis** und das **Langzeitgedächtnis**.

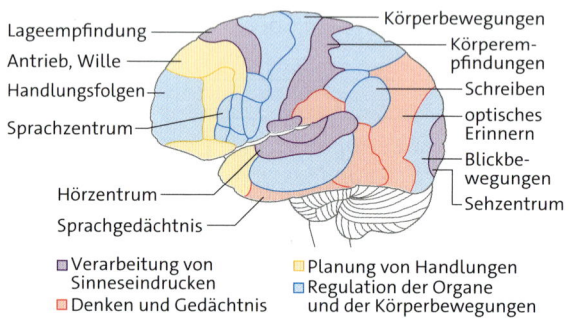

3 Drei-Speicher-Modell

Sensorisches Gedächtnis

In diesem Speicher kommen alle Informationen aus den Sinnesorganen an. Sie bleiben dort für maximal zwei Sekunden und werden überprüft. Nur was bedeutsam ist, wird an das Kurzzeitgedächtnis weitergegeben.

Kurzzeitgedächtnis

Dieser Speicher enthält die Informationen aus der Umwelt, die uns bewusst sind. Er kann zum Beispiel eine Telefonnummer für etwa 30 Sekunden speichern. Werden die Informationen aber wiederholt, sind besonders auffällig oder können mit bereits vorhandenem Wissen verknüpft werden, gelangen sie in das Langzeitgedächtnis.

Langzeitgedächtnis

Hier werden alle Informationen gespeichert, die für uns besonders bedeutsam sind oder sehr oft wiederholt wurden. Auf diesen Speicher greift das Kurzzeitgedächtnis zu, um Informationen einzuordnen oder zu verwerfen. Hier werden Fakten, Erlebnisse, Bewegungen und gelernte Fähigkeiten gespeichert.

Erfolgreiches Lernen

Sicher ist es dir schon aufgefallen: Dinge, die dich interessieren, kannst du dir leicht merken. Dinge, die dich nicht interessieren, bleiben dir auch nicht im Gedächtnis. Deine Motivation und viele andere Faktoren haben Einfluss auf das Lernen. ↗4
Es gibt verschiedene Lernformen. Kleine Kinder lernen meist durch Beobachten und Nachahmen ihrer Eltern. Wir lernen auch durch Erfolg: Wenn wir erreichen, was wir wollen, merken wir uns, wie wir das geschafft haben. Übung verbessert den Lernerfolg. Das gilt für das Autofahren genauso wie für das Lernen in der Schule: Je mehr du dich mit dem Lernstoff beschäftigst, desto leichter fällt er dir. Auch die Sinnesorgane, die du beim Lernen nutzt, haben Einfluss darauf, wie du lernst. ↗5

- **Die Großhirnrinde besitzt verschiedene Rindenfelder.**
- **Das Gedächtnis besteht aus sensorischem Gedächtnis, Kurzzeitgedächtnis und Langzeitgedächtnis.**
- **Informationen gelangen ins Langzeitgedächtnis, wenn sie oft wiederholt werden oder sehr bedeutsam sind.**
- **Es gibt verschiedene Lernformen: Beobachten und Nachahmen, Lernen durch Erfolg und Lernen durch Üben.**

- Ruhige Umgebung.
- Lust darauf, Neues zu lernen.
- Konzentration auf den Lernstoff.
- Erst eine Stunde nach dem Essen lernen.
- Ohne Zeitdruck lernen.
- Den Lernstoff in kleine Portionen einteilen.
- Wiederholung des vorher Gelernten.
- Über das Gelernte sprechen.
- Das Gelernte auf andere Situationen übertragen.

4 *Was den Lernerfolg fördert*

Lernerfolg durch	In %
Lesen	10 %
Hören	20 %
Sehen	30 %
Hören und Sehen	50 %
Selbst sagen	70 %
Selbst tun	90 %

5 *Wieviel man sich merkt*

AUFGABEN
1 Beschreibe, wie das Großhirn aufgebaut ist.
2 Nenne die drei Bestandteile des Gedächtnisses.
3 Zähle auf, was zum Lernen förderlich ist.
4 Erläutere mithilfe des Drei-Speicher-Modells, weshalb Wiederholung und Anwendung des Gelernten so wichtig ist.

Manuel Neuer – der vielleicht beste Torwart der Welt. Ist er so gut, weil er die schnellsten Reflexe hat?

8.3 Bewusste Handlung oder Reflex

Vom Reiz zur Reaktion

Du fährst mit dem Fahrrad zur Schule. Vor dir schaltet eine Ampel auf Rot. Du trittst langsamer in die Pedale, bremst
5 dann ab und bleibst an der Ampel stehen. ↗1

Alle deine Reaktionen werden von deinem Nervensystem gesteuert. Die Sinneszellen in deinen Augen nehmen die Lichtreize der roten Ampel auf und wandeln sie in elektrische Impulse um. Die Nerven, die diese Impulse an das Gehirn weiterleiten,
10 heißen **Empfindungsnerven**. Erst im Gehirn entsteht die Wahrnehmung „rote Ampel". Diese Information wird mit bereits Bekanntem verglichen und bewertet. Da eine rote Ampel „Stopp!" bedeutet, plant dein Gehirn die passende Reaktion. Über **Bewegungsnerven** werden elektrische Impulse an die
15 Muskeln geleitet. Diese führen die geplante Reaktion aus: Du bremst. Dieser gesamte Vorgang wird als **Reiz-Reaktions-Schema** bezeichnet. ↗2

1 *Alltag auf dem Weg zur Schule*

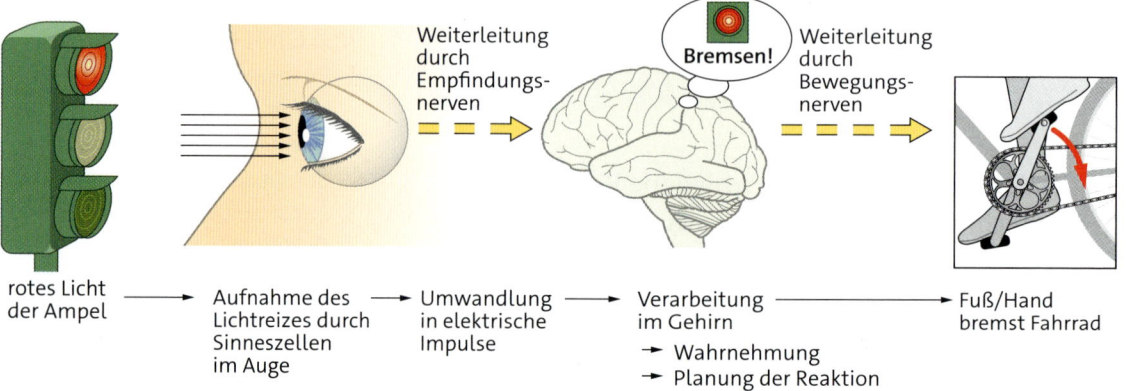

2 *Reiz-Reaktions-Schema: Informationsverarbeitung am Beispiel einer roten Ampel*

Willkürliche und unwillkürliche Reaktionen

Bewusste Handlungen wie das Bremsen an der roten Ampel werden vom Willen gesteuert. Bei diesen **willkürlichen Reaktionen** werden die Informationen aus der Umwelt im Gehirn ausgewertet und eine Reaktion geplant.

Anders verhält es sich beim versehentlichen Berühren einer heißen Herdplatte: Noch bevor du einen Gedanken fassen kannst, hast du die Hand auch schon blitzschnell weggezogen. Solche Reaktionen, die nicht vom Gehirn geplant werden, weil sie sehr schnell ablaufen müssen, nennt man **unwillkürliche Reaktionen**. Diese heißen auch **Reflexe**. Du kannst sie nicht unterbrechen oder steuern.

Reflexe – schneller als ein Gedanke

Die Sinneszellen in deiner Haut nehmen den Hitzereiz der Herdplatte auf und wandeln ihn in elektrische Impulse um. Diese werden über Empfindungsnerven an Gehirn und Rückenmark geleitet. Doch bevor die Informationen im Gehirn ausgewertet werden und du den Schmerz spürst, werden im Rückenmark die elektrischen Impulse direkt auf Bewegungsnerven übertragen, die zum Arm führen. Er wird gebeugt und die Hand so von der Herdplatte weggezogen und damit vor einer schlimmen Verbrennung bewahrt. Solche schnellen, immer gleich ablaufenden Reaktionen, an denen das Gehirn nicht beteiligt ist, werden als **Reflexe** bezeichnet. Der Ablauf vom Reiz zur Reaktion wird **Reflexbogen** genannt. ↗3

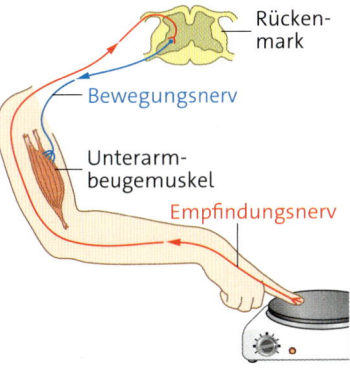

3 *Reflexbogen beim Verbrennen eines Fingers*

Reflexe schützen

Schutzreflexe schützen den Körper vor Verletzungen. Sie laufen automatisch ab. Eine bewusste Planung im Gehirn würde zu lange dauern und die Gefahr von körperlichen Schäden erhöhen. Der Lidschlussreflex schützt die Augen vor Fremdkörpern. Der Kniesehnenreflex kann verhindern, dass du stürzt, wenn du stolperst. Husten und Niesen sind Reflexe, die Fremdkörper aus den Atemwegen befördern. ↗4 Das Erbrechen schützt den Körper vor Vergiftungen durch Nahrungsmittel.

4 *Niesen ist ein Reflex.*

- Der Ablauf vom Reiz über die Wahrnehmung im Gehirn bis zur Reaktion wird Reiz-Reaktions-Schema genannt.
- Bei willkürlichen Reaktionen werden Informationen vom Gehirn ausgewertet und eine Reaktion geplant.
- Reflexe sind schnelle, unwillkürliche Reaktionen, die nicht vom Gehirn gesteuert werden.

AUFGABEN

1 Nenne drei Schutzreflexe.
2 Erkläre den Unterschied zwischen einem Reflex und einer willkürlichen Reaktion.
3 Begründe, ob Manuel Neuer der beste Torwart ist, weil er die besten Reflexe hat.

Der 21. April ist der internationale Tag gegen den Lärm. Denn auch Lärm ist eine Art der Umweltverschmutzung. Fühlst du dich durch Lärm gestört? Was ist Lärm für dich?

8.4 Gefahren für das Nervensystem

Stress belastet den Körper

„Das stresst mich!" Bestimmt hast du diesen Satz schon mal gesagt, wenn dich etwas verärgert oder gestört hat.

5 **Stress** ist eine Reaktion des Körpers, die uns ermöglicht, bei Gefahr schnell zu handeln und mit Belastungen umzugehen. Mithilfe des Hormons Adrenalin wird dabei schnell viel Energie freigesetzt. Stress ist anstrengend. Deshalb muss nach einer Stress-

10 phase eine Erholungsphase folgen. Dauerstress kann krank machen. Schlafstörungen, Bauchschmerzen, Kopfschmerzen, Bluthochdruck und Herz-Kreislauf-Probleme können die Folgen sein.

15 ### Lärm

Lärm ist unangenehmer Schall. ↗1 Er stört und verhindert Entspannung und Erholung. Verkehrslärm stört vor allem in Städten das Wohlbefinden. Der Körper reagiert mit Stress.

20 ### Schlafmangel

Im Schlaf erholt sich der Körper. ↗2 Das Gehirn verarbeitet die Eindrücke des Tages. Gelerntes wird im Gehirn gespeichert. Wenig Schlaf führt zu Müdigkeit, Konzentrationsproblemen, eingeschränkter Leistungsfähigkeit und schlechter Laune. Häu-

25 fig treten Stress und Schlafmangel zusammen auf, sodass sich Betroffene gar nicht mehr wohlfühlen. Bereits bei jungen Erwachsenen können sich Stressreaktionen bemerkbar machen.

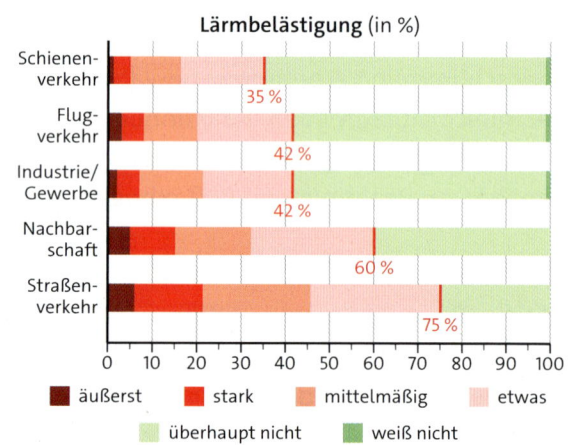

1 *Wie stark sich Menschen durch Lärm belästigt fühlen*

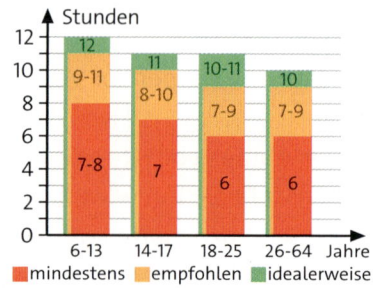

2 *So viele Stunden Schlaf braucht der Mensch*

Verletzungen

Bei Unfällen kann das Zentralnervensystem verletzt werden.
Starke Stöße auf den Kopf können ein **Schädelhirntrauma** verursachen. ↗3 Durch schwere Stürze oder bei risikoreichen
Sportarten kann die Wirbelsäule verletzt werden. Wird dabei
auch das Rückenmark verletzt, kann es zu einer **Querschnittslähmung** kommen. Durchtrennte Nervenzellen können keine
elektrischen Impulse mehr weiterleiten. Nervenzellen können
sich nicht erneuern und auch noch nicht geheilt werden. Daher bleiben Betroffene von der Verletzung abwärts gelähmt.
Schütze deshalb deinen Kopf beim Radfahren oder Skaten mit
einem Helm und trage beim Skifahren einen Rückenprotektor.

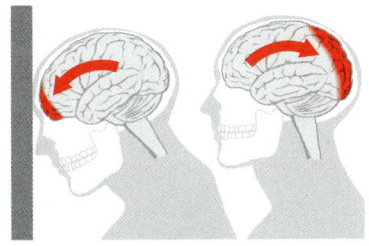

3 *Entstehung eines Schädelhirn-traumas*

Infektionskrankheiten

Bakterien oder Viren können eine **Hirnhautentzündung** verursachen. Dadurch können Nervenzellen geschädigt werden.
Die Folge können Taubheit oder Blindheit sein. Ein Beispiel ist
das FSME-Virus: Es kann durch einen Zeckenbiss in den Körper
gelangen. Eine vorbeugende Impfung kann vor der Erkrankung
schützen. ↗4

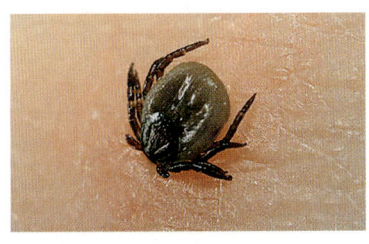

4 *Zecken können FSME-Viren übertragen.*

Schlaganfall

Als **Schlaganfall** wird eine Störung des Blutflusses im Gehirn
bezeichnet. Ursachen können eine verstopfte Arterie oder ein
geplatztes Blutgefäß sein. ↗5 Die dahinterliegenden Gehirnbereiche werden dann nicht mehr ausreichend mit Sauerstoff
versorgt. Dadurch werden Nervenzellen geschädigt und können absterben. Je nach Größe und Lage der betroffenen Hirn-
region kann ein Schlaganfall zu Lähmungen, Blindheit, Taubheit, Persönlichkeitsveränderungen, Sprachverlust oder sogar
zum Tod führen. Daher ist schnellstmögliche Hilfe lebenswichtig.
Viel Bewegung, eine ausgewogene Ernährung und genügend
Schlaf können vor einem Schlaganfall schützen.

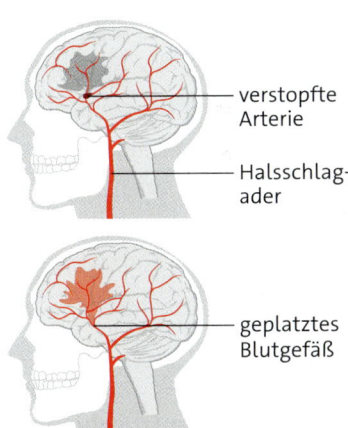

verstopfte Arterie

Halsschlag-ader

geplatztes Blutgefäß

5 *Ursachen eines Schlaganfalls*

- Stress ist die Reaktion des Körpers auf Belastungen.
- Dauerstress ohne Erholungsphasen kann krank machen.
- Lärm und Schlafmangel können Stress verursachen.
- Verletzungen des Gehirns und Rückenmarks können schwerwiegende Folgen haben.
- Bakterien und Viren können Nervenzellen schädigen.
- Eine gesunde Lebensweise kann vor einem Schlaganfall schützen.

AUFGABEN

1 Zähle vier Gefahren für das Nervensystem auf.
2 Erkläre anhand eines Bei-spiels, was man unter Stress versteht.
3 Erläutere, wie man sich vor einem Schlaganfall schützen kann.

Erfolgreich lernen

1 Regeln für erfolgreicheres Lernen

1 *So nicht! Eine aufgeräumte Umgebung fördert erfolgreiches Lernen.*

Intensive Lernzeit	Pause
10 Minuten	1 Minute
30 Minuten	5 Minuten
2 Stunden	15–20 Minuten

2 *Beim Lernen sind auch Pausen wichtig.*

- Räume deinen Arbeitsplatz auf. Entferne alle Dinge, die dich stören oder ablenken. ↗1
- Bitte darum, nicht gestört zu werden.
- Schalte Smartphone, Radio und Fernseher aus.
- Gewöhne dir an, regelmäßig zu lernen.
- Erstelle einen Lernplan. Teile dazu den Lernstoff in überschaubare Portionen ein.
- Plane Pausen beim Lernen ein. ↗2
- Finde heraus, wie du Informationen am besten aufnehmen und sie dir lange merken kannst. Dabei kann dir ein Lerntypentest helfen, zum Beispiel aus dem Internet.

- Erstelle selbst Bilder, Skizzen oder Mindmaps zum Lernstoff. Du kannst auch einen Spickzettel schreiben und damit lernen.
- Übe in Mathematik das Lösen von Aufgaben, und in Deutsch das Rechtschreiben.
- Lerne mit Karteikarten: Notiere auf den Vorderseiten Fragen, Aufgaben oder Fachbegriffe und auf den Rückseiten die richtigen Antworten, Lösungen oder Erklärungen.
- Regelmäßige Bewegung, ausreichend Schlaf und ausgewogene Ernährung helfen, Wissen im Gedächtnis abzuspeichern.

Aufgabe:
- Notiere auf einem Zettel 3 bis 5 Regeln, die für dich passen. Hänge den Zettel zu Hause über deinem Schreibtisch auf.

2 Lernen auf unterschiedliche Arten

Aufgabe:
- Erkläre mithilfe von Bild 3, was mit der folgenden Aussage gemeint ist. ↗3

„Sage es mir, und ich werde es vergessen. Zeige es mir, und ich werde es vielleicht behalten. Lass es mich tun, und ich werde es können."

Konfuzius, chinesischer Gelehrter

Wir behalten …

… 10% von dem was wir lesen.

… 20% von dem was wir hören.

… 30% von dem was wir sehen.

… 50% von dem was wir hören und sehen.

… 70% von dem was wir selbst sagen.

… 90% von dem was wir selbst tun.

3 *Wie viel wir uns merken*

Aufnahme und Verarbeitung von Informationen

Das Nervensystem

Das Nervensystem besteht aus dem Zentralnervensystem ZNS mit Gehirn und Rückenmark sowie dem peripheren Nervensystem PNS mit den Nervenzellen. ↗1 Das Gehirn als Steuerzentrale ist über das Rückenmark mit dem restlichen Körper verbunden. Im Gehirn finden Wahrnehmung, Denken und Planen sowie die Steuerung vieler Körperfunktionen statt.

Nervenzellen, auch Neuronen genannt, nehmen elektrische Impulse auf und leiten sie weiter. Nervenzellen besitzen kurze Fortsätze, die Dendriten, und einen langen Fortsatz, das Axon. Die Kontaktstellen von Nervenzellen mit anderen Zellen heißen Synapsen. ↗2 Der synaptische Spalt wird durch einen chemischen Botenstoff überwunden.

Das vegetative Nervensystem steuert die Tätigkeit der inneren Organe. Zu ihm gehören der Leistungsnerv, der Sympathikus, und der Erholungsnerv, der Parasympathikus. Sie arbeiten als Gegenspieler zusammen.

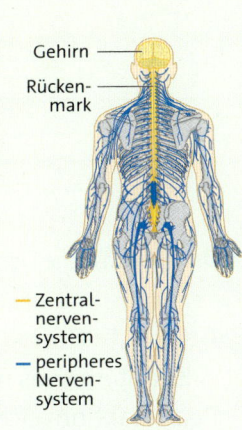

Gehirn
Rückenmark

— Zentralnervensystem
— peripheres Nervensystem

1 Das Nervensystem des Menschen

Das Gehirn – ein Informationsspeicher

Das Gehirn liegt gut geschützt im Schädel. Der äußere Teil ist die Großhirnrinde. Sie besitzt verschiedene Rindenfelder, die jeweils bestimmte Aufgaben erfüllen. Das Gedächtnis besteht aus sensorischem Gedächtnis, Kurzzeitgedächtnis und Langzeitgedächtnis. Informationen, die oft wiederholt werden oder eine besondere Bedeutung haben, werden im Langzeitgedächtnis gespeichert. Lernen kann man durch Beobachten und Nachahmen, durch Erfolg und durch Üben.

Bewusste Handlung oder Reflex

Der Ablauf vom Reiz über die Wahrnehmung im Gehirn bis zur Reaktion wird Reiz-Reaktions-Schema genannt. ↗3 Bei willkürlichen Reaktionen werden Informationen vom Gehirn ausgewertet und eine Reaktion geplant. Reflexe sind schnelle, unwillkürliche Reaktionen, die immer gleich ablaufen und nicht vom Gehirn gesteuert werden.

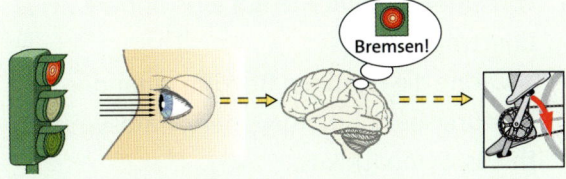

Bremsen!

3 Reiz-Reaktionsschema

Gefahren für das Nervensystem

Stress ist die Reaktion des Körpers auf Belastungen. Dauerstress ohne Erholungsphasen kann krank machen. Lärm und Schlafmangel können Stress verursachen. Eine gesunde Lebensweise kann vor Stress und Schlaganfällen schützen. Nervenzellen können durch Bakterien oder Viren, aber auch durch Unfälle und Verletzungen geschädigt werden.

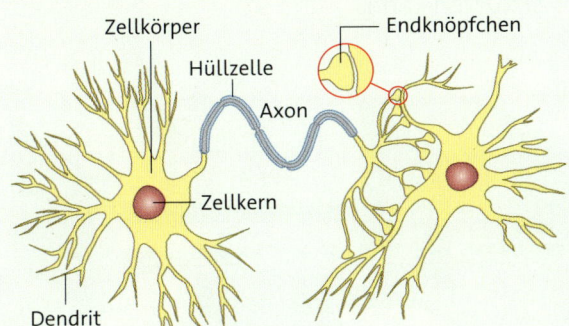

Zellkörper
Hüllzelle
Axon
Endknöpfchen
Zellkern
Dendrit

2 Eine Nervenzelle mit Synapse

1 Das Nervensystem

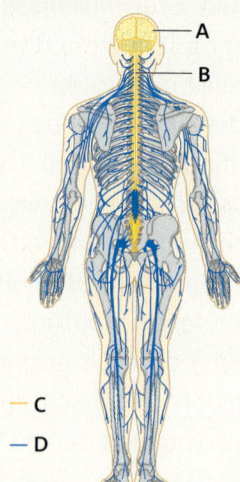

1 *Das Nervensystem des Menschen*

a ☐ Benenne die Bestandteile des Nervensystems, die in Bild 1 mit den Buchstaben A bis D gekennzeichnet sind. ↗1

b ☐ Liste in einer Tabelle die Bestandteile von ZNS und PNS sowie ihre Aufgaben auf.

c ☑ Zeichne eine Nervenzelle mit Verbindung zu einer weiteren und beschrifte sie.

d ☑ Beschreibe, wie ein elektrischer Impuls von einer Nervenzelle auf eine andere Zelle übertragen wird.

e ☐ Ordne die richtigen Begriffe einander zu: Leistungsnerv, Erholungsnerv, Parasympathikus, Sympathikus.

f ☑ Beschreibe, wie Sympathikus und Parasympathikus zusammenarbeiten.

2 Das Gehirn - ein Informationsspeicher

a ☐ Nenne die Bestandteile des Gehirns, die in Bild 2 mit den Buchstaben A bis F gekennzeichnet sind. ↗2

b ☐ Zähle die drei Teile des Gedächtnisses auf.

c ■ Beschreibe mithilfe des Drei-Speicher-Modells, wie unser Gedächtnis arbeitet. ↗3

d Nenne drei Formen des Lernens.

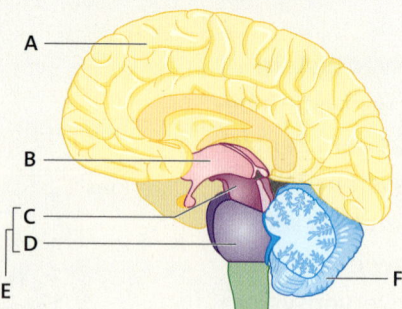

2 *Das menschliche Gehirn*

3 Bewusste Handlung oder Reflex

a ☐ Erläutere, was man unter dem Begriff Reiz-Reaktions-Schema versteht.

b ☑ Beschreibe den Unterschied zwischen einer bewussten Handlung und einem Reflex.

c ☐ Nenne drei Schutzreflexe.

4 Gefahren für das Nervensystem

a ☐ Zähle drei Gefahren für das Nervensystem auf.

b ☑ Beschreibe, was man unter Stress versteht.

c ☐ Nenne drei mögliche Folgen von Dauerstress.

d ☑ Erläutere, wie Lärm zum Problem für den Körper werden kann.

e ☐ Nenne zwei mögliche Folgen von Verletzungen an Gehirn und Rückenmark.

f ☑ Erkläre, was man unter einem Schlaganfall versteht und wie man sich davor schützen kann.

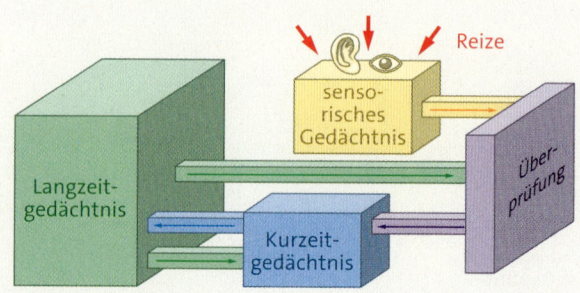

3 *Drei-Speicher-Modell*

5 Das Nervensystem

a ◨ Vergleiche das Nervensystem des Menschen mit dem des Seesterns. ↗1, 4

b ◨ Beschreibe den Weg vom Reiz zur Reaktion für den Tennisspieler. ↗5

c ■ Erläutere mithilfe von Bild 6, wie der Stolperreflex abläuft. ↗6

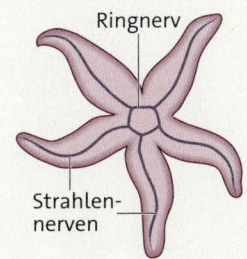

4 Nervensystem eines Seesterns

5 Tennisspieler

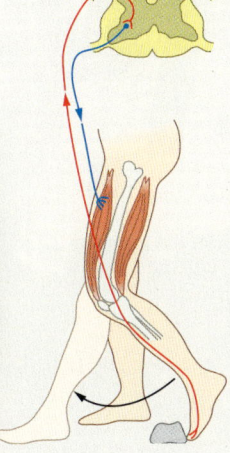

6 Ein Reflexbogen

6 Das Gedächtnis

Beschreibe, welche Ereignisse der Autofahrer im linken Auto in Bild 8 wie abspeichert. ↗8

7 Das Gehirn

Phineas Gage war Sprengmeister bei der Eisenbahn. Er war ein freundlicher und sehr zuverlässiger Mensch. Doch 1848 ereignete sich ein schwerer Unfall: Bei einer Explosion durchschlug eine Eisenstange seinen Schädel. ↗7 Gage überlebte den Unfall, war danach aber unzuverlässig, unzufrieden und launisch.

a ☐ Nenne den Gehirnteil, den die Eisenstange hauptsächlich verletzte. ↗7

b ◨ Begründe, weshalb Gage sich trotzdem normal bewegen und sprechen konnte.

c ◨ Die Charakterveränderung brachte die Hirnforschung zu einer neuen Erkenntnis. Nenne deine Vermutung.

d ◨ Beurteile die Überlebenschance von Gage, wenn die Eisenstange den Hirnstamm durchschlagen hätte.

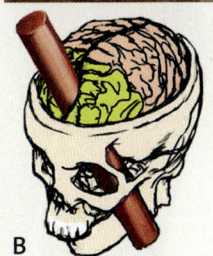

7 Phineas Gage: A Foto und B Darstellung seiner Verletzung

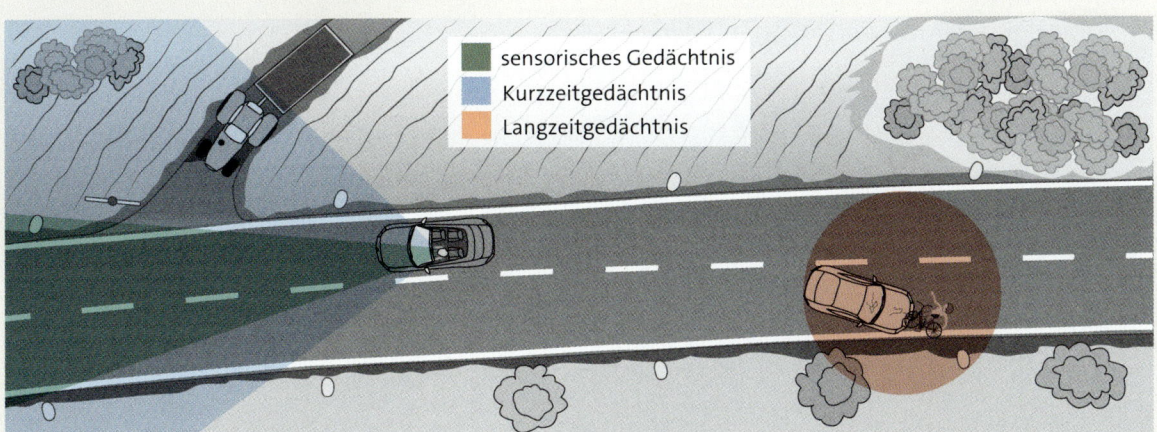

sensorisches Gedächtnis
Kurzzeitgedächtnis
Langzeitgedächtnis

8 Was das Gedächtnis speichert

9

Kommunikations- und Informationstechnik

Vor der Erfindung des Telefons wurden Nachrichten mithilfe von Morsezeichen über elektrische Telegrafen übermittelt. Beim Morsen gibt es nur **drei** Zeichen: kurzes Signal, langes Signal und Pause.

3

6

Fitness-Armbänder können **sechs** verschiedene Sensoren enthalten. Sie messen unter anderem Bewegungen, Puls, Körpertemperatur und den Sauerstoffgehalt im Blut.

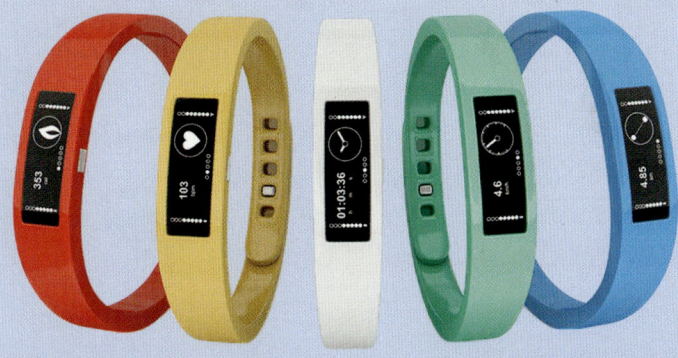

Ein Transistor kann einen Stromkreis öffnen oder schließen — ein moderner Computerchip hat inzwischen die Leistungsfähigkeit von **achthundertzwanzig Millionen** Transistoren.

820 000 000

In diesem Kapitel ...

- lernst du verschiedene Sensoren kennen.
- erfährst du, wie Sensoren Informationen aufnehmen und wie diese Informationen weiterverarbeitet werden.
- lernst du, wie Mikrofon und Lautsprecher aufgebaut sind.
- erforschst du einfache elektronische Schaltungen, die Informationen aufnehmen und verarbeiten können.
- lernst du, wie man einfache elektronische Schaltungen mit Sensoren baut.

Technik, die begeistert

1 Finde die Sensoren

Du brauchst: Stift, Papier

- Suche in deinem Umfeld nach Geräten, die sich von allein ein- und ausschalten oder selbst mehrere Abläufe hintereinander steuern oder auf Signale reagieren.
- Notiere, welche Geräte das sind und worauf sie reagieren.
- Versuche, ein solches Gerät zu überlisten.

2 Kommuniziere mit Morsezeichen

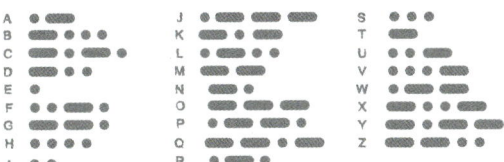

1 *Der internationale Morsecode*

Du brauchst: Stift, Papier, Taschenlampe

- Arbeitet in Zweiergruppen. Jeder schreibt eine kurze Nachricht auf und notiert darunter die Morsezeichen für jeden einzelnen Buchstaben. ↗1
- Übermittelt nun eure Botschaft. Lasst für einen Strich die Taschenlampe lang aufleuchten, für einen Punkt nur kurz. Macht kurze Pausen zwischen den Buchstaben.
- Euer Partner notiert die Signale als Striche und Punkte und übersetzt die Botschaft anschließend mithilfe von Bild 1. ↗1
- Tauscht dann die Rollen.

3 Trickse einen Bewegungsmelder aus

Du brauchst:
Lampe mit Bewegungsmelder, lichtdichtes Klebeband, eine Rettungsdecke

2 *Eine Lampe mit Bewegungsmelder*

- Suche den Dämmerungssensor an der Lampe. Beschreibe, wie du dabei vorgehst.
- Überklebe den Dämmerungssensor mit dem lichtdichten Klebeband.
- Gehe nun äußerst langsam im Abstand von etwa 2 Metern am Sensor vorbei. Laufe dann rasch auf den Bewegungsmelder zu.
- Beschreibe deine Beobachtungen.
- Stelle dich im Abstand von 3 Metern vor den Bewegungsmelder und warte, bis die Lampe erlischt. Gehe dann langsam und geradlinig auf den Bewegungsmelder zu.
- Beschreibe wieder deine Beobachtung.
- Formuliere aus deinen Beobachtungen Wenn-dann-Sätze darüber, wann die Lampe eingeschaltet wird.
- Wickle dich vollständig in die Rettungsdecke (auch den Kopf), sodass die goldene Seite nach außen zeigt. Gehe dann auf den Bewegungsmelder zu.
- Beschreibe deine Beobachtung.
- Wickle dich nun so in die Rettungsdecke, dass die Silberseite nach außen zeigt. Gehe wieder auf den Bewegungsmelder zu.
- Beschreibe wieder deine Beobachtung.

Rauchmelder lösen Alarm aus, wenn es brennt. Doch woher weiß das Gerät, dass es brennt? Kann es sehen, riechen oder hören?

9.1 Sensoren

Informationsaufnahme

Unsere Sinnesorgane nehmen Reize wie Licht, Schall, Druck oder Temperaturveränderungen aus der Umwelt auf. ↗1 Diese Reize werden in elektrische Impulse umgewandelt und über Nervenzellen an das Gehirn weitergeleitet. Dort werden die Informationen ausgewertet und Reaktionen geplant.

Auch Sensoren können Reize aufnehmen. ↗1 Sie sind in einen Stromkreis eingebaut und beeinflussen die Weiterleitung des elektrischen Stroms. So gelangen Informationen von Sensoren über den Stromkreis zum Steuergerät, dort wird eine Reaktion ausgelöst.

Sinnes-organ	Reiz	Sensor
Auge	sichtbares Licht	Lichtsensor
Ohr	Schall, Bewegung, Beschleunigung	Schallsensor
Nase	Geruchsstoffe	Gassensor
Zunge	Geschmacksstoffe	pH-Elektrode
Haut	Druck, Temperaturveränderung	Temperatursensor, Berührungssensor

1 *Sinnesorgane und Reize und Sensoren*

Magnetsensoren

Sensoren können auch Reize aufnehmen, für die wir keine Sinnesorgane haben, zum Beispiel Magnetismus. Ein einfacher Sensor ist der **Reedkontakt** – er reagiert auf ein Magnetfeld in der Nähe. Er besteht aus zwei Metallkontakten, die sich überlappen und einen geringen Abstand zueinander haben. ↗2 Wirkt ein Magnetfeld auf sie ein, bewegen sich die Kontakte aufeinander zu und schließen einen Stromkreis.

Eine Fenster-Alarmanlage besteht aus einem Reedkontakt im Fensterrahmen und einem Magnet im Fensterflügel. Wird das Fenster geöffnet, entfernt sich der Magnet vom Sensor. Das auf den Sensor wirkende Magnetfeld wird schwächer, dadurch öffnet der Sensor den Stromkreis und es ertönt ein Alarm.

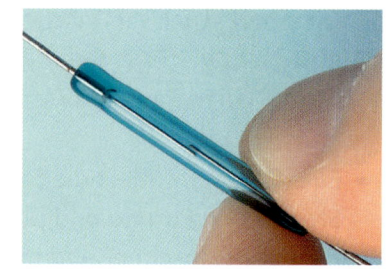

2 *Reedkontakt*

Temperatursensoren

Ein digitales Thermometer enthält in der Metallspitze einen Sensor mit einem temperaturabhängigen Widerstand: Je höher die Temperatur, desto geringer ist der elektrische Widerstand. Die Temperatur wird über eine Digitalanzeige dargestellt. ↗3

Elektronische Thermostate messen und regeln Temperaturen. In Backöfen und Kühlschränken wird so die Temperatur konstant gehalten. Raum-Thermostate können die Zimmertemperatur regeln. ↗4 Solche programmierbaren Thermostate sorgen für angenehme Wärme tagsüber und abgesenkte Temperaturen nachts – das hilft, Heizkosten zu sparen.

3 Digitales Fieberthermometer

4 Programmierbares Raum-Thermostat

Lichtsensoren

Fotowiderstände sind lichtempfindliche elektrische Bauteile: Je mehr Licht auf diesen Sensor fällt, desto kleiner wird sein elektrischer Widerstand. ↗5 Die Helligkeit von Displays wird auf diese Weise gesteuert, zum Beispiel bei Smartphones.

In Rauchmeldern sendet eine Leuchtdiode Licht aus. Dieses wird von klarer Luft nicht reflektiert, daher trifft es nicht auf den Lichtsensor. ↗6 A Rauchteilchen reflektieren jedoch die Lichtstrahlen, sodass einige auf den Lichtsensor treffen. Sein Widerstand sinkt und es wird Alarm ausgelöst. ↗6 B

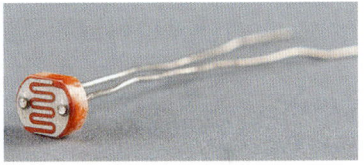

5 Lichtsensor

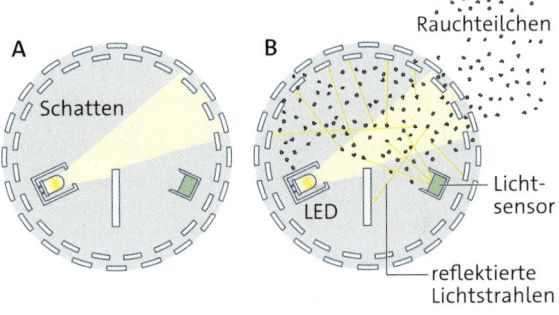

6 Rauchmelder: A mit klarer Luft, B mit Rauch

Schallsensoren

Die Einparkhilfe eines Autos funktioniert mit Sensoren, die Ultraschallsignale aussenden und empfangen. ↗7 Aus der Signallaufzeit errechnet ein Steuergerät den Abstand vom Sensor zum Hindernis. So wird das Einparken erleichtert oder sogar automatisch von der Fahrzeugsteuerung durchgeführt.

- **Elektrische Sensoren reagieren auf Reize aus der Umwelt mit einer Änderung ihrer Leitfähigkeit.**
- **Magnetsensoren reagieren auf Magnetfelder.**
- **Bei Temperatursensoren sinkt der elektrische Widerstand mit steigender Temperatur.**
- **Bei Lichtsensoren sinkt der elektrische Widerstand mit steigender Helligkeit.**
- **Alarmanlagen, Thermometer, Smartphones, Rauchmelder und Einparkhilfen enthalten Sensoren.**

7 Ultraschallsensoren in der Stoßstange eines Autos

AUFGABEN

1 Nenne drei Sinnesorgane und die Reize, die sie aufnehmen sowie drei Sensoren, die die gleichen Reize aufnehmen.

2 Beschreibe, wie ein Reedkontakt funktioniert.

Die Hobbies von manchen Jugendlichen sind Audiosampling, Recording und Rappen. Dazu verwenden sie Computer, ganz spezielle Software und auch ein Mikrofon. Zum Anhören braucht man einen Lautsprecher. Wie aber funktionieren Mikrofon und Lautsprecher?

9.2 Mikrofon und Lautsprecher

Schallquelle, Schallleiter und Schallempfänger

Schall wird von Schallquellen erzeugt. Diese schwingen und erzeugen dadurch kurze Abfolgen von Luftverdichtungen und
5 Luftverdünnungen, die **Schallwellen**. ↗1 Über die Luft wird Schall also weitergeleitet: Luft ist ein Schallleiter.
Treffen Schallwellen auf Gegenstände, können sie diese ebenfalls in Schwingung versetzen. Solche **Schallempfänger** nehmen also Schallwellen auf und leiten sie weiter. Auch unsere
10 Ohren sind Schallempfänger. ↗1

Funktionsweise eines Mikrofons

Alle Mikrofone funktionieren nach dem gleichen Grundprinzip: Sie besitzen eine Membran, die durch Schallwellen in Schwingungen versetzt wird. Diese Schwingungen werden in Strom
15 mit wechselnder Spannung umgewandelt. In den verschiedenen Mikrofontypen erfolgt die Umwandlung in elektrische Signale auf unterschiedliche Art und Weise. Es gibt Kohlemikrofone, Kondensatormikrofone, dynamische und digitale Mikrofone.

Dynamisches Mikrofon

20 Dieses Mikrofon enthält einen Permanentmagnet, der von einer beweglichen Spule umgeben ist. ↗2 An der Spule ist eine Membran befestigt, die die Schwingungen der Schallwellen aufnimmt und damit die Spule in Bewegung versetzt. ↗2 Die Spule bewegt sich durch das Magnetfeld des Permanentmag-
25 neten, dadurch wird eine Spannung induziert. Dynamische Mikrofone werden daher auch **elektromagnetische Mikrofone** genannt.

Luftverdichtung
Luftverdünnung

Schall-
quelle

Ohr-
muschel

1 *Ausbreitung von Schall*

Membran Spule

Ton-
signal

Schallwellen   Permanentmagnet

2 *Aufbau eines dynamischen Mikrofons*

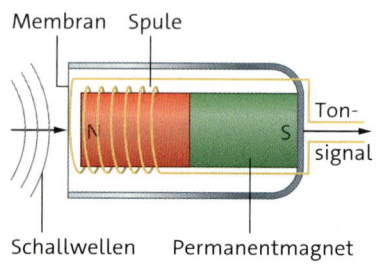

Je stärker sich die Membran bewegt, desto größer ist die induzierte Spannung. Die Induktionsspannung und ihre Schwankungen nennt man **Tonsignal**. Tonsignale kann man aufzeichnen, es entsteht eine **Aufnahme**.

Funktionsweise eines Lautsprechers

Lautsprecher funktionieren umgekehrt wie Mikrofone. Durch die Spannungsschwankungen eines elektrischen Tonsignals wird eine Membran in Schwingungen versetzt. Dadurch werden in der Luft Schallwellen erzeugt. ↗4 Diese können wir hören.

Dynamischer Lautsprecher

Der dynamische Lautsprecher ist genauso aufgebaut wie ein dynamisches Mikrofon. Lautsprecher sind aber größer als Mikrofone, da große Membranen lauteren Schall erzeugen können als kleine.

In einem dynamischen Lautsprecher befindet sich ein topfförmiger Permanentmagnet. ↗4 Darin ist eine Spule aufgehängt, die mit der Membran verbunden ist. Beim Abspielen einer Aufnahme wird die Spule durch die Spannungsschwankungen des Tonsignals zum Elektromagneten. Dieser wird vom Topfmagneten angezogen oder abgestoßen. Durch die vielen raschen Bewegungen der Spule und damit der Membran wird die angrenzende Luft in Schwingung versetzt. Diese Luftschwingungen nehmen wir als Schall wahr. ↗4

Anwendungen von Mikrofon und Lautsprecher

Mikrofone und Lautsprecher gibt es in verschiedenen Formen und Größen. Sie sind in vielen Geräten enthalten, die du im Alltag verwendest: Telefon, Türsprechanlage, Headset oder Smartphone. ↗5

Damit die Eingabe in ein Mikrofon von einem Lautsprecher ausgegeben werden kann, ist immer ein Verstärker nötig.

- **Schallquellen erzeugen Schallwellen, die von Schallempfängern aufgenommen werden können.**
- **Mikrofone nehmen Schall auf und wandeln ihn in Strom mit wechselnder Spannung um.**
- **Lautsprecher wandeln Spannungsschwankungen in Schallwellen um.**
- **Mikrofone und Lautsprecher sind aus Membran, Spule und Permanentmagnet aufgebaut.**

3 *A HiFi-Lautsprecher, B Blue-Tooth-Lautsprecher, C winziger Smartphone-Lautsprecher*

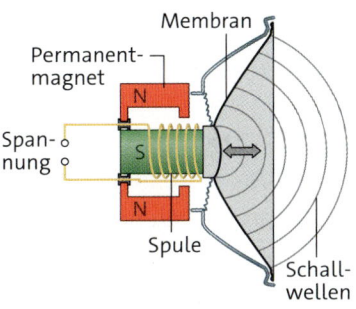

4 *Aufbau eines dynamischen Lautsprechers*

5 *Ein Smartphone-Mikrofon neben einem Streichholzkopf*

AUFGABEN

1 Nenne die Bestandteile eines Mikrofons.
2 Stelle die Bestandteile und die Funktion von Mikrofon und Lautsprecher einander gegenüber.
3 Beschreibe, wie ein gesprochenes Wort in einem Mikrofon in ein Tonsignal umgewandelt wird.

Sensoren

1 Den Lichtsensor finden

Wenn du den Kühlschrank öffnest, geht das Licht an. Wenn du die Tür wieder schließt, geht das Licht wieder aus. Aber woher „weiß" der Kühlschrank, dass die Tür offen ist und deshalb das Licht angeschaltet werden soll?

Material: Permanentmagnet, Kühlschrank

Durchführung: Fahre mit dem Permanentmagnet vorsichtig um den Rahmen des geöffneten Kühlschranks.

Auswertung:
- Beschreibe deine Beobachtung.
- Begründe, welche Art von Sensor im Kühlschrankrahmen eingebaut sein muss.
- Formuliere Wenn-dann-Sätze, wie die Kühlschranklampe ein- und ausgeschaltet wird.
- Begründe, warum der Sensor nicht dort im Rahmen verbaut sein kann, wo auch die Gummidichtung anliegt.
- Falls du mit dem Magnet keinen Lichtschalter aufspüren kannst: Überlege dir, wo der Lichtschalter noch sein könnte. Bild 1 kann dir dabei helfen. ↗1
- Zeichne einen Schaltplan für das Licht im Kühlschrank.

1 *Blick in den Kühlschrank*

2 Einen Feuchtigkeitssensor bauen

2 *Diese Zimmerpflanze hat zu wenig Wasser bekommen.*

Beinahe wäre die schöne Zimmerpflanze vertrocknet. ↗2 Damit das nicht nochmal geschieht, kannst du einen Feuchtigkeitssensor bauen. Er zeigt dir an, wann gegossen werden muss.

Material: 4,5 Volt Blockbatterie, 2 × 30 cm Klingeldraht, Büroklammern, 4,5 V Lämpchen mit Fassung, Zimmerpflanze im Topf mit Erde

Durchführung: Baue mit dem Material einen Feuchtigkeitssensor.

Auswertung:
- Erstelle ein Versuchsprotokoll.
- Beschreibe, wie der Feuchtigkeitssensor funktioniert.
- Zeichne einen Schaltplan für deinen Sensor.

Ein Mikrofon bauen

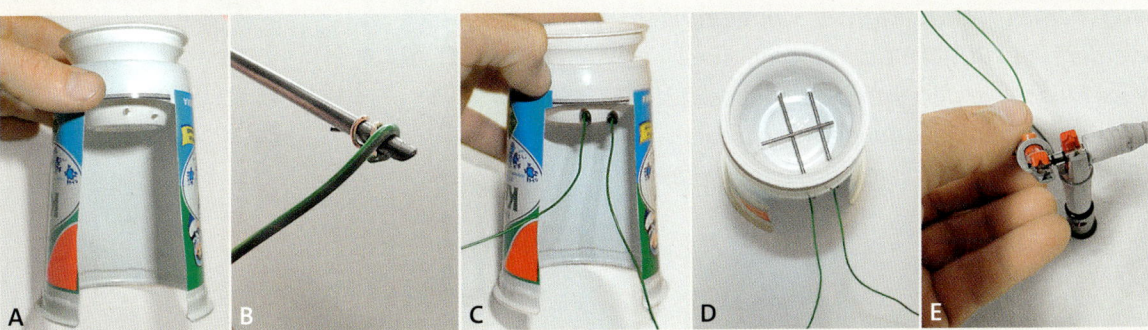

1 *Bau eines Mikrofons*

Material: Schere, 1 kleiner und 1 großer Joghurtbecher, 1 Nagel, Bleistiftmine mit hohem Graphitanteil, 2 Klingeldrähte (50 cm), Isolierband, Seitenschneider, AUX-Kabel (zweipoliges Audiokabel mit 3,5 mm Klinkenstecker auf beiden Seiten), 2 Krokodilklemmen, Computer mit Mikrofoneingang, Audiosoftware

Durchführung:
- Zerschneide Boden und Seitenwand des großen Joghurtbechers wie in Bild 1 A gezeigt. ↗1A
- Bohre mit dem Nagel etwa 0,5 cm über dem Becherboden 4 Löcher in den kleinen Joghurtbecher. ↗1A
- Setze den kleinen Joghurtbecher in den Boden des großen Joghurtbechers ein. ↗1A
- Brich ein Stück von der Bleistiftmine ab, das etwas kürzer ist als der Durchmesser des kleinen Joghurtbechers.
- Halbiere dann den Rest der Mine. Diese beiden Stücke sollten etwas länger als der Durchmesser des kleinen Bechers sein.
- Isoliere beide Klingeldrähte auf einer Seite um 3 Zentimeter ab.
- Wickle jeweils einen Klingeldraht um je ein Ende der beiden langen Bleistiftminen und klebe ein Stück Isolierband darüber. ↗1B
- Stecke nun die beiden langen Minenstücke durch den kleinen Joghurtbecher. ↗1C

- Lege das kürzere Minenstück quer auf die beiden langen Stücke im Joghurtbecher. ↗1D
- Verbinde nun die anderen Enden der Klingeldrähte mit je einer Krokodilklemme.
- Verbinde die Krokodilklemmen mit dem Klinkenstecker, wie in Bild 1E gezeigt. ↗1E
- Schließe den anderen Klinkenstecker an den Audioeingang des Computers an und öffne die Audiosoftware.

Auswertung:
Die Audiosoftware stellt das Tonsignal als Kurve dar. Die Schwankungen der Kurve entsprechen den Schwingungen der Luft. ↗2
- Starte eine Aufnahme und sprich in den kleinen Becher. Wird kein Tonsignal angezeigt, verändere die Position der Krokodilklemmen auf dem Klinkenstecker.
- Beschreibe, wie sich die Kurve ändert, wenn du lauter, leiser, höher oder tiefer sprichst.
- Finde heraus, wie du die Qualität der Aufnahme verbessern kannst.

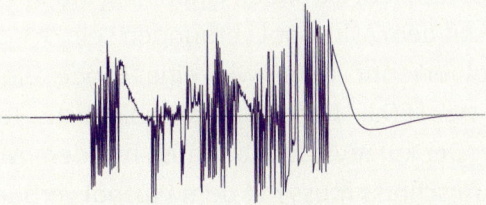

2 *Schalldarstellung durch eine Audiosoftware*

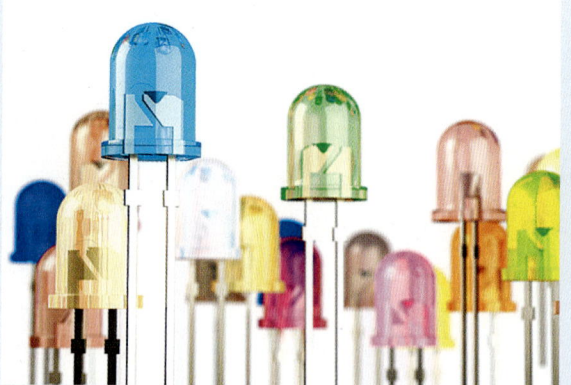

Aus Energiespar- und Umweltschutzgründen werden seit 2009 die Glühlampen durch verschiedene andere Lampenarten ersetzt. Die energiesparende davon ist die Leuchtdiode. Doch was ist eigentlich eine Diode?

9.3 Dioden

Ein Halbleiter

Wir unterscheiden elektrische Leiter und Nichtleiter. Es gibt aber auch Stoffe, deren Leitfähigkeit zwischen der eines Leiters und eines Nichtleiters liegt. Solche Stoffe werden als **Halbleiter** bezeichnet. Die Leitfähigkeit eines elektrischen Leiters sinkt mit steigender Temperatur, bei Halbleitern jedoch steigt sie mit steigender Temperatur. Halbleiter wie Silizium oder Germanium werden zum Bau von Dioden verwendet.

Ein Ventil für Strom

Dioden leiten elektrischen Strom nur in eine Richtung: vom Pluspol zum Minuspol. Sie haben also eine Sperrrichtung und eine Durchlassrichtung: Sie leiten den Strom nur, wenn sie richtig angeschlossen sind. Deshalb werden Dioden auch „elektrische Ventile" genannt.

Es gibt Dioden, die Licht ausstrahlen, wenn Strom hindurchfließt. Sie heißen **Leuchtdioden**, oder kurz **LEDs**. LEDs leuchten nur dann, wenn sie richtig angeschlossen sind. ↗1

Dioden richtig anschließen

Dioden sind markiert, damit man weiß, wie sie angeschlossen werden müssen: Sie haben einen Ring auf ihrem Körper, dieser muss mit dem Minuspol verbunden sein. ↗1 Auch am Schaltsymbol erkennt man, wie eine Diode eingebaut werden muss. ↗2 LEDs haben unterschiedlich lange Anschlüsse. ↗1 Der kurze Anschluss muss mit dem Minuspol und der lange Anschluss muss mit dem Pluspol verbunden sein, damit sie Strom leiten und leuchten. ↗2

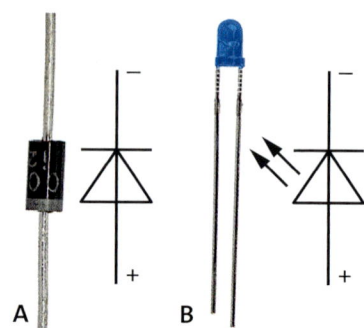

1 *A Diode und B Leuchtdiode mit ihren Schaltzeichen*

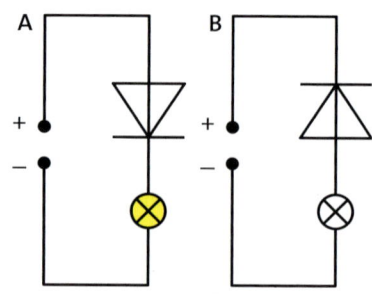

2 *Diode A in Durchlassrichtung und B in Sperrrichtung*

Anwendungen von Leuchtdioden

Sicher kennst du LEDs als Leuchtmittel in Lampen und Lichter-
30 ketten. ↗3 An elektrischen Geräten zeigen LEDs an, ob diese
eingeschaltet oder auf Standby sind. Sie zeigen aber auch an,
ob die Batterie in Elektrogeräten gewechselt werden muss. Bei
Fernbedienungen dienen LEDs zur Signalübermittlung.
In Elektrikerwerkzeugen wie Spannungsprüfern und Durchlass-
35 prüfern werden LEDs genutzt. Die Geräte zeigen mittels verschiedener Leuchtdioden an, ob Stromfluss möglich ist und ob
es sich dabei um Gleichstrom oder Wechselstrom handelt. Je
nach Bauart kann sogar die ungefähre Spannung einer Stromquelle angezeigt werden, da Dioden auch als Widerstände
40 eingesetzt werden können. ↗4

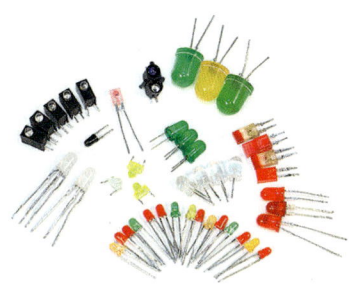

3 *Verschiedene Leuchtdioden*

Aus Wechselspannung wird Gleichspannung

Fernseher, Laptop und Smartphone funktionieren mit Gleichstrom. Damit diese Geräte den Wechselstrom aus der Steckdo-
se nutzen können, werden sie mit einem Netzgerät ange-
45 schlossen. Das Netzgerät transformiert nicht nur die Spannung
von 230 Volt auf unter 12 Volt, sondern es wandelt auch Wechselspannung in Gleichspannung um. Dazu wird eine Schaltung
aus vier Dioden verwendet, die die Wechselspannung in
Gleichspannung umwandelt. ↗5 Diese Schaltung heißt
50 **Gleichrichter-Diodenschaltung**.

4 *Spannungsprüfer*

Vorteile und Nachteile von LEDs

LEDs sind günstig herzustellen und haben eine lange Lebensdauer. Zudem haben sie einen sehr niedrigen Energiebedarf
und entwickeln beim Betrieb kaum Wärme. Daher ersetzen sie
55 zunehmend die alten Glühlampen, deren Wirkungsgrad viel
geringer ist. Glühlampen dürfen jedoch im Hausmüll entsorgt
werden, LEDs dagegen müssen als Elektroschrott beim Wert-
stoffhof abgegeben werden.

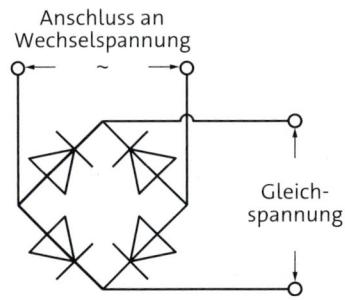

5 *Gleichrichter-Diodenschaltung*

- **Dioden sind Halbleiterbauteile, sie leiten elektrischen Strom nur in eine Richtung: vom Pluspol zum Minuspol.**
- **Leuchtdioden leuchten, wenn Strom durch sie hindurch-fließt.**
- **Leuchtdioden werden als energiesparende Leuchtmittel eingesetzt, aber auch als Anzeige in vielen elektronischen Geräten.**
- **Dioden können auch genutzt werden, um Wechselspannung in Gleichspannung umzuwandeln.**

AUFGABEN

1 Nenne die beiden Arten von Dioden, ihre Gemeinsamkeiten und ihren Unterschied.
2 Zähle drei Anwendungen von Dioden bzw. Leuchtdioden auf.
3 Beschreibe, wie eine Diode richtig angeschlossen wird.
4 Recherchiere im Internet, wie viel geringer der Energiebedarf von LEDs im Vergleich zu Glühlampen ist.

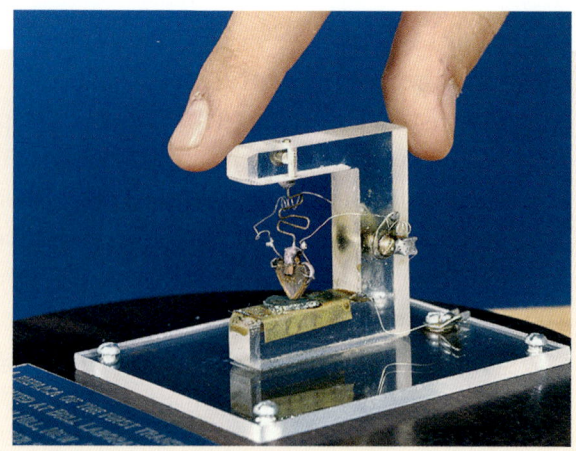

Dieses Bauteil wurde erst 1947 erfunden. Seine „Nachfahren" sind aber dennoch die am meisten produzierten Bauteile der gesamten Menschheitsgeschichte.

9.4 Der Transistor

Aufbau eines Transistors

Transistoren dienen zum Steuern und Verstärken von elektrischen Signalen. Transistoren bestehen aus zwei Dioden, die
mit gegenläufiger Sperrrichtung zusammengefügt sind. Die Verbindungsstelle, den Steueranschluss, bezeichnet man als **Basis** (B). Die beiden anderen Anschlüsse heißen **Emitter** (E) und **Kollektor** (C). ↗1

Funktion eines Transistors

Ein Transistor ist, ähnlich wie ein Relais, Bestandteil zweier
Stromkreise. Der **Steuerstromkreis**, in dem Basis und Emitter liegen, steuert den **Arbeitsstromkreis**, in dem sich Kollektor und Emitter befinden. Kleine Spannungsschwankungen im Steuerstromkreis führen zu großen Spannungsschwankungen
im Arbeitsstromkreis. Ein sehr leises Signal aus einem Mikrofon kann dadurch sehr laut verstärkt werden.

Modellvorstellung zur Funktion eines Transistors

Stell dir die drei Anschlüsse des Transistors als Wasserrinnen vor, die miteinander verbunden sind. Sie besitzen zwei Klappen, die ebenfalls miteinander verbunden sind. ↗2 A   Fließt
kein Wasser von der Basis (B) zum Emitter (E), dann bleiben beide Klappen geschlossen. ↗2 A   Fließt Wasser von der Basis (B) zum Emitter (E), drückt es die kleine Klappe auf und öffnet dadurch auch die große Klappe. ↗2 B   Es kann Wasser vom Kollektor (C) zum Emitter (E) fließen. Außerdem wird die Wassermenge von der Basis (B) um die Wassermenge vom Kollektor (C) vervielfacht, also verstärkt.

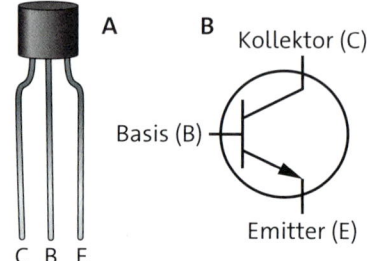

1 *Ein Transistor: A Bauteil und B Schaltzeichen*

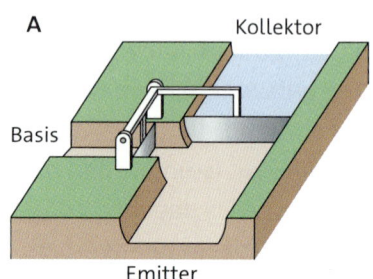

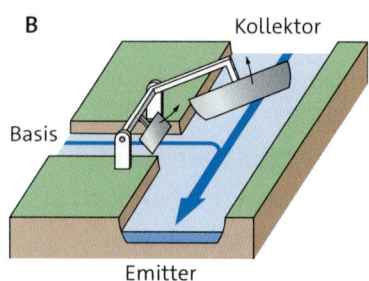

2 *Modell zum Transistor*

Transistor als Schalter

Ein Dämmerungsschalter enthält eine LED im Arbeitsstromkreis und einen Lichtsensor im Steuerstromkreis. ↗3 Je mehr
Licht auf den Sensor fällt, desto kleiner wird sein elektrischer
Widerstand: Es fließt Strom durch den Steuerstromkreis, die
LED leuchtet nicht. ↗3 Je weniger Licht auf den Sensor fällt,
desto größer wird sein elektrischer Widerstand. Dadurch steigt
die Spannung, die an der Basis (B) anliegt. Ist sie groß genug,
schaltet der Transistor auf den Arbeitsstromkreis um, der
Stromfluss bringt die LED darin zum Leuchten. ↗3

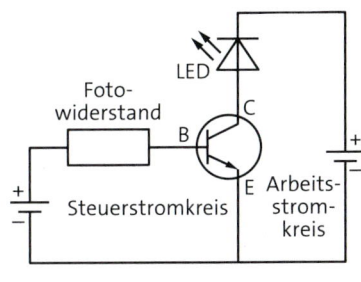

3 *Schaltplan für einen Dämmerungsschalter*

Transistor als Verstärker

Wie du weißt, wandelt ein Mikrofon Schall in Strom von wechselnder Spannung um. Dieses Tonsignal hat eine sehr geringe
Stromstärke. Man kann sie mit einem Transistor verstärken. Dazu baut man das Mikrofon in den Steuerstromkreis ein. ↗4 Die
Spannung und die Stromstärke im Steuerstromkreis verändern
sich mit den Schwankungen des Tonsignals. Die Spannungsschwankungen im Steuerstromkreis werden auf den Arbeitsstromkreis übertragen. ↗4 Auch der Strom im Arbeitsstromkreis wird so verstärkt. Ein Lautsprecher im Arbeitsstromkreis
wandelt ein ausreichend verstärktes Tonsignal in Schall um. ↗4

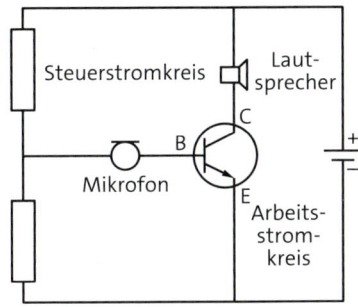

4 *Transistor als Verstärker*

Grundlage für viele Entwicklungen

Transistoren sind sehr klein, unempfindlich, energiesparend
und günstig in der Herstellung. Sie arbeiten schnell, lautlos
und wartungsfrei. In den 1960er Jahren werden sie erstmals
zum Bau von Computerchips genutzt. Seither werden sie stetig weiterentwickelt. ↗5 Smartphones, Computer, Fernseher,
Autos und Haushaltsgeräte sind heute ohne Mikrochips un-
denkbar. Auf einen daumennagelgroßen Chip passen inzwischen gut zwei Milliarden Transistoren.

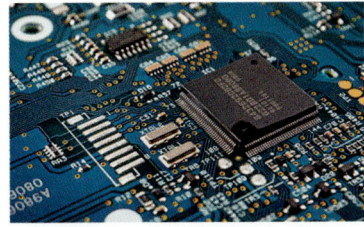

5 *Mikrochips und Transistoren auf
einer Computer-Platine*

- **Transistoren dienen zum Steuern und Verstärken von
  elektrischen Signalen.**
- **Transistoren haben drei Anschlüsse: Basis, Emitter und
  Kollektor und sind immer Teil von zwei Stromkreisen.**
- **Der Steuerstromkreis, in dem Basis und Emitter liegen,
  steuert den Arbeitsstromkreis, in dem sich Kollektor und
  Emitter befinden.**
- **Transistoren sind die wichtigsten Elektronik-Bauteile,
  weil sie schnell, unempfindlich und günstig sind. Sie
  arbeiten energiesparend, lautlos und wartungsfrei.**

AUFGABEN

1 Zähle die Anschlüsse eines
  Transistors auf.
2 Nenne die beiden Funktionen
  eines Transistors.
3 Beschreibe mithilfe eines Modells, wie ein Transistor funktioniert.

183

Eine Alarmanlage bauen

Mit einem Transistor und einem Lichtsensor kannst du eine Alarmanlage für deinen Schulspind bauen. ↗1 Wenn Licht auf den Sensor fällt, geht der Alarm los.

1 *Im Spind sind deine Sachen sicher – oder?*

Material: 2 Lüsterklemmen (ein 6er und ein 2er Block), 1 Transistor BC547, 2 Widerstände (1 kΩ und 180 Ω), 4 Drähte mit abisolierten Enden, Flachbatterie (4,5 V), 2 Steckhülsen, Fotowiderstand, LED, Summer, kleiner Schraubendreher

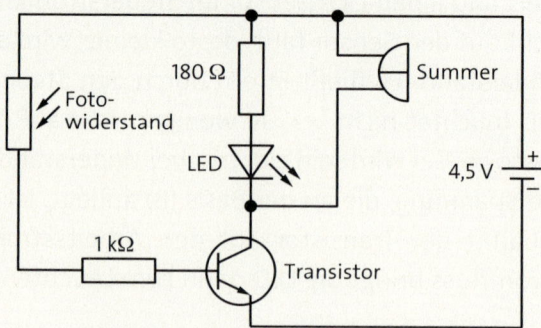

3 *Schaltplan zur Alarmanlage*

Durchführung:
- Schraube den Transistor an die große Lüsterklemme, wie in Bild 2 gezeigt. ↗2
- Klemme dann den 1-kΩ-Widerstand und den 180-Ω-Widerstand fest.
- Baue nun die LED ein. Achte dabei auf die richtige Polung. ↗2
- Schraube jetzt die Kabel zur Batterie und zur kleinen Lüsterklemme an.
- Schließe den Fotowiderstand und den Summer an, wie in Bild 2 gezeigt. ↗2
- Decke den Fotowiderstand ab.

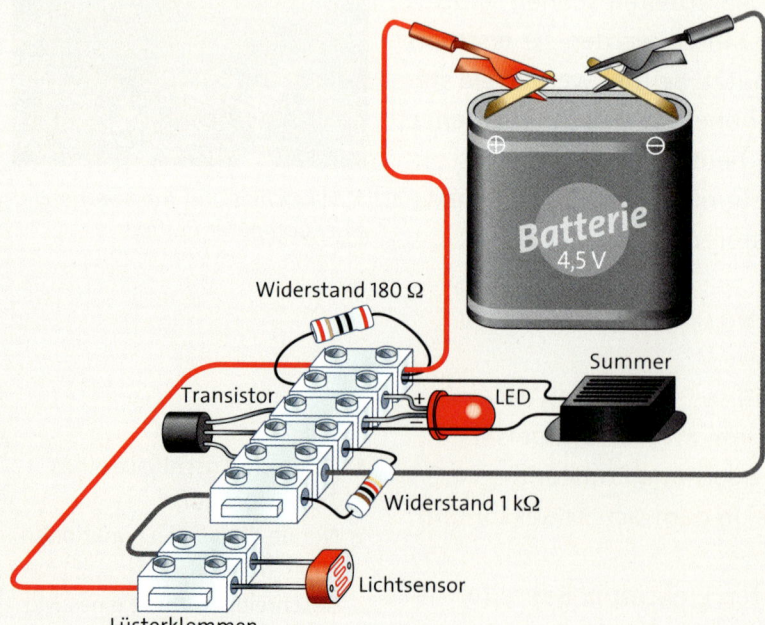

Auswertung:
- Fahre mit dem Finger den Steuer- und den Arbeitsstromkreis auf dem Schaltplan und an der Alarmanlage nach. ↗3
- Teste deine Alarmanlage. Beschreibe deine Beobachtungen.
- Zeichne einen Schaltplan für eine Alarmanlage, die nicht leuchtet, sondern nur summt. Hinweis: Der 180-Ω-Widerstand schützt die LED vor hohen Stromstärken.

2 *Aufbau der Alarmanlage*

Kommunikations- und Informationstechnik

Informationsaufnahme durch Sensoren

Elektrische Sensoren reagieren auf Reize aus der Umwelt mit einer Änderung ihrer Leitfähigkeit. Bei Temperatursensoren sinkt der elektrische Widerstand mit steigender Temperatur. Bei Lichtsensoren sinkt der elektrische Widerstand mit steigender Helligkeit.

Mikrofon und Lautsprecher

Ein Mikrofon ist ein Schallempfänger. Es wandelt Schall in Strom von wechselnder Spannung um. Diese Tonsignale können aufgezeichnet werden, es entsteht eine Aufnahme. Ein Lautsprecher wandelt ein Tonsignal, also Spannungsschwankungen, in Schall um. Dynamische Mikrofone und dynamische Lautsprecher sind beide aus Membran, Spule und Permanentmagnet aufgebaut.

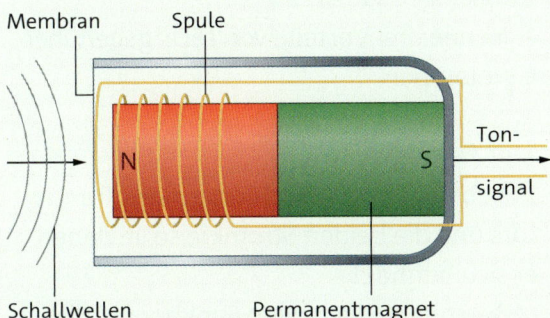

1 *Aufbau eines dynamischen Mikrofons*

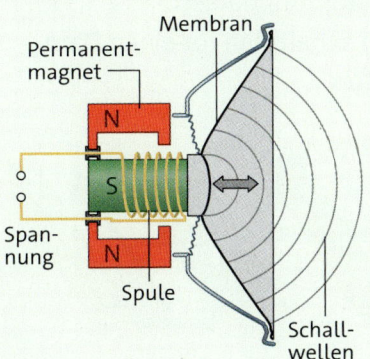

2 *Aufbau eines dynamischen Lautsprechers*

Dioden und ihre Anwendung

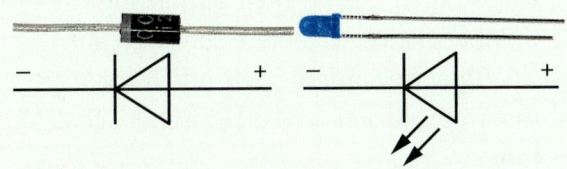

3 *Diode und Leuchtdiode mit ihren Schaltzeichen*

Dioden leiten elektrischen Strom nur in eine Richtung: vom Plus- zum Minuspol. ↗3 Dioden, die Licht ausstrahlen, wenn Strom durch sie hindurchfließt, heißen Leuchtdioden (LEDs). ↗3 LEDs werden als energiesparende Leuchtmittel eingesetzt, aber auch als Anzeigen in vielen elektronischen Geräten. Mithilfe einer Gleichrichter-Diodenschaltung kann Wechselspannung in Gleichspannung umgewandelt werden.

Der Transistor

Transistoren haben drei Anschlüsse: Basis, Emitter und Kollektor. ↗4 Der Steuerstromkreis, in dem Basis und Emitter liegen, steuert den Arbeitsstromkreis, in dem sich Kollektor und Emitter befinden. Transistoren dienen zum Steuern und Verstärken von elektrischen Signalen. Sie sind das wichtigste Elektronik-Bauteil und damit die Grundlage der Computertechnik.

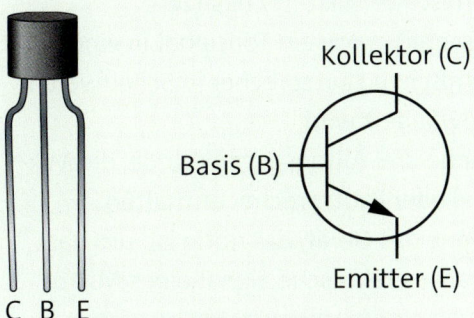

4 *Transistor und Schaltzeichen*

Texte in oranger Schrift sind Lernstoff für Schülerinnen und Schüler von Mittlere-Reife-Klassen.

1 Informationsaufnahme durch Sensoren

a ☐ Nenne fünf Reize und dazu jeweils das Sinnesorgan, das den Reiz aufnimmt.

b ☐ Zähle vier verschiedene Sensoren auf.

c ◪ Vergleiche Sinnesorgane und Nervensystem mit Sensoren und elektrischer Schaltung.

d ◪ Beschreibe am Beispiel einer Lampe mit Bewegungsmelder, wie eine Information verarbeitet wird.

e ◪ Erläutere, was geschieht, wenn Licht auf einen Fotowiderstand gelangt.

2 Mikrofon und Lautsprecher

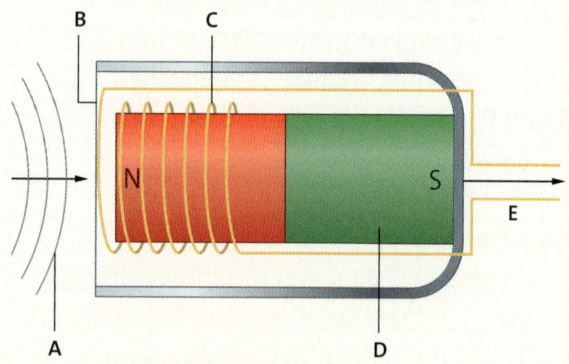

1 *Ein dynamisches Mikrofon*

a ☐ Benenne die mit den Buchstaben A bis E gekennzeichneten Bestandteile von Bild 1. ↗1

b ☐ Nenne die drei Bauteile, die sowohl ein dynamischer Lautsprecher als auch ein dynamisches Mikrofon besitzen.

c ◪ Beschreibe, wie ein Tonsignal in einem dynamischen Lautsprecher in Schallwellen umgewandelt wird.

d ☐ Nenne drei Alltagsgegenstände, die Mikrofone oder Lautsprecher enthalten.

e ☐ Nenne das Gerät, das nötig ist, um das schwache elektrische Signal eines Mikrofons von einem Lautsprecher ausgeben zu können.

3 Dioden und ihre Anwendung

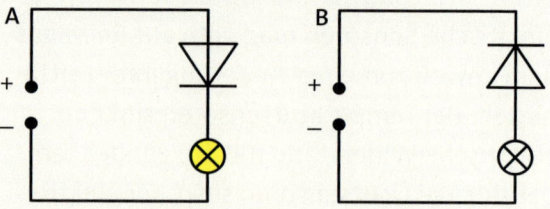

2 *Zwei Einbaumöglichkeiten für Dioden*

a ◪ Beschreibe, was man unter einer Diode versteht.

b ☐ Nenne den Fachbegriff und die Abkürzung für eine Diode, die Licht ausstrahlt, wenn Strom hindurchfließt.

c ◪ Erläutere, was man unter einem elektrischen Leiter, einem Nichtleiter und einem Halbleiter versteht.

d ◪ Erläutere, welche Diode in Bild 2 in Durchlassrichtung und welche in Sperrrichtung eingebaut ist. ↗2

e ☐ Nenne drei Vorteile von LEDs gegenüber Glühlampen.

4 Der Transistor

a ☐ Nenne die drei Anschlüsse eines Transistors und die beiden Stromkreise, in denen er sich befindet.

b ☐ Beschreibe die beiden Funktionen, die ein Transistor haben kann.

c ■ Erläutere mithilfe des Modells in Bild 3, wie ein Transistor funktioniert. ↗3

d ◪ Zeichne den Schaltplan für einen Dämmerungsschalter.

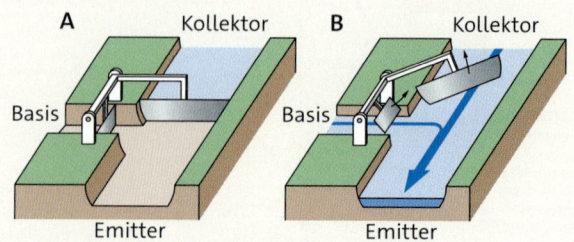

3 *Modell zur Funktion eines Transistors*

5 Sensoren

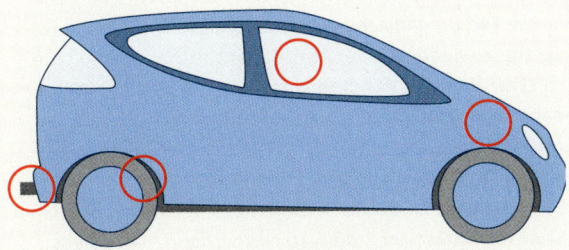

4 *Moderne Autos besitzen viele Sensoren.*

a ☐ Nenne vier Bereiche im Auto, an denen Temperatursensoren zum Einsatz kommen. Bild 4 kann dir dabei helfen. ↗4

b ■ Temperatursensoren können Kaltleiterwiderstände oder Heißleiterwiderstände sein. Folgere aus ihren Bezeichnungen, wie sie jeweils in einem Stromkreis wirken.

c ◪ Airbags werden ebenfalls über Sensoren gesteuert. Stelle eine Vermutung an, auf welche äußeren Einflüsse diese Sensoren reagieren.

d ◪ Gib an, welche Sensoren in Bild 5 eingesetzt werden. ↗5

5 *Aufzug, Kaffeemaschine und Smartphone enthalten verschiedene Sensoren.*

6 Mikrofon und Lautsprecher

a ☐ Beschreibe, warum die Funktion eines Mikrofons beeinträchtigt wird, wenn man es in eine Kunststofftüte packt.

b ■ Die beiden Elektroden eines Mikrofons werden direkt und richtig an die beiden Elektroden eines Lautsprechers angeschlossen. Begründe, ob der Lautsprecher funktioniert, wenn man in das Mikrofon spricht.

7 Dioden

a ■ Dioden leiten Strom nur in eine Richtung, deshalb müssen sie richtig angeschlossen werden. Formuliere eine Eselsbrücke, mit der du dir merken kannst, wie man eine LED richtig anschließt.

b ■ Bild 6 zeigt den vereinfachten Schaltplan für ein Gerät, das Elektriker verwenden. ↗6 Erläutere, welche LED leuchtet, wenn das Gerät unter Gleichstrom oder Wechselstrom gesetzt wird.

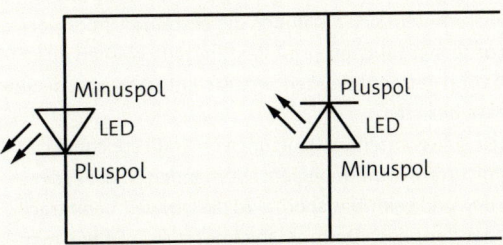

6 *Schaltplan zu Aufgabe 7b*

8 Der Transistor

a ◪ Begründe mithilfe des Wasserrinnenmodells, dass auch ein Transistor eine Sperr- und eine Durchlassrichtung hat. ↗3

b ■ Bei der Hellschaltung in Bild 7 leuchtet die LED, wenn der Fotowiderstand beleuchtet wird. ↗7 Bei der Dunkelschaltung leuchtet die LED nicht, wenn sie beschienen wird. Zeichne diese veränderte Dunkelschaltung.

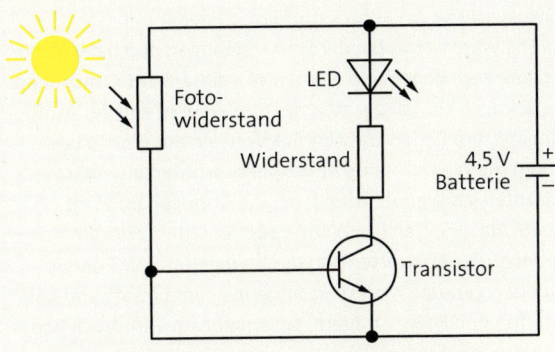

7 *Schaltplan für eine Hellschaltung*

Lösungen zu den Aufgabenseiten

1 Organische Rohstoffe – S. 32/33

1 a Kohle: Aus abgestorbenen Pflanzen entsteht zuerst Torf. Aus diesem entstehen unter Druck und Sauerstoffmangel zuerst Braunkohle, dann Steinkohle.

Erdöl: Abgestorbenes Plankton wandelt sich unter Hitze und Druck und Abwesenheit von Sauerstoff in Erdöl und Erdgas um.

b Sonnenbrille, Handy, Feuerzeug, Teile des Stiftes, Nagellack und Verschluss der Nagellackflasche, Medikament und Blister, Brille (Gestell), Haarspange, die Tasche oder Teile der Tasche, Geldbeutel oder Teile des Geldbeutels

2 a Ein Destillationsturm ist in mehrere Stockwerke aufgeteilt. Die Stockwerke heißen Glockenböden. In der Decke der Glockenböden ist ein Loch, durch das gasförmige Stoffe in das nächst höhere Stockwerk gelangen. Stoffe, die flüssig werden, sammeln sich am Boden der einzelnen Stockwerke.

b Die unterschiedlichen Erdöl-Bestandteile können durch Destillation getrennt werden, weil sie unterschiedliche Siedepunkte besitzen.

c Gegen eine grenzenlose Nutzung von Erdöl spricht, dass die Erdölvorräte nicht unbegrenzt vorhanden sind. Bei der Förderung und beim Transport wird die Umwelt beeinträchtigt. Erdöl muss nach Deutschland importiert werden, man ist daher von anderen Ländern auch politisch abhängig.

3 a Biogas, Holz, Zuckerrüben, Mais, Kartoffeln und andere Pflanzen sind regenerative Rohstoffe.

b Zum Raps gibt man Wasser und Enzyme. Die Enzyme machen aus Stärke Zucker. Der Zucker wird durch Hefe zu Alkohol vergärt. Durch Destillation wird der Alkohol vom Wasser und den festen Bestandteilen abgetrennt.

c Leinen, Baumwolle, Hanf, Wolle, Seide

d Erdölprodukte haben oft bessere Eigenschaften, sind leichter, reißfester oder/und wasserundurchlässiger. Die Produktion der Produkte ist oft günstiger.

e Aus Pflanzenstärke kann man Folien herstellen. Aus Mais oder Erdnüssen kann man Flocken herstellen, die empfindliche Geräte beim Transport schützen.

4 a Bei der Atmung von Lebewesen, bei der Zersetzung und beim Verbrennen von organischem Material gelangt Kohlenstoffdioxid in die Luft. Grüne Pflanzen nehmen bei der Fotosynthese das Kohlenstoffdioxid wieder auf.

b Die Wärmestrahlen der Sonne gelangen durch die Atmosphäre zum Boden und werden von diesem zur Atmosphäre reflektiert. Ein Teil der Wärmestrahlen wird von der Atmosphäre zum Boden zurückreflektiert, ein anderer Teil gelangt ins Weltall. Ohne Atmosphäre würden alle Wärmestrahlen ins Weltall reflektiert. Die Atmosphäre sorgt dafür, dass ein Teil der Wärme auf der Erde zurückbleibt.

c Mögliche Antworten: Es werden regenerative Energiequellen genutzt. Man spart allgemein am Einsatz von Rohstoffen und Energieträgern, besonders am Verbrauch von Erdölprodukten.

d Holz ist ein nachwachsender Energieträger. Das beim Verbrennen verursachte Kohlenstoffdioxid, wird in relativ kurzer Zeit durch nachwachsende Bäume mithilfe der Fotosynthese wieder aus der Atmosphäre entnommen. Kohle ist zwar auch aus Wäldern entstanden, aber diese Wälder haben das Kohlenstoffdioxid vor sehr langer Zeit aus der Atmosphäre entnommen. Beim Verbrennen gelangt dieses Kohlenstoffdioxid heute in die Atmosphäre.

5 a Statt Benzin zu tanken, kann man mit Bioalkohol fahren. Statt mit Erdöl oder Erdgas zu heizen, kann man Biogas oder Holz verwenden.

Statt aus Kunstfasern, kann man Textilien aus Naturfasern herstellen.

Statt Farben aus Erdöl herzustellen, kann man Pflanzenfarbstoffe verwenden.

Weitere mögliche Antworten:

Häuser kann man aus Holz bauen.

Strom kann man durch Fotovoltaik herstellen.

Statt Plastiktüten kann man Papiertüten oder Stofftaschen verwenden oder Plastiktüten mehrmals einsetzen.

Manche Medikamente kann man aus Naturstoffen gewinnen.

Man kann weniger Flugreisen unternehmen oder alternative Verkehrsmittel wählen.

b Nicht der Treibhauseffekt ist schädlich für die Lebewesen auf der Erde, sondern eine zu starke Erwärmung aufgrund eines verstärkten Treibhauseffektes. Ohne den natürlichen Treibhauseffekt wäre kein Leben auf der Erde möglich, da die Temperaturen viel zu stark schwanken würden. Die Erwärmung jedoch ist für manche Lebewesen deshalb schädlich, weil ihre Lebensräume verschwinden, Wasser oder Nahrung knapp werden oder Nahrungskonkurrenten aus wärmeren Gebieten einwandern.

c Aus Erdöl kann man sehr viele Produkte herstellen. Nicht alle Produkte können durch Produkte aus nachwachsenden Rohstoffen in der gleichen Qualität und Menge ersetzt werden. Deshalb sollte man das „kostbare" Erdöl lieber für diese Produkte nutzen, als es zu Verbrennen. Zudem wird in langlebigen Produkten aus Erdöl der Kohlenstoff als Kohlenstoffverbindung gespeichert, während er beim Verbrennen als Kohlenstoffdioxid in die Atmosphäre gelangt.

d Mögliche Gegenargumente: Der Wasserstand der Meere steigt, Städte werden überflutet. Die Städte heizen sich sehr stark auf. Arten können aussterben, weil die Lebensräume zerstört werden. Hungersnöte drohen. Waldbrände verwüsten Landschaften.

6 a Pro-Argumente: Förderung und Transport von Erdöl zerstören die Umwelt und damit die Lebensgrundlage vieler Menschen, Pflanzen und Tiere. Erdöl ist ein wertvoller Rohstoff, der im Laufe von Millionen von Jahren entstanden ist. Erdöl kann nicht so schnell neu entstehen, wie es verbraucht wird.

Contra: Nicht alle Produkte aus fossilen Rohstoffen können in gleicher Menge und Qualität sofort durch Produkte aus regenerativen Rohstoffen ersetzt werden. Der Arbeitsmarkt kann nicht von heute auf morgen vollständig umgebaut werden.

b Es ist sinnvoll, Jugendliche in den Beirat zu berufen, weil die Entscheidungen von heute die Zukunft der Jugendlichen beeinflussen.

Bei einem nachhaltigen Bau sollte man das Gebäude aus Holz oder anderen regenerativen Rohstoffen errichten, es sehr gut gegen Wärmeverluste isolieren, regenerative Energiequellen (Wärmepumpen, Biogas, Pellets, Fotovoltaik) verwenden, für eine gute Anbindung an öffentliche Verkehrsmittel sorgen und recycelbare, regionale und vor allem langlebige Produkte verwenden.

c Regionale Produkte müssen nicht so weit transportiert werden. Bei der Verbrennung von Kraftstoffen entsteht immer Kohlenstoffdioxid. Kohlenstoffdioxid ist eines der Gase, die den Treibhauseffekt verstärken. Werden nur kurze Strecken zurückgelegt, kann dies bedeuten, dass weniger Kraftstoff benötigt wird und damit weniger Kohlenstoffdioxid frei wird. Dies kann den Treibhauseffekt mindern.
Mögliche Vorschläge: Obst und Gemüse wird unverpackt verkauft. Waschmittel, Nudeln, Reis etc. kann man in selbst mitgebrachte Gefäße abfüllen, an der Fleischtheke werden Mehrwegbehälter angeboten. Wenn Verpackungen unbedingt gebraucht werden, werden Verpackungen aus regenerativen Rohstoffen bevorzugt.

2 Verwendung von organischen Rohstoffen – S. 56/57

1a Bei der Zersetzung von organischen Stoffen (Lebewesen oder ihren Teilen) entsteht Methan, wenn kein Sauerstoff vorhanden ist.

b Bei 20 °C gasförmig, farblos, geruchlos, brennbar, leichter als Luft.

c Bei der Verbrennung von Methan entstehen Kohlenstoffdioxid und Wasser.

2a C_nH_{2n+2}

b Methan, Ethan, Propan und Butan sind bei 20 °C gasförmig. Die Alkane von Pentan bis Hexadecan sind flüssig. Alle längerkettigen Alkane sind fest.

c A, D, E sind Summenformeln.
C und B sind Strukturformeln.
A Butan
B Hexan
C Propan
D Pentan
E Propan

3a

b Ein Isomer hat die gleiche Summenformel, aber eine andere Strukturformel. Das heißt, das Molekül ist zwar aus der gleichen Anzahl und Art von Atomen aufgebaut, die Atome sind jedoch anders miteinander verbunden.

c Iso-Pentan ist ein verzweigtes Alkan. Das Molekül ist daher kürzer. Je kürzer die Kette eines Alkans ist, desto niedriger ist sein Siedepunkt.

4a Alkene besitzen mindestens eine Doppelbindung. Sie besitzen dadurch weniger Wasserstoffatome und gehören so zu den ungesättigten Kohlenwasserstoffen.

b Alkene entfärben Brom.

c An die Doppelbindung können viele Verbindungen addiert werden. So können aus Ethen viele andere Stoffe mit verschiedenen Eigenschaften hergestellt werden.

5a Polymere sind Riesenmoleküle, die aus sehr vielen einzelnen Bauteilen, den Monomeren, zusammengesetzt sind.

b Polyethylen entsteht aus Ethen. Man kann sich vorstellen, dass die Doppelbindung eines Ethenmoleküls aufklappt und sich mit dem Kohlenstoff eines anderen aufgeklappten Ethenmoleküls verbindet. Dies wiederholt sich immer wieder und das Polymer entsteht. Diese Reaktion nennt man Polymerisation.

c Polyethylen kann in Formen gespritzt oder gepresst werden, man kann es aufblasen oder zu Fasern oder Schäumen verarbeiten.

d Polyamid ⟶ Strumpfhosen
Polyester ⟶ Textilfasern
Polyurethan ⟶ Bauschaum zum Abdichten
Polystyrol ⟶ Verpackungsmaterial

6a A Duroplaste
B Thermoplaste
C Elastomere

b Thermoplaste bestehen aus langen, unverzweigten Molekülen, die nicht miteinander verbunden sind. Elastomere bestehen aus langen Molekülen, die weitmaschig miteinander verbunden sind. Duroplaste bestehen aus langen Molekülen, die untereinander sehr stark verbunden sind.

c Thermoplaste sind bei Erwärmung mechanisch verformbar. Duroplaste sind hart und bei mechanischen Belastungen formstabil. Elastomere sind elastisch und gehen nach Beendigung der mechanischen Belastung wieder in ihre Ausgangsform zurück.

7a Thermisches, werkstoffliches und rohstoffliches Recycling.

b Thermisches Recycling: Die Kunststoffe werden verbrannt, um Energie daraus zu gewinnen.
Rohstoffliches Recycling: Die Kunststoffe werden in kleinere Moleküle aufgespalten.
Werkstoffliches Recycling: Die Kunststoffe werden geschmolzen und neue Produkte daraus hergestellt.

c In einer Ökobilanz schreibt man auf, welche Auswirkungen die Rohstoffgewinnung, die Produktion, der Vertrieb, die Nutzung und die Entsorgung eines Produkts haben.

8a Je länger die Kette eines Alkans ist, desto höher liegen Siede-, Schmelz und Flammpunkte.

b Thermoplaste bestehen aus lauter einzelnen Molekülen, die nicht miteinander verbunden sind. Erhöht man die Temperatur, so gleiten die Moleküle auseinander und der Kunststoff schmilzt.

Duroplaste bestehen aus stark miteinander verbundenen Molekülen. Diese Verbindung müsste getrennt werden, damit die Einzelmoleküle auseinander gleiten können. Dazu sind so hohe Temperaturen nötig, dass die Duroplaste verbrennen.

c Bei Elastomeren sind die Moleküle weitmaschig miteinander verbunden. Diese Verbindungen müssten getrennt werden, damit die Elastomere schmelzen können. Die Temperaturen dafür sind so hoch, dass die Elastomere dabei verbrennen. Die Moleküle der Elastomere sind wenig, aber weitmaschig miteinander verbunden. Die Moleküle können daher aneinander vorbeigleiten, werden aber wieder zurückgezogen, wenn Zug oder Druck aufhören.

d Ich versetze beide Flüssigkeiten mit Brom. Die Flüssigkeit, die Brom entfärbt, ist das Nonen.

e Bei Pentanen gibt es nur drei Isomere, weil es nur drei Möglichkeiten gibt, die Kohlenstoffatome unterschiedlich anzuordnen. Bei Pentenisomeren ist zusätzlich zur Anordnung der Kohlenstoffatome die Lage der Doppelbindung unterschiedlich.

f Die Aussage stimmt, denn Öl mischt sich nicht mit Wasser, jedoch mit Hexan.

Wasser ist nicht brennbar, Hexen dagegen schon. Wasser siedet erst bei 100 °C, Hexan schon bei 68,7 °C.

g Beim werkstofflichen Recycling muss der Kunststoff geschmolzen werden, bevor er zu neuen Formen verarbeitet wird. Nur Thermopaste kann man schmelzen.

9 a Teer ist ebenso wie Butter ein lipophiler Stoff. Lipophile Stoffe lösen sich gut ineinander. Also sollte dieser Tipp funktionieren.

b Reisfelder stehen teilweise unter Wasser. Der Untergrund zersetzt sich. Dabei entsteht Methan. Kartoffelfelder stehen nicht unter Wasser. Es entsteht kein Methan. In Rindermägen entsteht Methan aufgrund der Verdauung von Wiederkäuern. In Schweinemägen entsteht kein Methan. Daher ist der Anbau von Reis und die Aufzucht von Rindern schädlicher für die Umwelt. Methan verstärkt den Treibhauseffekt.

c Plastikmüll kann nur dann werkstofflich recycelt werden, wenn er aus nur einer Kunststoffart besteht. Daher ist es notwendig, Kunststoffarten sortenrein voneinander zu trennen.

d Wichtige Kriterien sind das Gewicht der Flaschen und der Transportweg. PET-Flaschen sind zwar leichter als Glasflaschen und daher ist für ihren Transport weniger Kraftstoff nötig. Allerdings ist der Transportweg in diesem Fall länger. Das benötigt wiederum mehr Kraftstoff.

e Wegwerfartikel aus Plastik sind verboten, weil sie meist aus fossilen Rohstoffen hergestellt werden. Diese sind zu wertvoll, da sie nicht nachwachsen. Wenn die Wegwerfartikel nach einmaligen Gebrauch nicht als Wertstoffe, sondern im Restmüll oder in der Umwelt entsorgt werden, hat dies negative Auswirkungen auf den Treibhauseffekt und auf die Umwelt.

Beispiele: Wattestäbchen mit Plastikschaft, Trinkhalme aus Plastik, Plastikgeschirr und -besteck

Alternativen: Wattestäbchen mit Papier- oder Holzschaft, Trinkhalme aus Glas oder Maisstärke, Geschirr und Besteck aus Holz

3 Biomoleküle – S. 74/75

1 a Bei der alkoholischen Gärung durch Hefe entstehen aus Traubenzucker Alkohol und Kohlenstoffdioxid.

b

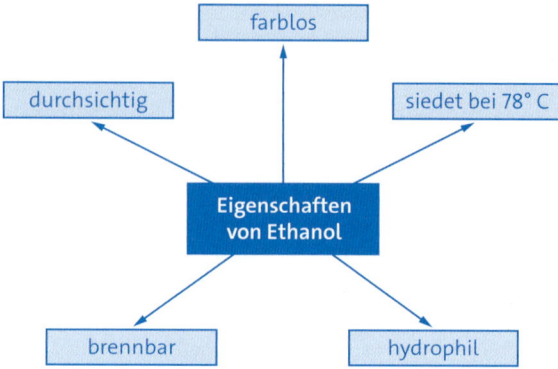

c Bei der alkoholischen Gärung entsteht Kohlenstoffdioxid. Das ist ein Gas und steigt in der Gärflüssigkeit auf.

d Summenformel: C_2H_5OH

Strukturformel:

$$H-\overset{\overset{\displaystyle H}{|}}{\underset{\underset{\displaystyle H}{|}}{C}}-\overset{\overset{\displaystyle H}{|}}{\underset{\underset{\displaystyle H}{|}}{C}}-O-H$$

2 a Im Jugendschutzgesetz steht, dass erst ab 16 Jahren Wein, Sekt und Bier gekauft und getrunken werden dürfen Schnaps, Alkopops und Longdrinks sind erst ab 18 Jahren erlaubt.

b Schädigungen von Gehirn und Leber, Entzündungen der Bauchspeicheldrüse, Magen-Darm-Erkrankungen, Beeinträchtigungen des Immunsystems und des Herz-Kreislaufsystems sowie Erkrankungen der Psyche.

3 a A Methanol

B Heptanol

C Propanol

D Butanol

b Decanol

4 a Es gibt Einfachzucker, Zweifachzucker und Vielfachzucker.

A Zweifachzucker

B, C Einfachzucker

D Vielfachzucker

b Alle Kohlenhydrate enthalten Traubenzucker (Glucose).

c Kohlenhydrate, die in Traubenzucker gespalten werden können, liefern dem menschlichen Körper Energie.

d Übergewicht, Zuckerkrankheit, Karies

e Die Moleküle von Kunststoffen, Stärke und Zellulose sind aus vielen kleinen Einheiten, den Monomeren aufgebaut. Sie alle bilden Riesenmoleküle (Polymere).

f Das Stärkemolekül ist ein spiralförmiges Riesenmolekül. Das Zellulosemolekül ist gestreckt gebaut.

5 a Die OH-Gruppe des Alkoholmoleküls ähnelt dem Wassermolekül. Die CH_3-Gruppen des Alkoholmoleküls ähneln den Molekülen der Alkane.

b Je länger ein Alkoholmolekül ist, desto höher ist sein Siedepunkt. Da Propanol mit 3 Kohlenstoffatomen eine längere Kohlenstoffkette hat als Ethanol mit 2 Kohlenstoffatomen, ist der Siedepunkt von Propanol höher als der von Ethanol.

c Es gibt mehr als drei Pentanolisomere, da es auch einen Unterschied macht, an welcher Kette die OH-Gruppe sitzt.

$$H_3C-CH_2-CH_2-CH_2-CH_2-OH$$

$$CH_3-CH_2-CH_2-CH_2-CH(OH)-CH_3$$

$$CH_3-CH_2-CH(OH)-CH_2-CH_3$$

$$CH_3-CH_2-CH_2-CH(CH_3)-OH$$

$$HOH_2C-CH(CH_3)-CH_2-CH_3$$

$$CH_3-CH(CH_3)-CH(OH)-CH_3$$

$$CH_3-CH(OH)-CH(CH_3)-CH_3$$

$$CH_3-C(CH_3)_2-CH_2-OH$$

6 a Schnaps darf man erst ab 18 Jahren trinken, Bier dagegen schon ab 16. Eine bestimmte Menge Schnaps enthält mehr Alkohol als die gleiche Menge an Bier. Man nimmt also mit Schnaps wesentlich mehr Alkohol auf als mit Bier und wird viel schneller betrunken.

b Eine große Flasche Bier sind zwei Standardgläser (500 ml) und enthält 20 Gramm Alkohol. Zwei Flaschen Bier enthalten also 40 Gramm Alkohol. Hinzu kommen noch 12 Gramm durch den Shot. Das sind insgesamt 52 Gramm Alkohol.

c individuelle Lösungen
d individuelle Lösungen
e individuelle Lösungen
Beispiele:
– Warnhinweise können auf unbekannte Gefahren aufmerksam machen.
– Warnhinweise können abschrecken.

– Warnhinweise, die man immer sieht, nimmt man nicht wahr.
– Warnhinweise werden nicht ernst genommen.
– Manche Jugendliche könnten sich von Warnhinweisen angezogen fühlen („Mutprobe").

f Individuelle Lösungen, Beispiele: In Deutschland: Promillegrenze im Straßenverkehr, Alkoholverbot in ÖPNV, teilweise Alkoholverbotszonen in Innenstädten oder auf Plätzen, Alcopopsteuer, Jugendschutzgesetz.

In einigen Ländern, z. B. USA, Schweden, Finnland und Norwegen kann Alkohol nur in speziellen Läden und nicht nach bestimmten Uhrzeiten gekauft werden. Im Islam gilt der Konsum von Alkohol als verboten. Prohibition in den USA oder Island. Ein Preisminimum für Alkohol, das nicht unterschritten werden darf wie in Schottland. Höheres Alkoholerwerbsalter von 21 Jahren wie in den USA. In Finnland und Schweden darf es keine „Mengenrabatte" oder „Happy Hours" geben. In der EU gibt es Auflagen bei Sponsoren von Sportevents.

Stellungnahme: individuelle Lösungen

4 Zellen – Bausteine des Lebens – S. 98/99

1 a

Tierzelle	Pflanzenzelle
Zellkern	Zellkern
Zellmembran	Zellmembran
Zellplasma	Zellplasma
Mitochondrien	Mitochondrien
Ribosomen	Ribosomen
	Zellwand
	Chloroplasten
	Vakuolen

b Pflanzenzellen besitzen eine Zellwand, Chloroplasten und Vakuolen. Diese Zellorganellen besitzen Tierzellen nicht.

c

Bestandteil	Aufgabe
Zellkern	Speicherung der Erbinformation; Steuerung der Körperfunktionen
Zellmembran	Stoffaustausch mit der Umgebung
Zellplasma	enthält gelöste Stoffe und verschiedene Zellorganellen
Mitochondrien	Kraftwerk der Zelle, Zellatmung
Ribosomen	Aufbau von Eiweißen
Zellwand	verleiht der Zelle Schutz und Stabilität
Chloroplasten	Fotosynthese mithilfe des grünen Blattfarbstoffs Chlorophyll, Produktion von Sauerstoff und Traubenzucker
Vakuolen	verleihen der Zelle Stabilität und speichern Fette, Öle, Farbstoffe und Abfallstoffe

d Unter dem Begriff sind alle Abläufe zusammengefasst, die mit dem Aufbau und Umbau des Körpers, der Erhaltung seiner Funktionen und der Energiegewinnung einhergehen.

e Die Zellatmung ist die Umkehrung der Fotosynthese. Bei der Fotosynthese wird die Energie des Sonnenlichts genutzt, um aus Kohlenstoffdioxid und Wasser energiereiche Glucose aufzubauen. Die Endprodukte der Fotosynthese dienen als Ausgangsstoffe für die Zellatmung: Hier wird Energie gewonnen, indem Glucose und Sauerstoff zu Kohlenstoffdioxid und Wasser oxidiert werden. Kohlenstoffdioxid und Wasser sind wiederum für die Zellatmung nötig.

2 a Die DNA besteht aus Desoxyribonukleinsäuren. Diese heißen im Englischen „deoxyribonucleic acid", abgekürzt DNA. Sie ist ein kettenförmiges Molekül aus zwei Strängen, die miteinander verbunden und schraubig umeinandergewunden sind. Diese Form wird Doppelhelix genannt.

b Im DNA-Faden sind verschiedene Erbinformationen aneinandergereiht. Eine solche Erbinformation nennt man Gen.

c Umwelteinflüsse wie Erziehung und Erfahrungen wirken sich auf die Entwicklung unserer Persönlichkeit aus. Sie können Persönlichkeitsmerkmale wie Ängstlichkeit oder Temperament verändern. Geschlechterrollen und Sozialverhalten werden besonders stark von der Umwelt beeinflusst.

3 a Chromosomen sind eine besondere Gestalt der DNA. Sie entstehen, wenn sich die dünne, fadenförmige DNA zu Knäueln zusammenzieht. Jedes Chromosom besteht aus zwei Hälften, den Chromatiden. Diese hängen am Zentromer zusammen. Die Chromosomenarme können unterschiedlich lang sein. Jedes Chromatid besteht aus einem DNA-Faden, der um Proteine gewickelt ist.

b *Körperzellen* enthalten einen doppelten Chromosomensatz mit 46 Chromosomen. *Keimzellen* enthalten einen einfachen Chromosomensatz mit 23 Chromosomen.

c Bei der Keimzellbildung wird das Geschlechtschromosomenpaar getrennt. Keimzellen enthalten als nur ein Geschlechtschromosom. Da Frauen zwei X-Chromosomen besitzen, enthalten alle Eizellen ein X-Chromosom. Männer besitzen ein X- und ein Y-Chromosom, Spermien können daher ein X-Chromosom oder ein Y-Chromosom besitzen. Bei der Befruchtung verschmelzen die Zellkerne von Eizelle und Spermium. Wird ein Eizelle (X) von einem Spermium mit X-Chromosom befruchtet, dann entwickelt sich ein Mädchen: XX. Wird eine Eizelle (X) von einem Spermium mit einem Y-Chromosom befruchtet, dann entwickelt sich ein Junge: XY.

4 a Zellteilung

b 1 Die DNA-Fäden ziehen sich zu Chromosomen zusammen. Die Hülle des Zellkerns löst sich auf und alle 46 Chromosomen liegen nun frei und ungeordnet im Zellplasma. An den gegenüberliegenden Seiten der Zelle, den Zellpolen, bildet sich ein Spindelapparat. Dieser bildet Spindelfasern aus Eiweiß.

2 Die Chromosomen ordnen sich nun nebeneinander in der Zellmitte an. Sie liegen alle in einer Ebene, der Äquatorialebene. An jedem Chromosom heften sich Spindelfasern an den gegenüberliegenden Seiten des Zentromers an.

3 Die Spindelfasern verkürzen sich, dabei werden die Chromosomen in zwei Halbchromosomen getrennt. Sie heißen auch Chromatiden. Diese werden zu den Zellpolen gezogen. In der Nähe jedes Zellpols befinden sich nun 46 Chromatiden.

4 Die gewundenen DNA-Fäden der Halbchromosomen lösen sich wieder. Um sie herum bildet sich eine neue Membran. So sind zwei Zellkerne mit identischer Erbinformation entstanden. Erst jetzt teilt sich auch die Zelle durch Einschnürung der Zellmembran. Zwei neue Tochterzellen sind entstanden.

c Wachstum ist ein Kennzeichen von Lebewesen. Durch Zellteilung entstehen aus einer einzelnen befruchteten Eizelle mehrere Billionen Zellen. Das wird durch die Mitose ermöglicht. Durch sie kann ein neuer Organismus heranwachsen und größer werden.

Das gleiche gilt für die Zellerneuerung: Abgestorbene Zellen in unserem Körper werden durch neu gebildete Zellen ersetzt. Diese neuen Zellen entstehen durch Zellteilung aus vorhandenen Zellen, auch hierfür ist die Mitose unerlässlich.

5 a Der Begriff *Mutation* bezeichnet eine Veränderung der Erbinformation.

b

- UV-Strahlung
- Röntgenstrahlung
- Radioaktivität
- chemische Stoffe (Nikotin, Asbest, Giftstoffe von Schimmelpilzen)
- hohe Temperaturen

c Birkenspanner mit heller Flügelfarbe sind auf heller Birkenrinde kaum zu erkennen, dadurch sind sie vor Fressfeinden geschützt. Birkenspanner, die aufgrund einer Mutation dunkle Flügel besitzen, fallen auf heller Rinde schneller auf. Sie werden eher gefressen und können so ihre Erbinformation kaum an Nachkommen weitergeben. Das nennt man natürliche Auslese.

d Bei Blutbuchen bewirkt eine Mutation das Fehlen eines Enzyms, so dass rote Farbstoffe das Chlorophyll der Blätter überdecken.

6 a Krankheiten, die auf veränderten Erbinformationen beruhen und auf die Nachkommen vererbt werden können, werden als *genetisch bedingte Erkrankungen* oder Erbkrankheiten bezeichnet.

b Bei der *Bluterkrankheit* ist die Blutgerinnung verändert, deshalb verschließen sich Wunden nicht.

c Ursache für die Bluterkrankheit ist eine Mutation auf dem X-Chromosom: Die Erbinformation für die Bildung von Gerinnungsstoffen ist verändert.

d Männer besitzen nur ein X-Chromosom. Trägt dieses die Mutation, werden veränderte Gerinnungsstoffe gebildet, die Krankheit tritt auf. Frauen besitzen zwei X-Chromosomen. Trägt nur eines davon die Mutation, kann das zweite, gesunde X-Chromosom dies ausgleichen: Der richtige Gerinnungsstoff wird produziert, die Krankheit tritt nicht auf. Nur Frauen, bei denen beide X-Chromosomen die Mutation besitzen, sind von der Krankheit betroffen.

e Rot-Grün-Sehschwäche

f Menschen mit *Trisomie 21* besitzen das Chromosom 21 dreimal. Dazu kommt es, wenn bei der Eizellbildung durch einen Fehler bei der Chromosomenaufteilung eine Eizelle das Chromosom 21 zweimal enthält. Durch die Befruchtung der Eizelle mit einem Spermium kommt dann noch ein weitere Chromosom 21 vom Vater hinzu. Die befruchtete Eizelle und alle daraus gebildeten Körperzellen enthalten dann das Chromosom 21 dreimal und damit 47 statt 46 Chromosomen.

7 a Menschen mit Trisomie 21 haben ein flaches, rundes Gesicht sowie schrägstehende Augenlider. Häufig treten Herzfehler sowie unterschiedlich stark ausgeprägte geistige Behinderungen auf.

b Alle Menschen sind wertvoll. Egal, ob sie krank oder gesund sind, sie sind eigenständige Persönlichkeiten mit Gefühlen, Träumen und Fähigkeiten. Im Alltag sollte man Menschen mit Trisomie 21 daher genauso behandeln wie alle anderen Menschen auch. Gleichzeitig sollte man Rücksicht nehmen auf ihre besonderen Bedürfnisse und Einschränkungen, zum Beispiel wenn sie durch eine Herzerkrankung weniger belastbar sind. Jeder Mensch muss unterstützt und in seinen Fähigkeiten gefördert werden, jeder braucht Lob und Bestätigung, um Selbstvertrauen aufzubauen.
Die Diagnose Trisomie 21 allein lässt keine Rückschlüsse zu auf das Leben, das Betroffene führen können. Manche Menschen brauchen ihr Leben lang Hilfe, andere schaffen einen regulären Schulabschluss und sind im Alltag wenig auf Unterstützung angewiesen. Einige werden sogar Schauspieler oder Lehrer.

c

Naturwissenschaftliche Aussagen (sachlich)	Ethische Aussagen (bewertend)
Trisomie 21 ist eine genetisch bedingte Erkrankung.	Ein Leben mit Down-Syndrom ist nicht lebenswert.
Ein Bluttest bei der Mutter kann Auskunft darüber geben, ob ein ungeborenes Kind das Down-Syndrom hat.	Der Bluttest ist diskriminierend, denn er kann dazu führen, dass behinderte Leben „aussortiert" werden.
90 Prozent aller vorgeburtlich mit Down-Syndrom diagnostizierten Kinder werden abgetrieben.	Die Gesellschaft sollte Menschen mit Behinderungen als Bereicherung und nicht als Last empfinden.

d Individuelle Diskussion, mögliche Argumente:
– Jedes Leben ist wertvoll und darf nicht danach beurteilt werden, wie es gelebt oder was erreicht wird.
– Das Leben mit einem behinderten Kind kann sehr anstrengend sein – das Leben mit einem nicht behinderten Kind aber auch.
– Die Kraft, die man für (alle) Kinder braucht, entspringt aus der Liebe zu ihnen.
– Mit einem vorgeburtlichen Bluttest lässt sich zwar feststellen, ob eine Trisomie 21 beim Kind vorliegt, aber nicht, wie schwer die körperlichen und geistigen Auswirkungen sein werden.

– Auch bei einem Kind ohne Trisomie 21 kann man nicht voraussagen, wie die Zukunft werden wird.
– Ein Kinder mit Trisomie 21 zu bekommen kann bedeuten, dass ein Elternteil nie wieder in den Beruf zurückkehren kann, weil das Kind ein Leben lang Betreuung und Hilfe braucht.
– Kinder mit Trisomie 21 können genauso glücklich und lebensfroh sein wie Kinder ohne Trisomie 21.
– Der Abbruch einer Schwangerschaft ist ein traumatisches Erlebnis. Manche Menschen bereuen diese Entscheidung ein Leben lang, andere sind sich sicher, die richtige Entscheidung getroffen zu haben.

8 a

Merkmal	Wiese	Bergregion
Blüte	groß	klein
Blätter	groß, kräftig	klein, schmal
Stängel	lang	kurz
Wurzel	klein, wenig verzweigt	groß, stark verzweigt

b Der Löwenzahn bildet an verschiedenen Standorten unterschiedliche Merkmale aus. Daraus kann man schließen, dass diese Merkmalsausprägungen durch die Umwelt und nicht durch die Gene hervorgerufen werden.

9 a In Afrika, Südasien, Südamerika und Grönland verträgt die Mehrheit der Bevölkerung keine Laktose. In Europa, Nordasien, Australien und Nordamerika vertragen die meisten Menschen Laktose.

b Die meisten Erwachsenen in Europa haben keine Laktose-Unverträglichkeit, weil sie eine Mutation besitzen. Diese sorgt auch im Erwachsenenalter für die Produktion eines Enzyms, das den Milchzucker für den Körper nutzbar macht: Er kann verdaut werden.

c Die Laktose-Verträglichkeit ist eine Mutation mit positiven Auswirkungen, da man alle Milchprodukte essen kann, ohne Blähungen und Durchfall zu bekommen. (ggf. kann hier die Antwort auch lauten: Die Laktose-Verträglichkeit hat zur Massenproduktion von Milchprodukten geführt, die wiederum die Intensivtierhaltung von Milchvieh notwendig macht. Aus Sicht eines Gegners von Intensivtierhaltung oder eines Veganers kann die Mutation zur Laktose-Verträglichkeit also auch als negativ angesehen werden.)

d Es verwundert, dass in China Milchprodukte im Trend liegen, da die meisten Erwachsenen (laut der Karte 61–100 %) eine Laktose-Unverträglichkeit haben.

e Menschen mit einer Laktoseintoleranz können Milchprodukte zu sich nehmen, denen die Laktose entzogen wurde. Auf der Verpackung der Lebensmittel steht dann „laktosefrei". Außerdem gibt es Milchprodukte, die von Natur aus (fast) laktosefrei sind. Dazu gehören Hart- und Schnittkäse wie Emmentaler, Bergkäse, Parmesan oder Gouda. Auch Butter enthält fast keine Laktose.

f Der erste Satz „Im Garten steht eine Tanne, sie spendet Schatten." ergibt Sinn.

Im zweiten Satz ist ein Buchstabe verändert: „Im Garten steht eine Tonne, sie spendet Schatten." Der Satz hat nun eine etwas andere Aussage, die Tanne wurde zur Tonne. Doch auch eine Tonne kann (ein wenig) Schatten spenden, der veränderte Satz ergibt also immer noch einen Sinn.

Im dritten Satz sind zwei Buchstaben verändert: „Im Garten steht eine Sonne, sie spendet Schatten." Der Satz ergibt nun keinen Sinn mehr, denn die Sonne spendet keinen Schatten. Die veränderten Buchstaben kann man mit Mutationen in der Erbinformation vergleichen.

Im zweiten Satz hat die „Mutation" nur eine geringe Auswirkung auf die Satzaussage.

Im dritten Satz hat die „Mutation" ist die Auswirkung auf die Satzaussage so groß, dass der Satz keinen Sinn mehr ergibt. Genauso können Mutationen in der Erbinformation keine oder nur geringe Auswirkungen haben oder aber sehr große. Dann ist die Information so verändert, dass sie keinen Sinn mehr ergibt und den Träger der Mutation beeinträchtigt.

5 Angewandte Genetik – S. 114/115

1 a Die kontrollierte Vermehrung von Pflanzen und Tieren wird Züchtung genannt.

b *Auslesezüchtung*: Pflanzen und Tiere mit gewünschten Merkmalen werden für die Züchtung ausgewählt. Ein Beispiel ist unser Weizen, er ist durch Auslesezüchtung aus dem Wildgras Einkorn entstanden.

c Durch *Kombinationszüchtung* wurden Weizenpflanzen mit dem Pollen von Roggenpflanzen bestäubt. So entstand Triticale, das große Körner besitzt wie der Weizen, aber nur geringe Ansprüche an Klima und Boden hat, wie der Roggen.

d
– hoher Ertrag an Fleisch, Eiern und Milch
– Fortpflanzungsbereitschaft, Zahmheit
– Fruchtbarkeit

e Als *Genotyp* wird die Gesamtheit der Gene eines Lebewesens bezeichnet. Das Erscheinungsbild eines Lebewesens wird *Phänotyp* genannt.

2 a Mendel machte gezielte Kreuzungsexperimente mit Erbsenpflanzen. Dazu bestäubte er Blüten einer Erbsenpflanze mit dem Pollen einer anderen Erbsenpflanze. Dann verglich er die Merkmale der Elterngeneration mit denen der Tochtergenerationen. Mendel konzentrierte sich zunächst nur auf ein Merkmal, später auf zwei Merkmale. (Blütenfarbe/ Samenfarbe/ Samenform). So konnte er Gesetzmäßigkeiten erkennen und daraus die Regeln der Vererbung formulieren.

b Ein Lebewesen ist für ein Merkmal *reinerbig*, wenn die Erbinformation in den beiden Allelen für dieses Merkmal gleich ist. Ein Lebewesen ist für ein Merkmal *mischerbig*, wenn die Erbinformation in den beiden Allelen für dieses Merkmal verschieden ist.

c Setzt sich ein Allel gegen das andere durch, ist es merkmalsbestimmend oder *dominant*. Allele, die im Phänotyp nicht in Erscheinung treten, sind merkmalsunterlegen oder *rezessiv*.

d Das Kreuzungsschema zeigt einen dominant-rezessiven Erbgang. Das Allel für die rote Blütenfarbe ist gegenüber dem Allel für die weiße Blütenfarbe dominant. In der Tochtergeneration entstehen die Allel-Kombinationen Rw, Rw, Rw, Rw. Das bedeutet, das Merkmal rote Blütenfarbe setzt sich bei allen Nachkommen in dieser Tochtergeneration durch.

1. Mendel'sche Regel (*Uniformitätsregel*): Kreuzt man Individuen, die sich in einem Merkmal reinerbig voneinander unterscheiden, sind alle Nachkommen der ersten Tochtergeneration untereinander gleich.

e *2. Mendel'sche Regel* (*Spaltungsregel*): Kreuzt man Individuen der ersten Tochtergeneration untereinander, so spalten sich in der zweiten Tochtergeneration die Merkmale nach einem bestimmten Zahlenverhältnis auf.

3. Mendel'sche Regel (*Unabhängigkeitsregel*): Kreuzt man Individuen, die sich in mehreren Merkmalen reinerbig unterscheiden, werden die Merkmale unabhängig voneinander vererbt.

3 a Die gezielte Veränderung der Erbsubstanz wird als *Gentechnik* bezeichnet.

b Gene, die für ein bestimmtes Merkmal codieren, werden aus einem DNA-Strang herausgetrennt und in einen anderen DNA-Strang eingefügt. So entstehen *gentechnisch veränderte Organismen*. Dem transgenen Atlantischen Lachs wurden zum Beispiel zwei fremde Gene eingesetzt. Dadurch wächst er das ganze Jahr über und wird deutlich größer und schwerer als der unveränderte Lachs.

c Bakterien und Pilze werden gentechnisch verändert, um Wirkstoffe zu produzieren. Beispiele sind die Produktion von Insulin mithilfe von gentechnisch veränderten Bakterien, oder die Herstellung von Impfstoffen, z. B. gegen Hepatitis oder Gebärmutterhalskrebs.

d Risiken der Gentechnik:
– unbekannte Langzeitfolgen
– Gefährdung der natürlichen Vielfalt
– schädliche Auswirkungen auf Menschen
– Arbeitsplatzgefährdung

4 a Genetisch bedingte Erkrankungen

b Präimplantationsdiagnostik, Fruchtwasseruntersuchung, Stammbaumanalyse

c Mithilfe einer *Stammbaumanalyse* kann ermittelt werden, ob genetisch bedingte Erkrankungen in einer Familie vorkommen und wie diese vererbt werden.

d Durch das Gesetz soll menschliches Leben von Beginn an, also ab der befruchteten, entwicklungsfähigen Eizelle geschützt werden. Das Gesetz regelt auch die künstliche Befruchtung und den Umgang mit Embryonen in der Fortpflanzungsmedizin.

e Das Wohl des empfindlichen Embryos liegt in unserer Hand. Wir sind in der Lage, über sein Überleben oder seinen Tod zu entscheiden.

5 a Der Mensch sucht bei der Auslesezucht die Lebewesen für die weitere Vermehrung aus, deren Merkmale für ihn vorteilhaft sind, zum Beispiel höherer Ertrag oder größere Widerstandsfähigkeit. Die Grundlage für die Entstehung von verschiedenen Lebewesen mit unterschiedlichen Merkmalen sind Mutationen. Durch diese zufälligen Veränderungen der Erbinformationen können verschiedene Lebewesen einer Art unterschiedliche Merkmale aufweisen. Ohne Mutationen wäre also eine Auslesezucht nicht möglich, da alle Individuen die gleichen Merkmale hätten.

b

	kg (klein/gelb)	kg (klein/gelb)
GR (groß/rot)	GkRg	GkRg
GR (groß/rot)	GkRg	GkRg

c

	GR	Gg	kR	kg
GR	GGRR	GGRg	GkRR	GkRg
Gg	GGgR	GGgg	GkgR	Gkgg
kR	kGRR	kGRg	kkRR	kkRg
kg	kGgR	kGgg	kkgR	kkgg

d Es entstehen viele große, rote Früchte (GGRR, GGRg, GkRR, GkRg, GGgR, GkgR, kGRR, kGRg, kGgR), ein paar kleine, rote Früchte (kkRR, kkRg, kkgR), ein paar große, gelbe Früchte (GGgg, Gkgg, kGgg) und wenige kleine, gelbe Früchte (kkgg)

e Dritte Mendel'sche Regel

f Zahlenverhältnis in der F_2-Generation: 9:3:3:1

g Bei der herkömmlichen Züchtung werden Pflanzen mit gewünschten Eigenschaften miteinander gekreuzt. Die Nachkommen der F_1- oder F_2-Generation weisen dann die Merkmale beider Elternpflanzen auf. Bei einer gentechnisch veränderten Paprika werden Gene, die für ganz spezielle Eigenschaften codieren, direkt in die DNA einer Pflanzenzelle eingefügt. Daraus wird dann eine Pflanze gezogen, die die gewünschten Merkmale aufweist.

h Alle Paprikafrüchte sind in unreifem Zustand grün. Erst durch die Reifung werden sie rot oder gelb. Um grüne Paprika zu erhalten, erntet man die Früchte also einfach vor der Reifung. Deshalb muss man grüne Paprika-Früchte nicht extra züchten.

6 a Eltern lassen ihr ungeborenes Kind genetisch untersuchen, um herauszufinden, ob es eine genetisch bedingte Erkrankung hat.

b Mögliche Ergebnisse:
– Das Kind ist gesund, es gibt keine weiteren Folgen.
– Die Ergebnisse zeigen, dass das ungeborene Kind eine genetisch bedingte Erkrankung hat. Dann stehen die werdenden Eltern vor einer Gewissensentscheidung: Sie können die Schwangerschaft abbrechen und damit das Leben ihres Kindes beenden. Oder sie bekommen das Baby und führen ein Leben mit einem Kind, das eine genetisch bedingte Erkrankung hat.

c Einsatz von Gentechnik beim Menschen:

Argumente dafür	Argumente dagegen
Schutz vor Krankheiten	Die gentechnische Veränderung von menschlicher DNA ist verboten.
Heilung von Erbkrankheiten	Ein Eingriff in die DNA kann weitere, unbeabsichtigte Mutationen verursachen und so zu schweren gesundheitlichen Problemen führen.

d individuelle Lösungen

e individuelle Lösungen

6 Radioaktivität – S. 134/135

1 a Henry Becquerel

b Becquerel lies eine lichtdicht verpackte Fotoplatte mit einem Brocken Uranerz darauf mehrere Tage in seinem Labor liegen, weil er auf Sonnenschein für sein Experiment wartete. Als er die Fotoplatte entwickelte, fand er die Umrisse des Uranstückes darauf abgebildet.

c Uran, Polonium, Radium

d Fotoplatte, Geigerzähler, Nebelkammer

2 a α-Strahlung, β-Strahlung, γ-Strahlung

b A γ-Strahlung, Energie
B α-Strahlung, Heliumkern
C β-Strahlung, Elektron

c Alphateilchen sind zweifach positiv geladen.

d Die Elektronen der β-Strahlung entstehen durch den Zerfall eines Neutrons. Es zerfällt in ein Proton (das im Kern verbleibt) und ein Elektron, das den Kern als β-Strahlung verlässt. Durch den β-Zerfall verändert sich der Atomkern, er hat jetzt 1 Proton mehr, die Kernladungszahl (=Ordnungszahl) steigt um 1. Ein neues Element ist entstanden.

3 a 1 β-Strahlung
2 α-Strahlung
3 γ-Strahlung
a Papier
b Metall
c dicker Beton oder dicke Bleiplatte

b Die Grafik veranschaulicht den Fachbegriff *Isotop*.

c In allen Isotopen ist die Protonenzahl und die Elektronenzahl gleich. Die Neutronenzahl nimmt von links nach rechts jeweils um ein Neutron zu.

d Eine Halbwertszeit von 30 Jahren bedeutet, dass nach 30 Jahren die Hälfte der radioaktiven Cäsiumatomkerne zerfallen sein wird.

e Es finden 450 Zerfälle in 60 Sekunden statt, die Aktivität des Stoffes beträgt also 450 : 60 = 7,5 Bq (Becquerel)

4 a Quellen natürlicher Radioaktivität:
– Bodenradioaktivität
– Radongas
– kosmische Strahlung aus dem All und von der Sonne

Quellen künstlicher Radioaktivität:
- Atombomben
- Reaktorunfälle
- medizinische Anwendungen. z. B. radioaktive Kontrastmittel

b *Natürliche Radioaktivität* ist seit der Entstehung der Erde und des Alls vorhanden und wird seither laufend freigesetzt. *Künstliche Radioaktivität* wird vom Menschen absichtlich oder unabsichtlich freigesetzt.

c Pilze, Wildfleisch

d Bild 4 zeigt, dass mit zunehmender Höhe die Strahlenbelastung steigt.

5 a
- Schädigung oder Zerstörung von Zellen
- Hautverbrennungen
- Haarausfall
- DNA-Veränderungen (Mutationen)
- Krebs
- genetisch bedingte Erkrankungen

b
- Strahlentherapie
- Dickenmessung von Bauteilen
- Materialprüfung auf Risse oder Lufteinschlüsse
- Prüfung von Schweißnähten und Lötpunkten auf Schwachstellen

6 a Element A sendet *Alphastrahlung* aus. Alphateilchen sind relativ groß und schon durch dünne Hindernisse aufhaltbar. Daher kann Element A in einem Papier-/Pappkarton oder einer Holzkiste sicher verstaut werden.
Element B sendet *Betastrahlung* aus. Betastrahlen bestehen aus Elektronen, diese können von Metall aufgenommen und abgeleitet werden. Element B sollte daher in einer Metallkiste untergebracht werden.
Element C sendet *Gammastrahlung* aus. Gammastrahlung ist reine Energiestrahlung, die nur durch dicke Bleiplatten oder dicke Betonwände aufgehalten werden kann. Element C muss daher in einem Behälter aus Blei oder in einem Raum mit dicken Betonwänden gelagert werden.

b Nach einer Halbwertszeit ist die Hälfte eines radioaktiven Stoffes zerfallen, d. h. von 8 kg Ausgangsstoff sind nur noch 4 kg radioaktiv, der Rest hat sich in ein anderes Element umgewandelt.
1. Halbwertszeit: 8 kg ⟶ 4 kg
2. Halbwertszeit: 4 kg ⟶ 2 kg
3. Halbwertszeit: 2 kg ⟶ 1 kg
4. Halbwertszeit: 1 kg ⟶ 500 g
Es müssen also 4 Halbwertszeit vergehen, bis von 8 kg eines radioaktiven Elements noch 500 g übrig sind.
Element A: 4 · 5000 Jahre = 20 000 Jahre
Element B: 4 · 4 Jahre = 16 Jahre
Element C: 4 · 156 Jahre = 624 Jahre
Durch Aussendung von Gammastrahlung verändert sich der Atomkern nicht, das Element bleibt erhalten. Nach 624 Jahren sind noch 500 g des Ausgangselements radioaktiv, 7,5 kg sind nicht mehr radioaktiv.

7 Marie Curie hat ohne Sicherheitsvorkehrungen geforscht. Dabei hat sie auch radioaktive Teilchen eingeatmet. 80 Jahre nach Marie Curies Tod sind noch viele radioaktive Teilchen in ihrem Körper vorhanden, da z. B. Radium eine Halbwertszeit von 1600 Jahren hat. Beim Zerfall der radioaktiven Atomkerne in Marie Curies Körper wird Radioaktivität frei. Um Besucher ihres Grabes davor zu schützen, wurde der Sarg mit Blei ausgekleidet, das alle Strahlungsarten abschirmt.

8 a Während einer Halbwertszeit zerfällt die Hälfte eines radioaktiven Stoffes. Bei Cäsium dauert das 30 Jahre, bei Uran dagegen 4,5 Milliarden Jahre. Cäsium strahlt also stärker, da hier in viel kürzerer Zeit die gleiche Anzahl von Atomkernen zerfällt wie bei Uran.

b Mögliche Lösungen:

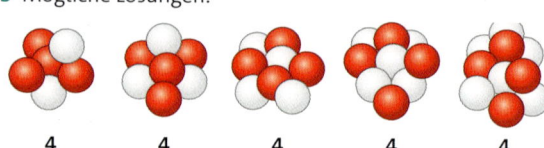

4 Protonen	4 Protonen	4 Protonen	4 Protonen	4 Protonen
2 Neutronen	3 Neutronen	4 Neutronen	5 Neutronen	6 Neutronen
^{6}Be	^{7}Be	^{8}Be	^{9}Be	^{10}Be

c Ausschnitt zu den Halbwertszeiten und Zerfallstypen verschiedener Beryllium-Isotope:

Isotop	Halbwertszeit	Zerfallsart
Beryllium-8 (4 P + 4 N)	$8 \cdot 10^{-17}$ Sekunden	Alphazerfall
Beryllium-9 (4 P + 5 N)	keine	zerfällt nicht
Beryllium-10 (4 P + 6 N)	$1,5 \cdot 10^6$ Jahre	Betazerfall
Beryllium-11 (4 P + 7 N)	13,76 Sekunden	Betazerfall
Beryllium-12 (4 P + 8 N)	0,02 Sekunden	Betazerfall

(Angaben in Klammern zum Aufbau des Atomkerns: P = Protonen, N = Neutronen)

9 a Beim Betazerfall wird ein Elektron frei. Es entsteht im Atomkern durch den Zerfall eines Neutrons in ein Proton und ein Elektron. Das Elektron verlässt den Atomkern als Betastrahlung. Das Proton bleibt im Kern, dadurch erhöht sich die Kernladungszahl (=Ordnungszahl) um 1.
Im Periodensystem der Elemente (Seite 208/209) steht Kohlenstoff in der 2. Periode der 4. Hauptgruppe. Die Ordnungszahl (=Protonenzahl) von Kohlenstoff ist 6, es hat also 6 Protonen im Kern. Nach dem Zerfall von C-14 besitzt der Atomkern 1 Proton mehr. Das neu entstandene Element hat also 7 Protonen im Kern. Das einzige Element im Periodensystem mit 7 Protonen (= Ordnungszahl 7) ist Stickstoff. Stickstoff steht rechts neben Kohlenstoff, in der 2. Periode der 5. Hauptgruppe.

b $^{134}_{53}I \longrightarrow {}^{131}_{54}Xe + {}^{0}_{-1}e$

c $^{224}_{88}Ra \longrightarrow {}^{220}_{86}Xe + {}^{4}_{2}e$

10 a Aus Bild 8 kann man ablesen, dass es etwa 5000 Jahre dauert, bis ein C-14-Gehalt von 53 % erreicht ist. Diese 5000 Jahre rechnet man vom aktuellen Jahr an rückwärts, zum Beispiel: 2025 nach Christus – 5000 Jahre = 2975 vor Christus
b Der C-14-Gehalt in der 10 000 Jahre alten Gewebeprobe liegt bei etwa 30 %.

7 Energieversorgung im Wandel – S. 150-151

1 a
– Otto Hahn
– Lise Meitner
– Fritz Straßmann
b Ein Neutron trifft auf einen Uranatomkern und spaltet ihn in einen Bariumatomkern, einen Kryptonatomkern und zwei Neutronen.

c $^{235}_{92}U + {}^{1}_{0}n \longrightarrow {}^{89}_{36}Kr + {}^{144}_{56}Ba + 2\,{}^{1}_{0}n$

d Bei der Spaltung eines Urankerns werden zwei Neutronen frei. Diese können zwei weitere Urankerne spalten, wodurch vier Neutronen frei werden. Dieser Vorgang setzt sich fort und beschleunigt sich sogar, da sich die Anzahl der freiwerdenden Neutronen ständig erhöht und diese immer mehr Atomkerne spalten. So entsteht eine Kettenreaktion.
e
– Hitze
– Druck
– Radioaktivität.
2 a Kernenergie $\longrightarrow$ Wärmeenergie $\longrightarrow$ Bewegungsenergie $\longrightarrow$ elektrische Energie
b Im Reaktordruckbehälter befinden sich die Brennelemente mit dem spaltbaren Material, meist Uran oder Plutonium. Zwischen ihnen befinden sich die Steuerstäbe, mit denen Neutronen eingefangen und so die Kettenreaktion kontrolliert werden kann. Die bei der Kernspaltung freigesetzte Wärmeenergie erhitzt das umgebende Wasser so stark, dass Wasserdampf entsteht. Dieser Dampf erhöht den Druck im Leitungssystem. Deshalb kann man mit ihm Turbinen antreiben, an die ein Generator angeschlossen ist. Dieser wandelt die Bewegungsenergie der Turbine in elektrische Energie um. Der Dampf wird in einem Kondensator wieder abgekühlt und als Wasser dem Reaktor erneut zugeführt.
3 a
– Tschernobyl
– Fukushima.
b
– Freisetzung radioaktive Stoffe in die Umwelt
– unkontrollierte Kettenreaktion, die Brennelemente überhitzen und schmelzen, gasförmiger Wasserstoff entsteht, der explodieren und den Reaktor zerstören kann, Menschen können verletzt werden oder sterben
c Ein Castorbehälter ist ein spezieller Transportbehälter für abgebrannte Brennelemente.

d Abgebrannte Brennelemente werden zwei Jahre lang in einem Abklingbecken mit Wasser abgekühlt. Danach werden sie in ein Zwischenlager oder in eine Wiederaufbereitungsanlage gebracht.
e Befürworter der Kernenergie bewerten den Nutzen der Kernenergie höher als ihre Risiken. Unsere technische Welt hängt stark von elektrischer Energie ab, daher ist eine wetter- und lichtunabhängige Versorgungssicherheit wichtig. Kernenergie ist immer verfügbar. Außerdem stoßen Atomkraftwerke keine Treibhausgase aus, laufen geräuscharm und benötigen nur wenig Fläche.
Kernkraftgegner bewerten die Risiken der Kernenergie höher als ihren Nutzen. Zu den Risiken zählt die Gefahr, dass Radioaktivität durch Unfälle, Naturkatastrophen oder Terroranschläge auf Atomkraftwerke freigesetzt wird. Zudem könnte das angereicherte Uran zum Bau von Atombomben verwendet werden. Auch gibt es bis heute keine Endlager für Atommüll. Überdies sind die Uranvorkommen der Erde endlich und Deutschland besitzt keine nennenswerten Vorräte.
4 a

Regenerative Energieträger	Fossile Energieträger
Wind	Steinkohle
Wasser	Braunkohle
Sonne	Erdgas
Biomasse	Mineralöl
Erdwärme	Uran

b Durch die überregionale Vernetzung der Kraftwerke kann eine hohe Versorgungssicherheit erreicht werden.
c

Bewegungsenergie	Wind, Wasser
Strahlungsenergie	Sonne
Chemische Energie	Biomasse, Erdöl, Erdgas, Steinkohle, Braunkohle
Wärmeenergie	Sonne, Erdwärme
Kernenergie	Uran
Erdwärme	Uran

5 a Der Energiebedarf kann durch Wärmekraftwerke, Windkraftwerke, Solarkraftwerke, Wasserkraftwerke oder durch die Nutzung von Erdwärme gedeckt werden.
b Unsere Nachbarländer betreiben auch Kernkraftwerke. Geschieht dort ein größerer Unfall in einem Kernkraftwerk, sind wir in Deutschland auch betroffen. Zudem könnte das Abschalten deutscher Kernkraftwerke dazu führen, dass Deutschland mehr elektrische Energie importieren muss. In der Folge könnten unsere Nachbarländer weitere grenznahe Kernkraftwerke bauen. Deshalb ist ein Atomausstieg nur dann sinnvoll, wenn alle europäischen Länder ihre Kernkraftwerke abschalten.

c Die Darstellung von schwarzen Wolken über dem Atomkraftwerk ist falsch. In Wirklichkeit steigt aus den Kühltürmen Wasserdampf auf, Wasserdampfwolken sind weiß.
d Besonders belastet sind Niederbayern, Schwaben und Oberbayern.
e

Pro	Kontra
1. In die Sonne schießen.	
Der Atommüll wäre für alle Zeiten von der Erde verschwunden.	Durch einen Unfall beim Raketenstart kann das radioaktive Material über die ganze Erde verteilt werden. Es sind sehr viele Raketen nötig, daher wäre der Transport sehr teuer.
2. Über große Flächen verteilen.	
Durch die starke Verdünnung wäre die Radioaktivität nicht so gefährlich für die Umwelt.	Die Radioaktivität ist immer noch vorhanden und kann sich im Grundwasser oder in Pflanzen anreichern. Das bedeutet eine Erhöhung der Strahlenbelastung für Mensch und Natur.
3. In einen Vulkan werfen.	
Der Atommüll wäre unerreichbar entsorgt und gelangt im Idealfall sogar zurück ins Erdinnere.	Der Vulkan könnte ausbrechen und das radioaktive Material über die angrenzenden Gebiete verteilen.
4. In Bergwerken in Beton eingießen.	
Die Radioaktivität wäre für längere Zeit eingeschlossen.	Durch Erdbewegungen könnten die Betonhülle zerstören und so Radioaktivität ins Grundwasser gelangen.
5. In Castorbehältern lassen.	
Das radioaktive Material ist darin relativ sicher eingeschlossen.	Castorbehälter sind leicht zugänglich und könnten gestohlen werden. Die Behälter sind teuer und halten nicht ewig.

Die Vorschläge 4 und 5 scheinen am vernünftigsten. Tatsächlich wird Atommüll oberirdisch in Castoren und unterirdisch in Bergwerken (z. B. Salzstöcken) gelagert.

6 b

Gründe für den Einsatz von Atomwaffen	Gründe gegen den Einsatz von Atomwaffen
schnelle Beendigung des Krieges durch großes Abschreckungspotential	hohe Opferzahlen, vor allem in der Zivilbevölkerung
nur geringe Waffenanzahl nötig	Zerstörung großer Flächen
	radioaktive Belastung großer Gebiete für Jahrzehnte
	Folgeschäden in der Bevölkerung durch Strahlenkrankheit und Genmutationen

7 a Regenerative Energieträger:
25,3 % + 9,5 % + 8,5 % + 4,0 % = 47,3 %
Fossile Energieträger:
0,4 % + 9,3 % + 13,1 % + 10,0 % + 19,9 % = 52,7 %
b Im Jahr 2019 wurden in Deutschland 47,3 % der benötigen Energie durch Nutzung regenerativer Energieträger und 52,7 % durch Nutzung fossiler Energieträger gewonnen.
c Individuelle Lösung
d Individuelle Lösung
e Aspekte für die Bewertung:
– Versorgungssicherheit
– ungelöstes Endlagerproblem
– Auswirkungen auf das Klima
– Umweltbelastung durch Schadstoffe
– Abhängigkeit von anderen Ländern
– Arbeitsplätze
– Sicherung von einheimischen Rohstoffen.

8 Informationsaufnahme und -verarbeitung beim Menschen – S. 168/169
1 a A Gehirn
B Rückenmark
C Zentralnervensystem
D peripheres Nervensystem
b

ZNS	
Gehirn	Steuerzentrale, hier finden Wahrnehmung, Erinnerung und Planung statt
Rückenmark	Nervenbündel, verbindet das Gehirn mit dem restlichen Körper
PNS	
Nervenzellen	leiten Informationen von Sinnesorganen zum ZNS sowie vom ZNS zu den Muskeln
Synapsen	Kontaktstellen zwischen Nervenzellen und anderen Zellen, übertragen Informationen zwischen den Zellen

c

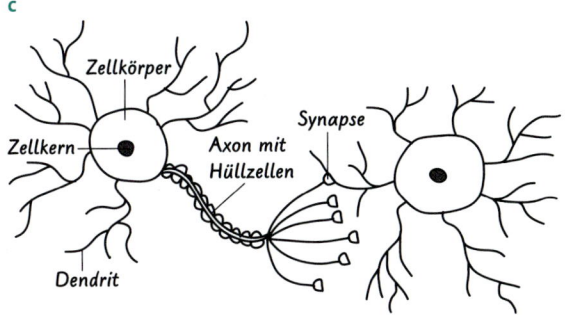

Zellkörper · Zellkern · Axon mit Hüllzellen · Synapse · Dendrit

d Zwischen zwei Nervenzellen liegt ein schmaler Spalt, den die elektrischen Impulse nicht überspringen können. Stattdessen wird ein chemischer Botenstoff aus dem Endknöpfchen in den synaptischen Spalt ausgeschüttet. Er dockt an der Nachbarzelle an und löst dadurch einen elektrischen Impuls aus, der weitergeleitet wird. Die Übertragung erfolgt in Sekundenbruchteilen.

e Leistungsnerv = Sympathikus

Erholungsnerv = Parasympathikus

f Sympathikus und Parasympathikus arbeiten als Gegenspieler zusammen: Was der eine antreibt, wird vom anderen gehemmt. Der Sympathikus sorgt für Höchstleistung, der Parasympathikus sorgt für die Erholung nach der Anstrengung.

2 a **A** Großhirn

B Zwischenhirn

C Mittelhirn

D Nachhirn

E Hirnstamm

F Kleinhirn

b

– sensorisches Gedächtnis

– Kurzzeitgedächtnis

– Langzeitgedächtnis

c Im *sensorischen Gedächtnis* kommen alle Informationen aus den Sinnesorganen an. Sie bleiben dort für zwei Sekunden und werden überprüft. Was bedeutsam ist, wird an das Kurzzeitgedächtnis weitergegeben. Im *Kurzzeitgedächtnis* werden die Informationen aus der Umwelt aufbewahrt, die uns bewusst sind. Werden sie wiederholt, mit vorhandenem Wissen verknüpft oder sind sie besonders auffällig, gelangen sie in das Langzeitgedächtnis. Im *Langzeitgedächtnis* werden Informationen gespeichert, die für uns besonders bedeutsam sind oder oft wiederholt, also gelernt wurden. Hier werden Fakten, Erlebnisse, Bewegungen und gelernte Fähigkeiten gespeichert.

d

– Lernen durch Beobachten und Nachahmen

– Lernen durch Erfolg

– Lernen durch Üben

3 a Als *Reiz-Reaktions-Schema* bezeichnet man den Ablauf vom Reiz über die Wahrnehmung im Gehirn bis zur Reaktion.

b Bewusste Handlungen werden vom Willen gesteuert, daher heißen sie auch willkürliche Reaktionen. Das Gehirn wertet dazu Informationen aus der Umwelt aus und plant eine Reaktion. Bei Reflexen jedoch ist das Gehirn nicht an der Steuerung und Ausführung beteiligt. Deshalb können Reflexe nicht unterbrochen oder vom Willen gesteuert werden. Sie werden daher auch unwillkürliche Reaktionen genannt.

c

– Lidschlussreflex

– Niesen

– Husten

– Würgereflex

4 a

– Stress

– Verletzungen

– Krankheiten

b Stress ist eine Reaktion des Körpers, die uns ermöglicht, bei Gefahr schnell zu handeln und mit Belastungen umzugehen. Mithilfe des Hormons Adrenalin wird dabei schnell viel Energie freigesetzt.

c

– Schlafstörungen

– Bauchschmerzen

– Kopfschmerzen

– Bluthochdruck

– Herz-Kreislauf-Probleme

d Lärm stört und verhindert Entspannung und Erholung. Der Körper reagiert mit Stress.

e Schädelhirntrauma, Querschnittslähmung

f Ein Schlaganfall ist die Folge einer Störung des Blutflusses im Gehirn. Ursachen können eine verstopfte Arterie oder ein geplatztes Blutgefäß sein. Die dahinterliegenden Gehirnbereiche werden dann nicht mehr ausreichend mit Sauerstoff versorgt. Dadurch werden Nervenzellen geschädigt und können absterben. Viel Bewegung, eine ausgewogene Ernährung und genügend Schlaf können vor einem Schlaganfall schützen.

5 a Gemeinsamkeiten: Beide Lebewesen besitzen Nerven(zellen), die an einer zentralen Stelle zusammenlaufen (Rückenmark/Gehirn bzw. Ringnerv).

Unterschiede: Der Mensch besitzt sehr viele Nerven im gesamten Körper, der Seestern dagegen besitzt nur wenige Nerven. Beim Menschen gibt es ein Zentralnervensystem aus Gehirn und Rückenmark, das hat der Seestern nicht. Sein Nervensystem besteht nur aus zwei verschiedenen Nerven: dem Ringnerv und den Radialnerven.

b Die Sinneszellen in den Augen nehmen die Lichtreize auf, die vom gelben Tennisball ausgehen, und wandeln sie in elektrische Impulse um. Die Empfindungsnerven leiten diese Impulse an das Gehirn weiter. Erst dort entsteht die Wahrnehmung, dass der Tennisball auf den Tennisspieler zufliegt. Diese Information wird mit bereits Bekanntem verglichen: das Gehirn bewertet, wo der Ball aufschlagen wird und plant eine passende Reaktion. Über Bewegungsnerven werden elektrische Impulse an die Muskeln geleitet. Diese führen die geplante Reaktion aus: der Tennisspieler läuft zum Ball, holt aus und schlägt den Ball zum Gegner zurück.

c Bleibt der Fuß an einem Hindernis hängen, wird der Unterschenkelmuskel ruckartig gedehnt. Diese Veränderung melden Sinneszellen im Oberschenkelmuskel über Empfindungsnerven ins Rückenmark. Hier wird der elektrische Impuls direkt auf Bewegungsnerven übertragen, die zum Bein führen. Das Bein schnellt nach vorne und verhindert dadurch meist einen Sturz.

6 Der Autofahrer nimmt beim Fahren Informationen aus der Umwelt über die die Augen auf. Die Informationen gelangen in das sensorische Gedächtnis und werden überprüft. Unwichtiges bleibt dort für maximal zwei Sekunden. Geschieht etwas Wichtiges, zum Beispiel wenn sich ein Traktor auf einem Feldweg der Straße nähert, gelangt diese Information in das Kurzzeitgedächtnis. Dort wird sie maximal für 30 Sekunden gespeichert. Passiert weiter nichts, wird diese Information wieder vergessen. Sieht der Autofahrer jedoch einen Unfall, gelangt diese Information in das Langzeitgedächtnis. Je schlimmer der Unfall ist, desto stärker und länger wird er in Erinnerung bleiben.

7 a Großhirn

b Die Eisenstange hat nur den vorderen Teil des Großhirns verletzt. Die übrigen Bereiche, zum Beispiel für Sehen, Bewegen oder Sprechen, blieben unverletzt und arbeiten deshalb normal weiter.

c Aus der Lage der Verletzung und der Charakterveränderung kann man schließen, dass die Bereiche, die für die Charaktereigenschaften eines Menschen verantwortlich sind, im Stirnbereich des Gehirns liegen.
Charaktereigenschaften sind zum Beispiel Zuverlässigkeit, Ausdauer, Freundlichkeit oder Hilfsbereitschaft.

d In diesem Fall hätte Gage keine Überlebenschance gehabt. Der Hirnstamm steuert die lebenserhaltenden Funktionen wie Atmung oder Herzschlag.

9 Kommunikations- und Informationstechnik – S. 186/187

1 a

Reiz	Sinnesorgan
sichtbares Licht	Auge
Schall, Bewegung, Beschleunigung	Ohr
Geruchsstoffe	Nase
Geschmacksstoffe	Zunge
Druck, Temperaturveränderung	Haut

b
— Magnetsensor
— Temperatursensor
— Schallsensor
— Lichtsensor

c Die Sinnesorgane nehmen Reize aus der Umwelt auf und wandeln sie in elektrische Impulse um. Über Nervenzellen werden die Impulse an das Gehirn weitergeleitet. Dort werden Reaktionen geplant. Auch Sensoren können Reize aufnehmen und verarbeiten. Die Informationen von den Sensoren werden über einen Stromkreis zum Steuergerät geleitet, dort wird eine Reaktion ausgelöst: ein Stromkreis

wird geöffnet oder geschlossen, Stromstärke oder Spannung werden verändert.

d Der Sensor des Bewegungsmelders nimmt die Information „Bewegung" auf. Daraufhin ändert sich der Stromfluss im Sensor. Diese Änderung sorgt dafür, dass die Steuerung des Bewegungsmelders die Lampe anschaltet.

e Ein Fotowiderstand ist ein lichtempfindliches elektrisches Bauteil. Je mehr Licht darauf fällt, desto kleiner wird sein elektrischer Widerstand.

2 a A Schallwellen
B Membran
C Spule
D Permanentmagnet
E elektrisches Signal

b Ein dynamischer Lautsprecher und ein dynamisches Mikrofon besitzen beide eine Membran, eine Spule und einen Permanentmagnet.

c In einem dynamischen Lautsprecher befindet sich ein topfförmiger Permanentmagnet. Darin ist eine Spule aufgehängt, die mit der Membran verbunden ist. Wird der Lautsprecher eingeschaltet, fließt Strom durch die Spule und sie wird zum Elektromagnet. Dieser wird vom Topfmagnet angezogen oder abgestoßen. Beim Abspielen einer Aufnahme verändert sich durch die Spannungsschwankungen des Tonsignals die magnetische Wirkung der Spule und sie beginnt sich zu bewegen. Durch die vielen raschen Bewegungen der Spule und damit der Membran wird die angrenzende Luft in Schwingung versetzt. Diese Luftschwingungen nehmen wir als den Schall der Aufnahme wahr.

d
— Smartphone
— Headset
— Radio
— Fernseher

e Verstärker

3 a Dioden sind elektrische Bauteile aus Halbleitern. Sie leiten elektrischen Strom nur in eine Richtung, sie sind quasi „elektrische Ventile". Dioden haben also eine Sperrrichtung und eine Durchlassrichtung. Sie leiten den Strom nur dann in die gewünschte Richtung, wenn sie richtigherum angeschlossen sind.

b Leuchtdiode, LED

c Ein elektrischer Leiter ist ein Stoff, der elektrischen Strom leitet. Ein Nichtleiter ist ein Stoff, der elektrischen Strom nicht leitet. Ein Halbleiter ist ein Stoff, dessen Leitfähigkeit zwischen der eines Leiters und eines Nichtleiters liegt

d Die Diode in Bild 2 A ist in Durchlassrichtung eingebaut, die Lampe leuchtet. Die Diode in Bild 2 B ist in Sperrrichtung eingebaut, die Lampe leuchtet nicht.

e günstige Herstellung, lange Lebensdauer, sehr niedriger Energiebedarf, kaum Wärmeentwicklung

4 a
- Basis
- Emitter
- Kollektor
- Steuerstromkreis
- Arbeitsstromkreis

b Ein Transistor dient Schalter, wenn der Strom im Steuerstromkreis an- und ausgeschaltet wird. Ein Transistor dient als Verstärker, wenn die Spannung im Steuerstromkreis schwankt.

c Im Modell stellt man sich die drei Anschlüsse des Transistors als Wasserrinnen vor, die miteinander verbunden sind. Sie besitzen zwei Klappen, die ebenfalls miteinander verbunden sind. Fließt kein Wasser von der Basis (**B**) zum Emitter (**E**), dann bleiben beide Klappen geschlossen. Fließt Wasser von der Basis (**B**) zum Emitter (**E**), drückt es die kleine Klappe auf und öffnet dadurch auch die große Klappe. Es kann Wasser vom Kollektor (**C**) zum Emitter (**E**) fließen. Außerdem wird der Wassermenge von der Basis (**B**) um die Wassermenge vom Kollektor (**C**) vervielfacht, also verstärkt.

d

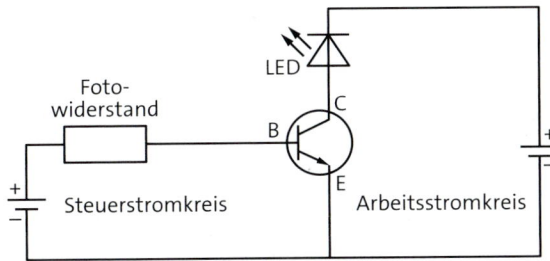

5 a Sensoren messen die Temperaturen von
- Kraftstoffen, Kühlflüssigkeiten, Motoröl
- Bremsen
- Batterien, Zylinderköpfen
- Katalysatoren, Abgasen
- Außentemperatur (Glatteis-Warnung), Innentemperatur (Klimaanlage)

b *Kaltleiterwiderstände* sind umso leitfähiger, je kälter sie sind. *Heißleiterwiderstände* sind umso leitfähiger, je wärmer sie sind.

c Beschleunigungssensoren oder Drucksensoren lösen die Airbags aus. Wird ein Auto ab einer bestimmten Geschwindigkeit schlagartig abgebremst oder baut sich in Teilen des Autos durch Verformung ein großer Druck auf, geben die Sensoren ein Signal an den Airbag.

d Aufzug: Lichtsensoren kontrollieren, ob die Aufzugtür frei ist. Manchmal sind auch Kraftsensoren eingebaut, die warnen, wenn der Aufzug überladen wird. Es gibt auch Sensoren für die Erkennung des Stockwerks.
Kaffeemaschine: Ein Füllstandssensor kontrolliert die Wassermenge im Wassertank. Das kann ein mechanischer Sensor (z. B. ein Schwimmer) sein, oft ist es aber ein Leitfähigkeitssensor. Ein Temperatursensor kontrolliert die Wassertemperatur.

Smartphone: Schallsensor, Beschleunigungssensoren (für Spiele), Lichtsensor (Kamera), Temperatursensor, Wassersensor, Magnetfeldsensor, Sensoren für das Touchpad

6 a Durch die Kunststofftüte werden die Schallwellen der Luft schlechter auf die Membran des Mikrofons übertragen. Es wird ein schwächeres Tonsignal erzeugt, das zu einer leisen und undeutlichen Aufnahme führt.

b Diese Schaltung funktioniert nicht: Es wird zwar eine elektrische Spannung im Mikrofon induziert, diese ist jedoch zu gering, um die Membran im Lautsprecher zu bewegen. Denn die Membran im Mikrofon ist größer und schwerer als die im Mikrofon. Um sie zu bewegen, ist zusätzliche Energie aus einem Ver-stärker nötig.

7 a Ein Beispiel für eine Eselsbrücke wäre: Plus bedeutet mehr, entspricht also dem längeren Anschluss, Minus bedeutet weniger, entspricht also dem kürzeren Anschluss.

b Wenn Gleichstrom anliegt, dann leuchtet nur eine LED. Es leuchtet jeweils die LED, deren Minuspol mit dem Minuspol der Stromquelle verbunden ist. Wenn Wechselstrom anliegt, dann leuchten beide LEDs.

8 a Im Modell kann kein Wasser vom Emitter zum Kollektor fließen, beide Klappen sind geschlossen. Das ist die Sperrrichtung des Transistors. Schließt man einen Transistor also falsch an, kann kein Strom durch den Transistor fließen, er kann deshalb weder schalten noch verstärken.

b

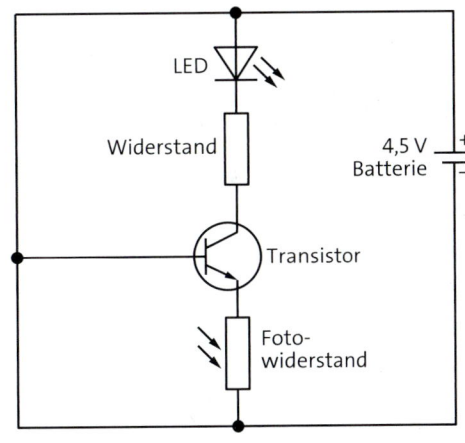

Stichwortverzeichnis

Periodensystem der Elemente

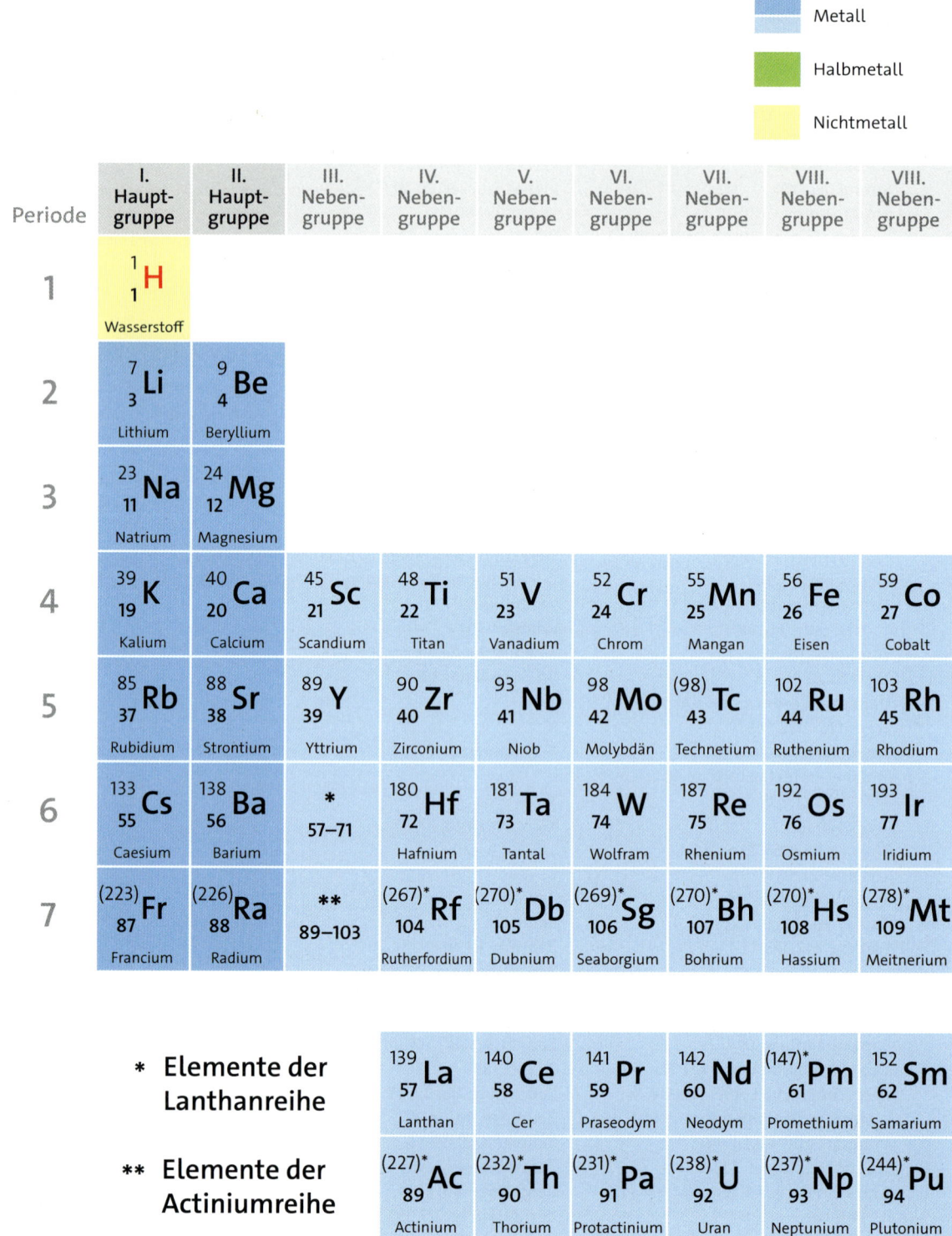

	Metall
	Halbmetall
	Nichtmetall

Periode	I. Haupt-gruppe	II. Haupt-gruppe	III. Neben-gruppe	IV. Neben-gruppe	V. Neben-gruppe	VI. Neben-gruppe	VII. Neben-gruppe	VIII. Neben-gruppe	VIII. Neben-gruppe
1	$^{1}_{1}$H Wasserstoff								
2	$^{7}_{3}$Li Lithium	$^{9}_{4}$Be Beryllium							
3	$^{23}_{11}$Na Natrium	$^{24}_{12}$Mg Magnesium							
4	$^{39}_{19}$K Kalium	$^{40}_{20}$Ca Calcium	$^{45}_{21}$Sc Scandium	$^{48}_{22}$Ti Titan	$^{51}_{23}$V Vanadium	$^{52}_{24}$Cr Chrom	$^{55}_{25}$Mn Mangan	$^{56}_{26}$Fe Eisen	$^{59}_{27}$Co Cobalt
5	$^{85}_{37}$Rb Rubidium	$^{88}_{38}$Sr Strontium	$^{89}_{39}$Y Yttrium	$^{90}_{40}$Zr Zirconium	$^{93}_{41}$Nb Niob	$^{98}_{42}$Mo Molybdän	$^{(98)}_{43}$Tc Technetium	$^{102}_{44}$Ru Ruthenium	$^{103}_{45}$Rh Rhodium
6	$^{133}_{55}$Cs Caesium	$^{138}_{56}$Ba Barium	* 57–71	$^{180}_{72}$Hf Hafnium	$^{181}_{73}$Ta Tantal	$^{184}_{74}$W Wolfram	$^{187}_{75}$Re Rhenium	$^{192}_{76}$Os Osmium	$^{193}_{77}$Ir Iridium
7	$^{(223)}_{87}$Fr Francium	$^{(226)}_{88}$Ra Radium	** 89–103	$^{(267)*}_{104}$Rf Rutherfordium	$^{(270)*}_{105}$Db Dubnium	$^{(269)*}_{106}$Sg Seaborgium	$^{(270)*}_{107}$Bh Bohrium	$^{(270)*}_{108}$Hs Hassium	$^{(278)*}_{109}$Mt Meitnerium

* Elemente der Lanthanreihe

$^{139}_{57}$La Lanthan	$^{140}_{58}$Ce Cer	$^{141}_{59}$Pr Praseodym	$^{142}_{60}$Nd Neodym	$^{(147)*}_{61}$Pm Promethium	$^{152}_{62}$Sm Samarium

** Elemente der Actiniumreihe

$^{(227)*}_{89}$Ac Actinium	$^{(232)*}_{90}$Th Thorium	$^{(231)*}_{91}$Pa Protactinium	$^{(238)*}_{92}$U Uran	$^{(237)*}_{93}$Np Neptunium	$^{(244)*}_{94}$Pu Plutonium

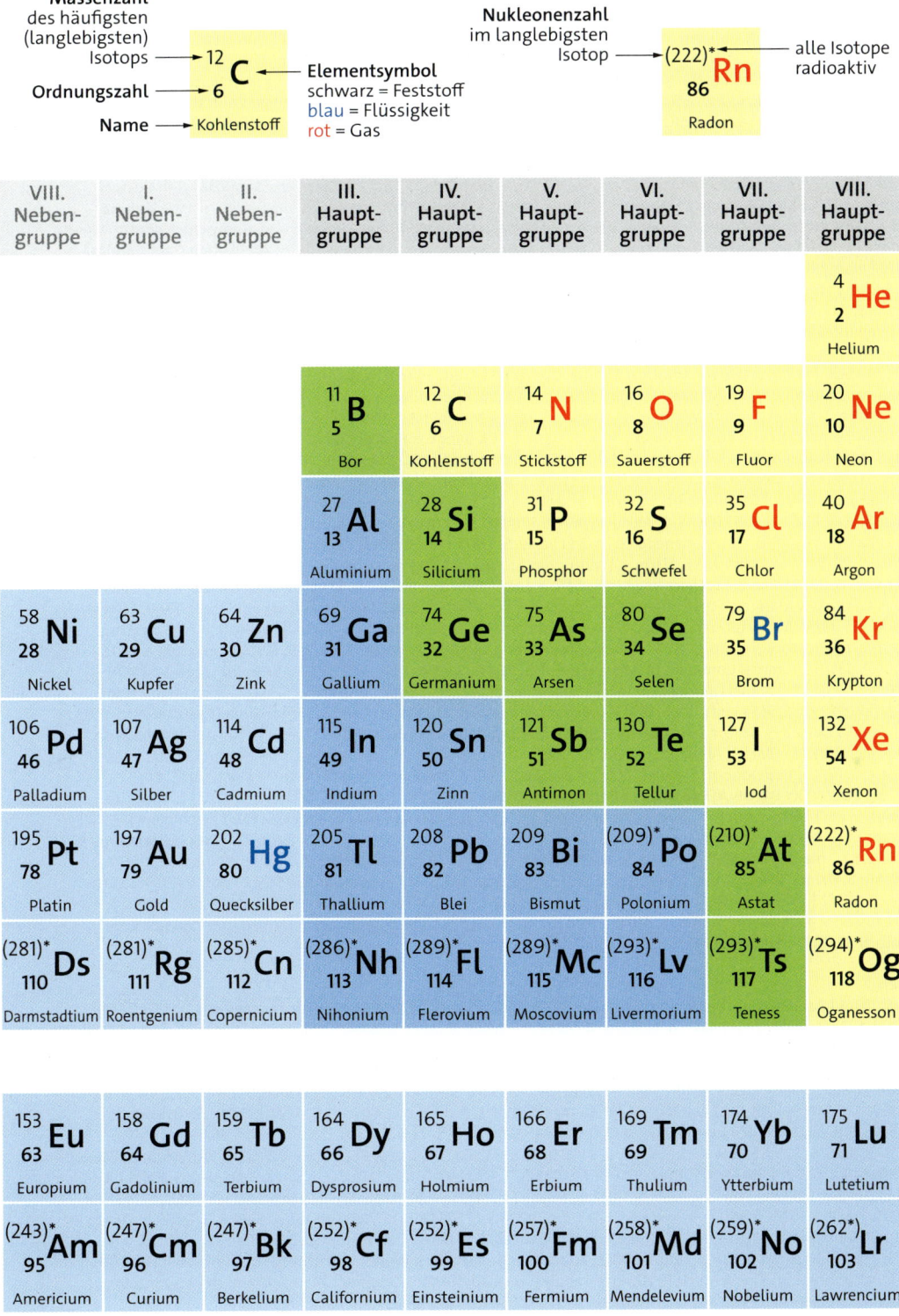

Massenzahl
des häufigsten
(langlebigsten)
Isotops → 12

Ordnungszahl → 6 C ← **Elementsymbol**
schwarz = Feststoff
blau = Flüssigkeit
Name → Kohlenstoff rot = Gas

Nukleonenzahl
im langlebigsten
Isotop → (222)* ← alle Isotope
radioaktiv
86 Rn

Radon

VIII. Neben- gruppe	I. Neben- gruppe	II. Neben- gruppe	III. Haupt- gruppe	IV. Haupt- gruppe	V. Haupt- gruppe	VI. Haupt- gruppe	VII. Haupt- gruppe	VIII. Haupt- gruppe
								4 2 He Helium
			11 5 B Bor	12 6 C Kohlenstoff	14 7 N Stickstoff	16 8 O Sauerstoff	19 9 F Fluor	20 10 Ne Neon
			27 13 Al Aluminium	28 14 Si Silicium	31 15 P Phosphor	32 16 S Schwefel	35 17 Cl Chlor	40 18 Ar Argon
58 28 Ni Nickel	63 29 Cu Kupfer	64 30 Zn Zink	69 31 Ga Gallium	74 32 Ge Germanium	75 33 As Arsen	80 34 Se Selen	79 35 Br Brom	84 36 Kr Krypton
106 46 Pd Palladium	107 47 Ag Silber	114 48 Cd Cadmium	115 49 In Indium	120 50 Sn Zinn	121 51 Sb Antimon	130 52 Te Tellur	127 53 I Iod	132 54 Xe Xenon
195 78 Pt Platin	197 79 Au Gold	202 80 Hg Quecksilber	205 81 Tl Thallium	208 82 Pb Blei	209 83 Bi Bismut	(209)* 84 Po Polonium	(210)* 85 At Astat	(222)* 86 Rn Radon
(281)* 110 Ds Darmstadtium	(281)* 111 Rg Roentgenium	(285)* 112 Cn Copernicium	(286)* 113 Nh Nihonium	(289)* 114 Fl Flerovium	(289)* 115 Mc Moscovium	(293)* 116 Lv Livermorium	(293)* 117 Ts Teness	(294)* 118 Og Oganesson

153 63 Eu Europium	158 64 Gd Gadolinium	159 65 Tb Terbium	164 66 Dy Dysprosium	165 67 Ho Holmium	166 68 Er Erbium	169 69 Tm Thulium	174 70 Yb Ytterbium	175 71 Lu Lutetium
(243)* 95 Am Americium	(247)* 96 Cm Curium	(247)* 97 Bk Berkelium	(252)* 98 Cf Californium	(252)* 99 Es Einsteinium	(257)* 100 Fm Fermium	(258)* 101 Md Mendelevium	(259)* 102 No Nobelium	(262*) 103 Lr Lawrencium

Bildquellenverzeichnis

Cover: Shutterstock.com/Chubykin Arkady;

Fotos: Cornelsen: Volker Döring: S. 37/1, S. 42/7, S. 62/3, S. 123; Volker Minkus: S. 28/o. r., S. 47/5, S, 72/2 | akg–images: akg–images: 120/1 | FANATIC STUDIO/SCIENCE PHOTO LIBRARY: S. 160/o. r. | Science Source: S. 169/7A; SPL/SHEILA TERRY: S. 121/4 | Universal Images Group/Sovfoto: S. 1441/1 | WALT ANDERSON, VISUALS UNLIMITED/SCIENCE PHOTO LIBRARY: S. 101/o. r. | bpk: adoc–photos: S. 121/5 | Bridgeman Images: Bridgeman Images: S. 106/1 | First working transistor, 1947. Replica: S. 182/o. r. | Johann: S. 103/1 | Viking Ship Museum: S. 117/m. l. | ClipDealer GmbH: S. 110/o. r. | catalyzer photography: S. 144/o. r. | dpa Picture–Alliance: blickwinkel: S. 93/7; dpa–Zentralbild/ZB: S. 128/o. r. | Frank May: S. 5/u. | Friso Gentsch: S. 162/o. r. | glofish: S. 108/3 | Klett/Klett GmbH: S. 77/m. r. | OKAPIA/Gladden W. Willis: S. 83/2 | picture–alliance: S. 131/5, S. 140/3 | X02765/REUTERS: S. 144/3, S. 147/5 | Imago Stock & People GmbH: blickwinkel: S. 17/u. r., S. 94/o. r. | CHROMORANGE: S. 105/4 | Daniel Schvarcz: S. 25/5 | epd/imago images: S. 19/3 | Florian Schuh: S. 148 | Ikon Images: S. 153/u. r. | Peter Sandbiller: S. 145/5 | robertharding: S. 20/o. r. | Science Photo Library: S. 5/o. | S. 76; viennaslide: S. 17/o. r. | Interfoto e.k.: ARDEA/Bill Coster: S. 93/5 | ARDEA/John Mason: S. 93/4 | ARDEA/Paulo Di Oliviera: S. 35/u. r. | Franz Kraft: S. 179/1 | mauritius images: alamy stock photo/Alexander Buntin: S. 85/6 | alamy stock photo/Alfio Scisetti: S. 106/o. r. | alamy stock photo/Archive PL: S. 131/6 | alamy stock photo/Daniel Donciu: S. 38/2 | alamy stock photo/Janine Wiedel Photolibrary: S. 166/1 | alamy stock photo/Life on white: S. 84/1 | alamy stock photo/Manfred Ruckszio: S. 104/2 | alamy stock photo/QuantStock: S. 63/6 | alamy stock photo/Roger Asbury: S. 80/o. l. | alamy stock photo/Roman Milert: S. 126/o. r. | alamy stock photo/sciencephotos: S. 122/9, 175/2 | blickwinkel: S. 108/o. r. | McPHOTO: S. 115 | Photoshot Creative/Paulo de Oliveira: S.52/o. r. | Pitopia: S. 175/3, S. 181/4 | Science Photo Library: S. 59/u. l., S. 120/o. r. | Science Source: S. 86/1, S. 141/6, S. 153/m. l., S. 169/7B | Westend61: S. 88/1 | Markus Osterhoff: S. 124/1, S. 133/1 | Panther Media GmbH: Andriy Popov: S. 160/1 | Jakub Krechowicz: S. 114/4 | Sebnem Koken: S. 3, S. 16 | Wavebreakmedia ltd: S. 184/1 | SDTB/Foto: C. Kirchner: S. 124/o. r. | Bernhard Schnupp: S. 139/1 | Kathrin Schön: S. 79 | Science Photo Library: Winters, Charles D.: S. 68/1 | Shutterstock: aapsky: S. 38/3 | ADV images: S. 103/3 | aldorado: S. 50/3 r. | Aleksej Antonuk: S. 177/3A | Alexander Kirch: S. 174/o. r. | Alina Kholopova: S. 104/o. r. | Andrea Danti: S. 108/1 | Andrey_Popov: S. 178/1 | Anneka: S. 171/o. l. | Anton Watman: S. 130/o. r.; Audrius Merfeldas: S. 175/5; benjamas11: S. 105/3; bibiphoto: S. 20/1; Billion Photos: S. 163/4 | Brocreative: S. 86/o. r. | CHIARI VFX: S. 98/u. l. | CK Bangkok Photography: S. 49/3 l. | Commercial RAF: S. 175/4 | Creativa Images: S. 40/2 | didesign021: S. 110/1 | Dima Zel: S. 117/o. r. | domnitsky: S. 20/2 | Elena Nichizhenova: S. 6/o., S. 116 | Esteban De Armas: S. 48/o. r. | Everett Historical: S. 129/4 | Fecundap stock: S. 42/9 | Fer Gregory: S. 153/o. r.; fototrips: S. 177/3B; frantab: S. 130/1; Fresnel: S. 169/5; Garsya: S. 37/2 r. | Gorodenkoff: S. 171/u. l. | hayirhah: S. 129/5 | Iakov Filimonov: S. 145/4 | Jag_cz: S. 95/3 | Jan H Andersen: S. 159/m. | Kellis: S. 50/2 | KellySHUTSTOC: S. 25/o. r. | koya979: S. 140/o. r. | Krivosheev Vitaly: S. 22/o. r. | krolya25: S. 173/2 | LALS STOCK: S. 101/m. l. | LanaSweet: S. 70/o. r. | LFRabanedo: S. 24/2 | Linusy: S. 178/2 | lux3000: S. 117/u. r. | Madlen: S. 62/o.r. | Madrolly: S. 159/r. | Martin Cambriglia: S. 29/5 | Mile Atanasov: S. 171/m. r. | Mironmax Studio: S. 70/3 | mosufoto: S. 180/1A l., 185/3 o. l. | namtip-Studio: S. 40/o. r. | Nasekomoe: S. 92/3 | Nenov Brothers Images: S. 44/o. r. | New Africa: S. 50/3 l., S. 58/m. r. | nulinukas: S. 105/5 | olcha: S. 49/4 r. | OlegSam: S. 49/4 l. | Oleksiy Mark: S. 150/3 | Olga Aniven: S. 50/o. r. | oneinchpunch: S. 84/o. r. | Oozi Bubblez: S. 177/3C | Orest Malanchuk: S. 49/3 r. | Parilov: S. 137/o. r. | perfectlab: S. 68/o. r. | Peter Vanco: S. 19/2 | petereleven: S. 74/1 r. | Peteri: S. 147/4 | photka: S. 57/5 | PrinceOfLove: S. 176/o. r. | Prostock–studio: S. 70/1 | Quality Stock Arts: S. 159/l. | Quayside: S. 62/2, S. 74/1 l. | r.classen: S. 6/u., S. 136 | Roman Belogorodov: S. 135/6 | Rommel Canlas: S. 14/1 | sandrexim: S. 181/3 | Santiherllor: S. 137/m. l. | Schmidt_Alex: S. 175/7 | Shutterstock: S. 26/7 | Sidhe: S. 173/1 | Soloviova Liudmyla: S. 122/7 | SpaceKris: S. 142/o. r. | Subbotina Anna: S. 114/1 | Syda Productions: S. 77/o. l. | Taiga: S. 84/2 | UfaBizPhoto: S. 95/4 | vitfoto: S. 183/5 | wavebreakmedia: S. 100 | wim claes: S. 23/4 | Winai Tepsuttinun: S. 49/5 l. | Yellow Cat: S. 50/3 o. | Zdenka Darula: S. 88/o. r. | Zyankarlo: S. 90/1 l. | stock.adobe.com: 3dsculptor: S. 7/u., S. 170 | Aeh/Wichaiwish: S. 180/1B l., S. 185/3 o. l. | akf: S. 37/2 l., S. 48/1 u. | Alexander Raths: S. 101/u. r. | anaumenko: S. 73/3 | An–T: S. 25/4 | axepe: S. 24/1 | Bernd Schmidt: S. 61/1 r. | brodtcast: S. 72/1 | choucashoot: S. 75/8 l. | Christian Jung: S. 70/2 | creativenature.nl: S. 38/1 | deagreez: S. 84/3 | Deyan Georgiev: S. 4/o., S. 32; DZMITRY PALUBIATKA: S. 52/2 | Dzmitryieu_Dzmitry: S. 67/5 | Faces Film/Stocksy: S. 92/2 | fotofabrika: S. 48/1 m. | Foto–Ruhrgebiet: S. 26/1 | fotowunsch: S. 35/o. r. | Helmut Niklas: S. 61/1 l. | vJorge Salcedo/jStock: S. 162/1 | jzehnder: S. 32/2 | K.–u. Häßler: S. 38/o. r. | koosen: S. 49/5 r. | laplateresca: S. 4/u., S. 59 | lev dolgachov/Syda Productions: S. 156/o. r. | Markus Bormann: S. 67/4 | Markus Mainka: S. 75/8 r. | max5128: S. 40/1 | Nomad_Soul: S. 164/o. r. | oilslo: S. 26/2 | onotorono: S. 57/4 | pattilabelle: S. 66/o. l. | Photogalia: S. 26/8 | PhotoSG: S. 17/m. l. | Piotr Latacha/piotr290: S. 63/3 | pixdesign123: S. 152 | pixdesign123: S. 7/o. | pololia: S. 95/5 | rb-kelle: S. 52/1 | Scisetti Alfio: S. 103/2 | sinhyu: S. 97/2 | Stefan@Schejok.com/Ste2.0: S. 165/4 | sunabesyou: S. 46/o. r. | Thaut Images: S. 137/u. r. | tomas: S. 47/4 | tussik: S. 42/8 | vermontalm: S. 46/1 | xfoto.ro: 73/1 | XXLPHOTO/digitalstock: S. 35/m. l. | Yeti Studio: S. 19/1; zcy: S. 48/1/o. | zwolafasola: S. 32/1 | Tierklinik Hofheim: S. 130/3

Illustrationen und Grafiken
Cornelsen: Rainer Götze: S. 129/3 | Rainer Götze, bearbeitet durch Detlef Seidensticker: S. 67/6 | Peter Hesse, bearbeitet durch Detlef Seidensticker: S. 20/3, S. 21/4, S. 22/1, S. 31/2 | Jörg Mair: S. 162/2, S. 167/3 | Karin Mall: S. 156/1, S. 157/4, S. 158, S. 160/2, S. 167/1, S. 168/1–2 | Karin Mall, bearbeitet durch Detlef Seidensticker: S. 28/2, S. 176/1 | Tom Menzel: S. 83/1, S. 89, S. 98/2, S. 107/3 | Tom Menzel, bearbeitet durch Detlef Seidensticker: S. 51, S. 56: r. | Christian Nusch: S. 12/4, S. 18, S. 36, S. 60, S. 66/1, S. 78, S. 102, S. 118, S. 138, S. 154, S. 172 | Bernhard A. Peter, Pattensen: S. 169/8 | Detlef Seidensticker: S. 10, S. 12/1, S. 13/1,3, S. 14/2, S. 15, S. 19/4, S. 23/2, S. 25/3, S. 26, S. 28/1, S. 29/3,4, S. 30/2, S. 31/1,3, S. 32/3, S. 33, S. 39, S. 41, S. 39, S. 40/3, S. 41, S. 43/1, S. 44/1, S. 44/3, S. 45/4,5, S. 46/2,3, S. 47/m. l., S. 48/2, S. 50/1, S. 53, S. 54, S. 55, S. 56: l., S. 57/3, S. 63/u. l., S. 63/5, S. 64/1–2, S. 65/4, S. 66/2, S. 68/2, S. 68/u. l., S. 69, S. 71, S. 73/2, S. 73: o. l., S. 74/2–4, S. 75/5–7, S. 75/9, S. 77/u. l., S. 80/1–2, S. 81, S. 82/4–5, S. 85/4–5, S. 86/2, S. 87/5, S. 90/2, S. 91, S. 92/1, S. 93/6, S. 94/1–2, S. 96, S. 97/1, S. 98/1, S. 99/3–6, S. 107/4–6, S. 108/2, S. 109, S. 110/2, S. 111, S. 112, S. 113, S. 114/2–3, S. 119, S. 120/2–3, S. 122/8, S. 124/2–3, S. 125, S. 126/1–4, S. 127, S. 128/1–2, S. 130, S. 131/4, S. 132, S. 133/2–3, S. 134, S. 135/7–8, S. 139/2, S. 140/2, S. 141/5, S. 141/4, S. 142/1–2, S. 143/3–4, S. 144/2, S. 146/1–2, S. 147/3, S. 148/1, S. 149/1–2, S. 150/1–2, S. 151, S. 155/1–2, S. 156/2, S. 157/3, S. 160/3, S. 163/3, S. 164/1–2, S. 165/3,5, S. 166/3, S. 167/2, S. 168/3, S. 169/4,6, S. 175/6, S. 176/2, S. 177/4, S. 179/2, S. 180/1A, r., S. 180/1B, r., S. 180/2, S. 181/5, S. 182/1, S. 182/2, S. 183/4, S. 183/3, S. 184/2, S. 184/3, S. 185/1,2,4, S. 185/3 u. r., S. 185/3 u. l., S. 186, S. 187, S. 189, S. 190, S. 191, S. 196, S. 198, S. 200, S. 201, S. 206, S. 207 | Jupp Wolter (Künstler), Haus der Geschichte, Bonn: S. 30/1 | Gebotssymbole: stock.adobe.com/Gooseman | Rettungssymbole: stock.adobe.com/Bergfee | Warnzeichen: stock.adobe.com/vektorisiert | GHS–Symbole: Cornelsen/Atelier G/Marina Goldberg: S. 13, S. 27, S. 43, S. 65, S. 72;